BAEDEKER

S

W0034197

SARDINIEN

>>

Sardinien ist ganz
anders ... es ist wie die
Freiheit selbst.

<<

D. H. Lawrence

■ DAS IST SARDINIEN

■ TOUREN

LEGENDE

Baedeker Wissen
● Textspecial, Infografik & 3D

Baedeker-Sterneziele
★★ Top-Reiseziele
★ Herausragende Reiseziele

■ ZIELE

■ HINTERGRUND

■ ERLEBEN & GENIESSEN

■ PRAKTISCHE INFORMATIONEN

■ ANHANG

PREISKATEGORIEN

Restaurants
Preiskategorien
für ein Hauptgericht

€€€€	über 30 €
€€€	20 – 30 €
€€	10 – 20 €
€	bis 10 €

Hotels
Preiskategorien
für ein Doppelzimmer

€€€€	über 200 €
€€€	130 – 200 €
€€	70 – 130 €
€	bis 70 €

MAGISCHE MOMENTE

ÜBERRASCHENDES

Kleine, unberührte
Buchten entdecken Sie
am besten per Boot

D
DAS IST ...

Sardinien

Die großen Themen
rund um die raue Insel mit der sanften Seele.
Lassen Sie sich inspirieren!

Il Camino di Sant'Efisio – auf sardischen Festen spielen die
Bambini, die Kinder, nicht selten die Hauptrolles ▶

GÖTTER, GEISTER UND EIN SCHUTZ-PATRON

Fast das ganze Jahr über finden auf Sardinien Patronatsfeste statt, mit denen die Dörfer und Gemeinden der Insel den Namenstag ihres Schutzheiligen begehen. Nach einer feierlichen Zeremonie in der Kirche geht es draußen weltlich heiter mit Trachtenumzügen und Volkstänzen weiter. Die Familien treffen sich mit Verwandten und Freunden zu fröhlichen Gelagen mit Porchetta, Schafskäse und sardischem Landwein.

Nirgends sind die Prozessionen so prächtig wie in Cagliari. ▶

8

DEN Reigen der Feste eröffnet ein Spektakel, das auf ganz Sardinien gefeiert wird. Am 15. Januar steht die halbe Insel in Flammen, denn dann werden die »Fuocci di Sant'Antonio« die **Antoniusfeuer**, entzündet. Mit Tausenden von lichterloh brennenden Scheiterhaufen wenden sich die Sarden dann an den heiligen Antonius und bitten ihn, Krankheiten von Menschen und Vieh fernzuhalten. Am St. Antoniustag werden Büschel auf Karren geladen und, geschmückt mit Tierfellen, Orangen und Kreuzen, zum Kirchplatz gefahren – nach Einbruch der Dunkelheit werden sie dort und mit ihnen alles Übel verbrannt. Das Fest zu Ehren des heiligen Antonius, des Schutzherrn der Bauern und ihres Viehs, ist ein typisch sardisches Fest: Die ganze Gemeinde kommt an der Kirche zusammen und umrundet das vorher vom Pfarrer gesegnete Feuer dreimal im Uhrzeigersinn. Wem es gelingt, ein Stückchen verbranntes Holz zu ergattern, nimmt es mit nach Hause und legt es als Talisman unters Bett. Wie viele Schutzpatrone auf der Insel wirken? Das weiß keiner so genau, doch natürlich kennt und verehrt jeder gläubige Sarde den Schutzheiligen der Insel, Sant Efisio, ein Märtyrer, der Anfang des 4. Jh.s auf Sardinien wegen seiner missionarischen Tätigkeit hingerichtet wurde.

Sant Efisio steht über allem

Als 1657 in Cagliari die Pest ausbrach, legten die Menschen ein Gelübde ab und beteten zum heiligen St. Ephysius. Das Wunder geschah: Vier Jahre später war die Seuche besiegt. In Erfüllung des Gelübdes begehen die Sarden seitdem alljährlich ein prächtiges Fest zu Ehren des Heiligen. Gläubige aus ganz Sardiniens kommen in die Hauptstadt, um beim **Cammino di Sant Efisio**, der Prozession von Cagliari nach Pula, dabei zu sein. Farbenfroh geschmückte Ochsenkarren, prächtig ausstaffierte Reiter und Trachtengruppen nehmen daran teil. Tausende Zuschauer verfolgen das gewaltige Spektakel von eigens aufgebauten Tribünen am Straßenrand aus.

Die ganze Stadt auf den Beinen:
Prozession am Strand von Nora ▶

ZUR MADONNA DER SEEFAHRER

Es ist wieder soweit: Am zweiten Sonntag im Juli feiert Jung und Alt in Villasimius das Fest zu Ehren der Madonna der Seefahrer. Und da versteht es sich von selbst, dass als Highlight eine festliche Bootsprozession zur Isola dei Cavoli ansteht. Einheimische wie Touristen schauen vom Ufer aus zu und genießen anschließend Volkstänze und sardische Delikatessen. Bereits Tage vorher werden die bunten Fähnchen aufgehängt, untrügliches Zeichen dafür, dass ein Patronatsfest bevorsteht. »Salute« – mit Pappbechern, gefüllt mit kühlem Vermentino, prosten sich die Sarden zu. (▶ Feste, S. 259)

KRAFT-ORTE DER BE-SONDE-REN ART

Wo Nuraghier eines ihrer Brunnenheiligtümer errichteten, hört man heute, über 3000 Jahre später, schon mal Autos auf der nahen SS 131 vorbeirauschen. Eine Enttäuschung? Nein, man muss nur ein paar Schritte zurückgehen und die kleine Nuraghe auf der anderen Seite des Parco Archeologico Santa Cristina betreten und schon ist man von einer Atmosphäre stiller Erhabenheit umfangen.

◀ Idyllisch gelegen: die Nuraghe Su Nuraxi de Barùmini

13

DIE uns so fernen Nuraghenbauer scheinen bei der Wahl der Orte, an denen sie ihre Heiligtümer errichteten, eine glückliche Hand gehabt zu haben. Auch gläubigen Sarden gilt Santa Cristina seit je her als Kraft- und Inspirationsquelle. Bis heute pilgern sie im Mai und Oktober zur gleichnamigen Kirche in unmittelbarer Nachbarschaft der Nuraghe.

Nuraghen und Brunnenheiligtümer finden sich als steinerne Zeugen einer der bedeutendsten frühgeschichtlichen Kulturen im Mittelmeerraum an vielen Orten Sardiniens. Die **Aura von Kraft und Zeitlosigkeit**, die sie umgibt, wirkt auch auf heutige Besucher. Die ersten Rundtürme und Brunnen wurden um 1800 v. Chr. errichtet. Archäologen vermuten, dass es in der Blütezeit der Kultur auf Sardinien rund 20 000 Nuraghen gab. Heute, dreieinhalb Jahrtausende später, werden noch rund 8000 dieser Türme gezählt. Ihr Sinn und Zweck wirft immer noch Fragen auf. Dienten sie kultischen Praktiken oder der Verteidigung gegen fremde Angreifer? Zumindest die Rundbauten scheinen richtige Festungen gewesen zu sein, in denen die Bewohner der Dörfer, deren Überreste Archäologen in der Umgebung der Nuraghen freilegten, Schutz fanden.

Auch das Brunnenheiligtum von **Santa Cristina** wirkt immer noch geheimnisvoll und rätselhaft. Über die religiösen Vorstellungen der Nuraghier und ihre Gottheiten wissen wir wenig. Die ganze Anlage bezeugt allerdings, dass sie dem Wasser als lebensspendender Kraft kultische Verehrung zuteil werden ließen. Eine Treppe führt hier hinunter zum Brunnenraum, dessen hohes Kraggewölbe eine kreisrunde Öffnung aufweist, durch die Licht einfällt. Zweimal im Jahr, nämlich jeweils genau zur Tages- und Nachtgleiche, dringen die Strahlen der Sonne mittags über die Treppe bis in den Brunnenraum vor, und wenn der Mond im Zenit steht, scheint sein Licht durch die Öffnung im Gewölbe. Offenkundig waren die Nuraghier gute Himmelsbeobachter, die den Wechsel der Jahreszeiten mit dem Sonnenstand in Verbindung zu bringen wussten. Der Magie des Ortes kann man sich kaum entziehen.

Kraft- und Inspirationsquelle:
der Brunnentempel Santa Cristina ▶

NURAGHE UND EINE HEILIGE QUELLE

Hand auflegen, Augen schließen, und ruhig atmen: Nahe des lichten Olivenhains kann man sie spüren, die Energie, die von jahrtausendealten Steinquadern der Nuraghe ausgeht. »Man sieht nur mit dem Herzen gut. Das Wesentliche ist für die Augen unsichtbar«, weiß der kleine Prinz in Saint-Exupérys Welterfolg. Bei einem Besuch in Santa Cristina kann man die Gültigkeit dieser Weisheit auf das Anregendste überprüfen. (▶ S. 150)

BACK TO BASIC

Es riecht nach Land, nach sardischen Wildkräutern, die sanften Hügel sind mit wilden Olivenbäumen und Wacholder bewachsen. In der Ferne sind die Bergspitzen des Monte Albo sichtbar. Unser Agriturismo liegt, abseits der Hauptstraßen, inmitten eines 300 Hektar großen Besitzes auf einer einsamen Hochebene, auf der Kühe weiden, Schafe und Ziegen grasen. Eine sprudelnde Quelle und ein Steineichenwald gehören zu dieser Insel des guten, des einfachen Lebens dazu!

◄ Sardische Schafe wachen in aller Seelenruhe über die Natur.

DER zwei Jahrhunderte alte Stazzu, das Haupthaus des Gutshauses, ist aus schweren Granitsteinen gebaut und sein Dachgebälk aus Wacholderstämmen gezimmert. Die Fenster sind so klein, dass es im Sommer schön kühl bleibt. Hier kocht Gianna, assistiert von ihren zwei Schwestern. Abends wird die Pinneta, die ehemalige Schäferhütte, zur ihrer Bühne. Über einem offenen Feuer hat Giacomo einen Drehspieß aufgebaut: Lammfleisch in bester Qualität, gewürzt mit schwarzen Beeren des halbwilden Mirto-Strauches und würzigen Wildkräutern der Macchia. Um halb acht treffen sich die Hausgäste zum Abendessen, Cena genannt. Vom Grill dringen **wunderbare Gerüche** in den großen Raum. Ein junges Mädchen eilt mit zwei Karaffen Wein und kleinen Gläsern zur Begrüßung herbei. Die folgenden Stunden sind gefüllt mit Gesprächen, Gelächter und Genuss. Vor Mitternacht haben alle die nötige Bettschwere, um sich in ihre Zimmer zurückzuziehen. Buonanotte, bis morgen früh! Die Sonne geht früh auf im Juni, und während die Gäste noch beim ersten Milchkaffee sind, wird in den Ställen und auf den Weiden bereits seit Stunden gearbeitet.

▌ Beim ersten Sonnenstrahl

Es ist die Zeit der tosatura, der Schafsschur. Auf Sardinien, so heißt es, gibt es 1,7 Millionen Sarden und dreimal so viele Schafe. Kein Wunder also, dass die Schafzucht der Inbegriff der hiesigen Wirtschaft ist und nicht wenige Agriturismo-Betriebe eigene Herden unterhalten. Aus den umliegenden Dörfern sind kräftige junge Männer angereist, die die **schweißtreibende Prozedur** gekonnt bewältigen. Keine fünf Minuten pro Schaf brauchen sie, bis die laut blökenden Tiere – um viele Kilo leichter - für den heißen Sommer gerüstet sind. Die Hausgäste haben sich im Halbrund um die Männer versammelt. Wer mag, darf sich selbst als Scherer betätigen. Anschließend treffen sich alle zu einem ausgedehnten Essen. Nach den Antipasti und den Primi – Pasta la forno – gib es das erwartete Highlight: Schaf

EIN BETT IM KORNFELD

Gianna tischt auf. In großen Korkschalen gibt es luftgetrockneten Wildschweinschinken und hauchdünn geschnittenen Crudo, Pecorino und frischen Ziegenkäse. Dazu eingelegte Oliven und Feigenmarmelade, knuspriges Ciabatta und einen Krug frisch gepressten Orangensafts. Mama mia, so sollte jeder Tag beginnen. Allein schon wegen der göttlichen Aussicht auf die Gebirgswelt des Gennargentu. Die Gastgeber sind Bauern, die ihre Gäste mit Leckerbissen aus eigener Produktion bewirten. Und geschlafen wird in ehemaligen Ställen. (▶ S. 266)

mit Zwiebeln und Kartoffeln. Die hausgemachten Dolci zum Nachtisch sind so üppig, dass jeder zum Abschluss einen Grappa braucht.

Die Agriturismi auf Sardinien bieten **»Ferien auf dem Bauernhof«.** In ihren Gästezimmern schläft man ruhig inmitten ländlicher Natur, und bei einem Aufenthalt lernt man obendrein die sardische Landküche kennen. Schafs- und Ziegenkäse, Honig, Olivenöl, Obst und Gemüse haben dabei immer häufiger Bio-Qualität. Der Umgangston ist herzlich und unverfälscht. Essen, was auf den Tisch kommt? Con piacere, mit Freuden!

RECHTS: Aufzucht in ländlicher Umgebung
UNTEN: Kochen lernen bei der Mama

IM ROSA TRIKOT

Ein sonniger, strahlender Mai-Sonntag! Auf dem Rückweg vom Brötchen-Holen ist die Strada Provincale gesperrt. Zwei lächelnde junge Sardinnen haben sich mitten auf die Fahrbahn gestellt und zeigen, dass hier so schnell nichts mehr geht. Drei Polizeiwagen stehen auf jeder Seite die Straße. Doch das eigentlich Ungewöhnliche ist, dass niemand hupt, denn die Sarden wissen längst Bescheid: Ein Radrennen steht an!

◄ Volles Engagement beim sardischen Nationalsport

21

UND das ist allemal ein Grund, geduldig zu sein. Mitfreude breitet sich aus, gespanntes Warten liegt in der Luft, die Stimmung ist wie elektrisiert. Und das alles wegen ein paar Männern auf dem Radl? Dann nähern sich die modernen Heroen mit Tatütata. Nach einem mit Plakaten verzierten alten Landrover, der lautstark die Spitze des Trosses anzeigt, folgen die kernigen Sportler auf ihren in der Sonne blitzenden, auf Hochglanz polierten **Hightech-Rennrädern**. Im Sattel sitzen drahtige Sarden und Festlanditaliener im knalligen Radfahrer-Outfit. Ihre sehnigen Waden sind durchtrainiert, die wettergegerbten, sonnengebräunten Gesichter hinter den spiegelnden Sonnenbrillen versteckt.

Triumph des Durchhaltens

Die Zuschauer jubeln. »Go, go, go!« Nach den letzten Radlern folgt eine lange Karawane von Mopeds und Mofas, dann kommen – ein Hingucker für die Touristen – **fünf alte Fiat 500er in Bonbonfarben**. Wie eine Wolke, die von Süden heraufzieht, verschwindet die Meute gen Norden, noch einige Sekunden hallt das schrille Tatütata der Begleitwagen im Raum.

Ein Triumph des Durchhaltevermögens und ein Beweis der Leidenschaftlichkeit: Auf Sardinien ist Radfahren Kult. Was den einen Sarden die Jagd, ist den anderen das Radrennen. Die Profis des auszehrenden Sports trainieren das ganze Jahr über im anspruchsvoll-gebirgigen Inselinneren mit seinen plötzlichen Steigungen und kurvenreichen Abfahrten – ein durchaus anspruchsvolles Territorium, das es hier souverän zu meistern gilt.

Der Giro auf der Insel

Absolutes sportliches Highlight für jeden sardischen Radrennfahrer ist der Giro d'Italia. Nur einige Male hatten die Sarden die Ehre, Gastgeber des nach der Tour de France bedeutendsten Etappenrennens im Radsport zu sein: 1961, 1991, 2007 und 2017. Auch wenn es bislang nicht zu einem maglia rosa, dem Rosa Trikot des Gewinners, gereicht hat: Unter den besten Fahrern war, zur Freude der Sarden, meist ein Mann von der Insel dabei. Bereits die Ansage, dass die Jubiläumstour, der 100ste Giro im Mai 2017, in Sardinien starten würde, löste einen Freudentaumel unter den Fans aus. Gleich das erste Teilstück führte von Alghero nach Olbia, dann, am nächsten Tag, ging es weiter nach Tortoli und auf der dritten Etappe in den Süden nach Cagliari. **Fabio Aru** vom Team Astana, einer der Top-Radrennsportler der Insel, Giro-Zweiter von 2015 und Dritter von 2014, fasste es in die Worte: **»Ich bin überglücklich.«**

Gröberes Profil

Abwechslung muss sein, auch im Radsport: Mountainbiken heißt das neue Hobby vieler jüngerer Radsportfans. Das MyLand MTB NON STOP findet alljährlich in der Marmilla im Südwesten Sardiniens statt. Die Tour führt durch die großartigen Naturlandschaften zwischen Monte Arci, Monte Grighine und der Hochebene der Giara. Die vielen kleinen Orte an der Strecke, in die sich sonst kaum jemand verirrt, werden dann zu »Checkpoints« und Volksfest-Stimmung breitet sich aus.

Routenplanung zwischen Macchia und Meer ▶

STRAMPELN ÜBER DIE INSEL

Hinter der Windschutzscheibe des Leihwagens sitzend, rauscht die sardische Landschaft wie in einem Kinofilm vorbei. Unterwegs mit dem Fahrrad entlang der Küste ist man dagegen umhüllt vom unverwechselbaren Duft der sardischen Macchia und dem Geruch des Meeres. Schweiß und Glückshormone fließen gleichermaßen. Und es muss ja nicht gleich eine Inselumrundung sein, um bestätigt zu finden, dass diese Art sportlicher Aktivität gut für Körper und Geist ist. Im Frühjahr und Herbst locken kaum befahrene Landstraßen, entlang der flachen Küstenstriche bewegt man sich schnell und anstrengungslos, im Inselinnern werden die Muskeln trainiert. (▶ S. 246)

MIT MURA-LES GEGEN DIE UNTER-DRÜCKUNG

Orgosolo ist ein Bergdorf inmitten einer einsamen Landschaft aus steilen Gebirgszügen und alten Steineichenwäldern. Was von Weitem malerisch aussieht, entpuppt sich als Ansammlung oft unverputzter, primitiver Häuser. Wie in vielen Dörfern im Inselinneren ist die Armut zu spüren. Dennoch kommen Jahr für Jahr tausende Touristen in den Ort. Während der Saison ist das »Dorf der Murales« eine der Top-Attraktionen jeder Sardinien-Busrundreise.

◄ Kritischer Blick, aufrührerisches Motiv –
die Bewohner von Orgosolo haben sich ihre
rebellische Haltung bis heute bewahrt.

DIE Geschichte der Murales beginnt im Jahr 1969, als die italienische Regierung rigoros beschließt, auf dem gemeindeeigenen Weideland von Orgosolo einen Truppenübungsplatz einzurichten – und die Bevölkerung mit vollmundigen Versprechungen von Arbeit und Wohlstand zu beruhigen versucht. Doch sie hatte die Rechnung ohne die Dorfbewohner gemacht: Als die Soldaten in Orgosolo ankommen, treiben die Hirten ihre Schafe in die Truppen. **Junge Mütter mit Babys** im Arm und zahnlose Greisinnen mit schwarzem Wollrock und Kopftuch heften sich an die Militärs. Sie machen ihnen wortreich deutlich, dass sie hier unerwünscht sind, und es illegal ist, das Land den Bauern wegzunehmen.

Gewaltloser Wiederstand

Und das Wunder geschieht: Die ganze Operation wird abgesagt – eine Form gewaltlosen Widerstands à la Gandhi hat obsiegt. Die ersten Murales, die 1975 auf Initiative des Kunstlehrers Francesco del Casino entstehen, verarbeiten den Widerstand gegen den Truppenübungsplatz, aber schon bald vervielfältigt sich die Brandbreite der Themen. Die reizlosen Hausfassaden und primitiven Eisenrolläden verschwinden hinter den **aufrüttelnden Botschaften**. Meist sind sie friedlich – etwa wenn gefordert wird: »Dünger statt Geschosse« –, jedoch oft auch auf Konfrontation aus.

Revolution als Tradition

In Orgosolo wie in der ganzen Barbagia hat der Widerstand gegen die italienische Staatsmacht allerdings eine lange

Zentrales Motiv in Orgosolo:
Der Aufstand gegen die Obrigkeit ▶

Tradition. Als die piemontesische Regierung 1820 mit dem »Erlass zur Einfriedung« Bauern und Gutsbesitzern gestattete, das Land, das sie gerade bewirtschafteten, durch Einzäunung in ihren Besitz zu bringen, wehrten sich die Hirten mit blutigen Beutezügen. Auf der Flucht vor den staatlichen Verfolgern zogen sie sich in die unzugänglichen Gebirgsregionen der Barbagia zurück und starteten von dort regelmäßig zu Raubüberfällen an die Küste. Ein bis weit in das 20. Jh. wütender Krieg zwischen den Banditen und der italienischen Polizei war die Folge. In Orgosolo erinnern **bis heute Einschusslöcher** an den Türen und Fenstern des Rathauses an diese wilde Zeit, in der auf beiden Seiten viele Menschen ihr Leben verloren. Mancher Bandit verstand sich als Robin Hood, der seine Beute mit den Armen teilte.

Die Legende von Robin Hood

Bekannt ist die Geschichte von Graziano Mesina aus Orgosolo, auf dessen Konto zwar zahlreiche Morde, Entführungen und Raubüberfälle gehen, der aber dennoch auf Sardinien als Widerstandskämpfer gilt und ein gewisse Popularität genießt. 40 Jahre seines Lebens hat der Mann in italienischen Gefängnissen verbracht. Nachdem der italienische Staatspräsident ihn 2004 begnadigt hatte, verdingte er sich in Orgosolo – kaum zu glauben – zunächst als Touristenführer. 2013 wurde er dann allerdings mit jeder Menge Heroin und Kokain erwischt und sitzt seitdem wieder ein – keine Banditen mehr in Orgosolo!

FIZZOS DE UN'INSIGNA
TTADOS, UGUALES...

SECONDO I DATI DELLA BANCA
D'ITALIA QUESTA FAMIGLIA
HA CONTRATTO NEI CONFRONTI
DELLO STATO ITALIANO
UN DEBITO DI
181 MILIONI
E 800'000

BEI DEN BANDITEN VON ORGOSOLO

Ein Gesicht, so intensiv und eindrücklich wie von Picasso selbst gemalt, die fünf Finger der rechten Hand greifen ins Leere, schlangenähnliches Wesen halten den armen Mann im eisernen Griff: Der grüne Dämon heißt »Capitalismo«, und das Bild hängt weder in einem Museum, noch kann man es kaufen. Es ziert die Fassade eines kleinen, aus sardischen Feldsteinen erbauten Hauses in Orgosolo, einem einst höchst rebellischen kleinen Städtchen in der Barbagia. An die 200 Murales, Wandbilder, gibt es hier. Widerstand gegen Unterdrückung, Korruption, Unfreiheit – mit Farbe und Herzblut wird der Zorn ausgelebt und so zu Kunst gemacht. Orgosolo wirkt wie eine Galerie, ein Besuch regt zum Nachdenken an. (▶ S. 141)

T

TOUREN

Durchdacht, inspirierend, entspannt

Mit unseren Tourenvorschlägen
lernen Sie Sardiniens beste Seiten kennen.

Auf Schritt und Tritt – am besten tourt
sich's in der Gruppe. ▶

UNTERWEGS AUF SARDINIEN

Küste oder Hinterland? Sardinien ist eine der wenigen Ferienregionen Europas, die vom Massentourismus verschont geblieben sind. Lediglich im August (rund um den **Ferragosto**, den 15. August), wenn die Italiener vom Festland kommen, herrscht in den großen Badeorten großes Gedränge, und die Hotels sind restlos ausgebucht. Dennoch findet sich auch dann an den langen feinsandigen Stränden und den einsam gelegenen Buchten immer noch ein geruhsames Plätzchen. Manchmal genügt auch ein Abstecher ins Hinterland der Küste, und Sardinien zeigt sich von seiner anderen, nicht minder atemberaubenden Seite: Schroff aufragende Gebirgszüge, tiefe Schluchten, Macchia, Schafweiden und Vulkankegel prägen das Landschaftsbild. Jede Region hat ihre Eigenheiten und bietet immer wieder Abwechslung.

Frühling und Herbst Die idealen Reisemonate für Sardinien sind Mai und Juni sowie September und Oktober. In dieser Zeit ist es noch nicht heiß, ein Bad im Meer ist dennoch möglich. Wer im April anreist, erlebt zwar den Beginn des Frühlings, doch kann es dann noch kühlere Tage mit Regen oder Wind geben. Im Mai ist es mild, und die Macchia leuchtet in den schönsten Farben. Auch die beiden größten sardischen Feste – die Sagra di Sant'Efisio in Cagliari (1. Mai) und die Cavalcata Sarda von Sassari am vorletzten Maisonntag – finden im Wonnemonat statt.

Sommer Juli und August sind unter Badetouristen und Sonnenanbetern nach wie vor die beliebtesten Reisemonate. Wer allerdings nicht jeden Tag am Strand verbringen und auch einmal eine Tour ins Hinterland unternehmen möchte, dem sei empfohlen, sich dem Tagesrhythmus der Sarden anzupassen und in der Mittagszeit eine Fiesta einzulegen. Wegen der großen Hitze gerät der Ausflug sonst schnell zur Strapaze. Für Wanderer und Biker ist der Sommer keine gute Zeit.

Winter Zum sardischen Klima gehören winterliche Trockenzeiten mit viel Sonne im Januar, die so genannten »secche di gennaio«, die sich auch bis in den Februar und März hineinziehen können. Allerdings sind viele Hotels, Restaurants und sehenswerte Stätten in dieser Zeit geschlossen. Außerdem ist das Wetter nicht so beständig und kühlere Tage mit Regenschauer durchaus möglich.

Welches Verkehrsmittel? Auf Sardinien bietet das Auto die größtmögliche Beweglichkeit, auch wenn es in größeren Städten zu Parkplatznot kommt. Mietwagen gibt es am Flughafen und in vielen größeren Ortschaften.

★ Santa Teresa di Gallura
★★ La Maddalena
★★ Capo Testa
Caprera
TOUR 2
Palau
★ Isola Rossa
★★ Costa Smeralda
Golfo dell' Asinara
★★ Giganten-gräber
Arzachena
★ Olbia
★ Castelsardo
Tempio Pausania
Roccia dell'Elefante
San Teodoro
★★ Sassari
Lago del Coghinas
TOUR 3
TOUR 1
★★ S. Trinità di Saccargia
★ Posada
★ Grotta di Nettuno
★ Alghero
★★ Nuraghe Santu Antine
★ Monte Albo
Orosei
Gol
★ Nuoro
★★ Oliena
Dorgali
★ Bosa
★★ Cala Gonone
Mare di Sardenga
★★ Orgosolo
Mare Tir
Lago Omodeo
Stagno Cábras
Oristano
★★ Tharros
© BAEDEKER
TOUR 4
★ Tempio di Antas
★ Iglesias
★★ Cagliari
★ Carloforte
Golfo di Cagliari
★ Sant'Antioco
★★ Nora
Costa del Sud

31

ZUM STEINERNEN ELEFANTEN

Länge der Tour: 200 km | **Dauer:** 1-2 Tage

Tour 1 *Eine Tour mit Kontrasten: neben bekannten Städten steuern Sie grandiose Aussichtspunkte und Felsformationen an. Der Ausflug führt überdies zu einer der berühmtesten Nuraghen der Insel und gegen Ende der Fahrt in die zauberhafte Welt einer großen Tropfsteinhöhle.*

Stadt und Küste Die Tour beginnt in ❶ ★★ **Sassari,** der zweitgrößten Stadt Sardiniens, in der das bekannte Museo Archeologico G. A. Sanna zu einer Besichtigung einlädt, und führt über die SS 200 in nördlicher Rich-

tung (SS 200) zunächst nach ❷ ★ **Castelsardo**. Die mittelalterliche Festung des kleinen Orts beeindruckt durch ihre imposante Lage auf einem Fels an der Küste schon von Weitem. Nicht nur die Burg, auch Castelsardos historischer Ortskern lohnt eine Besichtigung. Auf der Fahrt von Castelsardo nach Perfugas bietet die Felsformation des ❸ **Roccia dell'Elefante** ein beeindruckendes Fotomotiv. Die Straße führt bergab in die Piana dell'Anglona und steigt Richtung Sedini wieder an. Hinter Bulzi erblickt man schon von der Straße aus die schöne Kirche **San Pietro di Simbranos** (11. Jh.), ein Sakralbau der Pisaner Romanik. Auf der SS 127 geht es weiter nach Martis, ein Hirten- und Bauerndorf, an dessen östlichem Rand der »**Versteinerte Wald von Carucana**« einen Abstecher lohnt. Bei Martis biegt man nach Chiaramonti ab und fährt Richtung Codrongianos weiter. An der Strecke warten auf kunsthistorisch Interessierte zwei bemerkenswerte Gotteshäuser: linker Hand die **Kirche San Michele di Salvenero** und ein kleines Stück weiter die Abteikirche ❹ ★★ **Santissima Trinità di Saccargia**.

Kurz dahinter führt die SS 131 in südliche Richtung nach Torralba zu einer der schönsten Nuraghen Sardiniens, die von ❺ ★★ **Santu Antine**. Die Route folgt nun nordwestlich der SS 131b in Richtung des attraktiven ❻ ★★ **Alghero**, das mit einer katalanisch geprägten Altstadt, lebendigen Shoppingmeilen und herrlichen Sandstränden aufwartet. Von Algheros Hafen fahren täglich Ausflugsboote zur nahen ❼ ★ **Grotta di Nettuno**, eine der schönsten Tropfsteinhöhlen Sardiniens.

Nuraghe und Tropfstein

KURS SMARAGDKÜSTE

Länge der Tour: 160 km | **Dauer:** mind. 2 Tage

Absolute Highlights Sardiniens: Entlang der Nordwestküste geht es zu den berühmten Badeorten Santa Teresa di Gallura und Palau. Mit der Fähre setzen Sie zu den legendären Maddalena-Inseln über und erforschen anschließend Gigantengräber. Der Sonnenuntergang an der Costa Smeralda bildet dann den Höhepunkt der Tour.

Tour 2

Vom Kurort ❶ **Tempio Pausania** gelangt man über das kleine, von Granitbergen eingerahmte Dorf Aggius weiter zur Valle della Luna, das rechts an der Straße nach Trinità d'Agultu liegt, dem nächsten Punkt der Route. Wenige Kilometer von Trinità d'Agultu entfernt liegt

Startpunkt Sommerfrische

das Fischerdorf ❷ ★ **Isola Rossa**, das sich zu einem quirligen Urlaubsort entwickelt hat. Danach geht es zurück auf die SP 90 Richtung Norden durch eine großartige Landschaft mit dem Meer zur Linken und der grünen mediterranen Macchia zur Rechten in den bekannten Badeort ❸ **Santa Teresa di Gallura**. Auf der Fahrt lohnt sich ein Abstecher zum ❹ ★★ **Capo Testa** mit seiner bizarren Felslandschaft und den schönen Stränden.

Besuch beim Freiheits-kämpfer

Die Fahrt führt weiter auf der SS 133 durch die felsige Küstenlandschaft nach ❺ **Palau** (möglicher Abstecher zum ★ **Capo d'Orso**). Hier kann man mit der Fähre zur Insel ❻ ★★ **La Maddalena** übersetzen (15 Min.). Ein Besuch des **Garibaldi-Museums** auf der Nachbarinsel ❼ **Caprera**, die durch eine Brücke mit La Maddalena verbunden ist, informiert über den berühmten italienischen Freiheitskämpfer. Zurück in Palau gelangt man auf der SS 125 zwischen Granitfelsen hindurch nach ❽ **Arzachena**, das ursprünglich ein Bauern- und Hirtendorf war.

Westlich des heute bekannten Ferienortes liegen einige bedeutende prähistorische Fundstätten: die 9 ★★ **Gigantengräber** von Li Lolghi und von Coddu Vecchiu, die einige Kilometer auseinander liegen. Von Arzachena ist es nicht mehr weit bis zu den herrlichen Stränden und berühmten, eleganten Ferienorten der 10 ★★ **Costa Smeralda**, der »Smaragdküste«. Der Küstenstreifen beginnt westlich des Hauptortes Porto Cervo und zieht sich nach Süden bis Portisco.

Historische
Grabstätten
und neuer
Luxus

BERGE UND MEER

Länge der Tour: 190 km | **Dauer:** mind. 1 Tag

In Serpentinen windet sich die Straße von der Küste zum Monte Albo hinauf, im Banditendorf Orgosola studieren Sie aufrüttelnde Wandbilder und in Nuoro besichtigen Sie das einstige Zuhause einer Nobelpreisträgerin.

Tour 3

Die Tour entlang der Nordostküste beginnt in 1 ★ **Olbia** und führt an zahlreichen beliebten Badeorten vorbei. Man verlässt die Stadt in südöstlicher Richtung auf der SS 125, die dem Verlauf der Küste folgt. Hinter dem Ferienort 2 **San Teodoro** mit seinem schönen Strand entfernt sich die Straße etwas vom Meer, um sich ihm kurz vor dem auf einem Felsen thronenden Städtchen 3 ★ **Posada** wieder zu nähern. Über das Provinzzentrum Siniscola, hinter dem sich das herrliche Bergmassiv des 4 ★ **Monte Albo** erhebt, geht es nach 5 **Orosei**, das auf einem ausgeschilderten historischen Rundgang erkundet werden kann.

Vom Meer in
die Berge

Die Fahrt führt weiter durch eine Karstlandschaft in das hoch gelegene Städtchen 6 **Dorgali**. Hier bieten sich viele Besichtigungen und kleine Wandertouren an, etwa zur **Grotta di Ispinigoli**, zum **Gigantengrab** von S'Ena 'e Thomes und zur **Nuraghensiedlung Serra Orrios**. Der Badeort 7 ★★ **Cala Gonone** ist ebenfalls lohnend: Hier werden Bootsausflüge zu den schönsten Grotten der Umgebung, z. B. zur **Grotta del Bue Marino**, und zu herrlichen Stränden angeboten. Etwa 20 Kilometer südlich von Dorgali können Sie die schönste Schlucht Sardiniens erkunden, die ★★ **Gola su Gorroppu**. Die Fahrt geht weiter durch Oliven- und Mandelhaine nach 8 ★★ **Oliena** am Fuß des **Supramonte**. Nun kann man sich entscheiden, ob man 9 ★★ **Orgosolo** einen Besuch abstatten oder nach Nuoro weiterfahren will. Die 18 Kilometer lange Straße von Oliena nach Orgosolo führt den Supramonte entlang und bietet immer wieder reizvolle Ausblicke in das Land. Das Hirtendorf ist als einstiges Zentrum des

Felsige
Schönheiten

Banditismus bekannt. Berühmt sind auch die Wandmalereien (**Murales**) mit ihren politischen Parolen.

Locus amoenus Von Orgosolo bis ⑩ ★ **Nuoro** folgt die Straße fast ununterbrochen dem Tal des Flusses Cedrino durch eine liebliche Landschaft mit Weinbau und Baumkulturen. In Nuoro, Provinzhauptstadt und Heimat der Nobelpreisträgerin Grazia Deledda, ist die Besichtigung der Museen und ein Ausflug zum **Monte Ortobene** zu empfehlen.

VON DER WESTKÜSTE IN DIE INSELHAUPTSTADT

Länge der Tour: 350 km | **Dauer:** mind. 1 Tag

Auf Panoramastraßen und zwischen immergrüner Macchia geht es mit Abstechern zu noch wenig besuchten Traumbuchten an herausragenden Ausgrabungsstätten vorbei nach Cagliari.

Tour 4

Das am Temo gelegene und von einer halb verfallenen Burg überragte ❶ ★ **Bosa** ist Ausgangspunkt der Tour, die zunächst über die SS 292 und das Bergdorf Cuglieri und dann in die noch heute ländlich wirkende Provinzhauptstadt ❷ **Oristano** führt. Hier ist ein Ausflug zur ★★ **Sinis-Halbinsel** und zur berühmten Ausgrabungsstätte von ❸ ★★ **Tharros** fast schon ein Muss. Unmittelbar hinter Oristano lohnt die **Kathedrale Santa Giusta** am Rande des gleichnamigen Ortes eine Besichtigung. Weiter geht es auf der SS 126 an Arborea und Terralba vorbei durch die weite Ebene des Campidano.

Nette Städtchen

Weiter auf der SS 126 über Fluminimaggiore Richtung Iglesias. Die Fahrt führt durch das ehemalige Bergbaugebiet des Iglesiente. Abraumhalden und verfallene Bergbausiedlungen sind als Relikte der Bergbauepoche erhalten. Wenige Kilometer nach Fluminimaggiore führt eine kleine Straße zu einem römischen Tempel, dem ❹ ★ **Tempio di Antas**, der von dichtem Grün umgeben ist. ❺ ★ **Iglesias** wartet mit einer charmanten Altstadt und einem sehenswerten Mineralogischen Museum auf.

Bergmänner und Alte Römer

Hinter Iglesias führt die SS 126 noch einige Kilometer durch das Bergbaugebiet. Kurz nach Gonnesa zweigt die SP 82 nach Portovesme ab, dem Fährhafen zur **Isola di San Pietro**, wo das Städtchen ❻ ★ **Carloforte** den Besucher empfängt. Von dort geht es mit der Fähre hinüber zur Nachbarinsel ❼ ★ **Sant'Antioco**. Hier lohnt die antike Ruinenstadt Sulci nahe Sant'Antioco–Stadt eine Besichtigung. Zurück auf Sardinien folgt die Route der SS 195 bis drei Kilometer vor Teulada, um dort auf die Panoramastraße entlang der ❽ **Costa del Sud** abzubiegen. Auf der Fahrt entlang der Küste bieten sich immer wieder herrliche Ausblicke auf eine grandiose Felslandschaft, kleine Strände und Buchten, zu denen man auch hinuntersteigen kann. Die Straße stößt schließlich wieder auf die SS 195, auf der man am Badeort Santa Margherita vorbei nach Pula und zur nahe gelegenen, berühmten Ausgrabungsstätte ❾ ★★ **Nora** gelangt. Von dort sind es

noch 36 Kilometer bis zur Hauptstadt ⑩ ★★ **Cagliari**, wo historische Gemäuer, Museen, Restaurants und viel Großstadtatmosphäre warten.

WANDERN AUF DEM SENTIERO SARDEGNA

Länge der Tour: 40 km | **Dauer:** 2 – 3 Tage

Rucksack auf, Trekkingschuhe an, und es kann losgehen! Auf dieser Teilstrecke des legendären Fernwanderwegs tauchen Sie ein in das ländliche, ursprüngliche Sardinien.

Tour 5

Sardische Natur, von wildem Thymian und Rosmarin überzogene Hügel, Korkeichenwälder und alte Hirtenpfade – wer auf dem Sentiero Sardegna, einer Teilstrecke des italienischen Fernwanderwegs Sentiero Italia, unterwegs ist, den erwarten unvergessliche Eindrücke jenseits ausgetretener Touristenpfade. Um die Tour zu bewältigen, bedarf es allerdings einer gehörigen Portion Abenteuerlust, eines guten Orientierungssinns und der Bereitschaft, mitunter auf den gewohnten Komfort zu verzichten. An der Strecke bieten kleine Agriturismo-Betrieben, rustikal und sehr gastfreundlich, Unterkunft an. Der Weg führt über kleine, wenig befahrene Asphaltstraßen und betonierte (ehemalige Militär-)Pisten, über landwirtschaftliche Feldwege und Schotterpisten.

Abseits der ausgetretenen Pfade

Ausgangspunkt der zwei- bis dreitägigen, häufig nicht markierten Wanderung, für die man gutes Kartenmaterial und einen Wanderführer benötigt, ist ★★ **Santa Teresa di Gallura**, ein Hafenstädtchen im hohen Norden. Die dortige Touristeninformation hält Informationsmaterial und Karten bereit (▶ S. 176). Der erste Abschnitt führt von Santa Teresa in südlicher Richtung nach Rena Majore (14 km): Vom offiziellen Ausgangspunkt des Wegs beim Torre Longosardo in Santa Teresa geht es auf der Via Nazionale (SS 90) zum südlichen Ortsausgang und beim Kreisverkehr anschließend für knapp zwei Kilometer auf der Straße SS 133 Richtung Palau und Olbia. In **Buon Cammino**, wo das gleichnamige Restaurant zu einer Verschnaufpause einlädt, verlässt man die Straße und wendet sich nach Süden. Anschließend geht es Richtung Val di Mela. Der Weg führt über Felder und über von Steinmauern eingegrenzte Weiden nach **Rena Majore**, eine Feriensiedlung 800 Meter vom Meer und feinem Sandstrand entfernt. Dort bieten ein Gästehaus (B & B) und der Agriturismo-

1. Tag: Durchs Land zum Strand

BAEDEKER ÜBERRASCHENDES

6x
TYPISCH

Dafür fährt man nach Sardinien.

1.
... ABER BITTE MIT SAHNE

Mit Sahne, in Sardinen Panna genant, ist das **Waffeleis** noch mal so gut! Eisdielen gibt es überall, die Sortenvielfalt ist gewaltig. Und besonders lecker genießt man es natürlich am Strand, z. B. an der Spiaggia Rena Bianca in Santa Teresa di Gallura. (▶ **S. 176**)

2.
SELTEN SO GUT GESCHMECKT

Schwarz landet es auf den Tellern, ein **Spaghetti**-Gericht, das lokalen Kultstatus im kleinen Carloforte auf der Insel San Pietro im äußersten Süden Sardiniens genießt. (▶ **S. 169**)

3.
FELSEN, FELSEN, FELSEN

Zu Sardinien gehören Steine – in allen Formen, Größen und Farben. Und einige der tollsten Granitformationen sehen Sie in **Capo Testa**. Lassen Sie Ihre Phantasie spielen: Welche Figuren können Sie erkennen? (▶ **S. 177**)

4.
YACHTEN, DESIGNER, HIGH SOCIETY

Die **Costa Smeralda** ist Top-Ziel für Reiche aus aller Welt. Mischen Sie sich unter die Menschen, die über die Piazzetta flanieren, genießen Sie Window Shopping vor sündhaft teuren Boutiquen und gönnen Sie sich einen Cocktail mit Blick auf die Yachten! (▶ **S. 87**)

5.
LANDSCHAFT UND FLAMINGOS

Große Teile Sardinens sind ein Naturparadies, doch die **Sinis-Halbinsel** und deren unter Naturschutz stehender Lagunenseen ebenso wie ihre einsamen, weitgehend unberührten Strände sind ein einziges El Dorado für seltene Vögel. (▶ **S. 147**)

6.
MIT DEM WIND TANZEN

Mistral und Scirocco – an manchen Tagen bläst der Wind am Strand so stark, dass an Sonnenbaden nicht zu denken ist. Die Zeit für **Kite-Surfer und Wellenreiter**, beispielsweise in San Teodoro. (▶ **S. 134**)

Betrieb Saltara (www.agriturismosaltara.com) Unterkunft an. Ein Pinienhain für das eigene Zelt liegt zwischen SS 90 und Strand.

Am nächsten Tag geht es in das 26 Kilometer entfernte und südöstlich gelegene Dorf Luogosanto. Der Weg führt durch Korkeichenwald und über Kuhweiden, an Weingärten vorbei und über Privatgrundstücke. Er passiert abgelegene kleine Bauerndörfer und alte »stazzi«, von denen einige restauriert und wieder bewohnt sind. Granitsteinbrüche und auch einige Autowracks sind Zeichen der Zeit. 2./3. Tag: Mit Blick zur Küste

Vom Ortsausgang Rena Majore geht es, teilweise mit herrlichem Ausblick auf die Küste, über eine asphaltierte Piste durch das enge Tal von **Lu Montoni** und die schroffe Granitlandschaft der **Serra Pauloni**. Dabei kommt man an der Einfahrt zum Agriturismo la Tegghija und am kleinen Dorf **Littigheddu** vorbei. Weiter in östlicher und nach zwei Kilometern in südlicher Richtung führt die Straße Richtung Camporotondo an der Abzweigung zum Agriturismo Sole e Terra vorbei, wo man übernachten kann. Traditionelle sardische Küche und Reitmöglichkeit verführen zu einem Zwischenstopp.

Schließlich überquert der Asphaltweg den **Fiume Bassacutena** und erreicht südöstlich die SS 133, die hier im Tal des Riu Chivoni verläuft. Man geht 400 Meter Richtung Südwesten und biegt dann über das Privatgrundstück der Stazzi Baldu nach Südosten ab. Zwei Kilometer weiter werden die Kirche San Stefanu und die Ruinen des Castello Baldu (1238) passiert. Der Weg trifft die Provinzstraße von Arzachena nach Luogosanto (SP 14), der man in westlicher Richtung folgt. Der Ort **Luogosanto** bietet eine Touristeninformation (www.luogosanto.info) und diverse Unterkünfte, beispielsweise das Hotel San Trano (www.hotelsantrano.com) und B & B-Gästehäuser.

Ein vorzüglicher Begleiter ist »Wandern auf Sardinien« von A. Stieglitz (DuMont aktiv) mit 35 Touren unterschiedlicher Schweregrade von zwei- bis fünfstündiger Dauer und exakten Karten. Leichte bis anspruchsvolle Gebirgs- und Küstenwanderungen empfehlen Walter Iwersen und Elisabeth van de Wetering: »Sardinien – die schönsten Küsten- und Bergwanderungen« (Rother Wanderführer, 2015). Wanderführer

Z
ZIELE

Magisch, aufregend,
einfach schön

Alle Reiseziele sind
alphabetisch geordnet. Sie haben
die Freiheit der Reiseplanung.

Türkisfarbene Träume – Sardiniens Küste
weiß zu beeindrucken. ▶

★★ ALGHERO

Provinz: Sassari | **Höhe:** 7 m ü. d. M. | **Einwohnerzahl:** 44 000

E 6

Zum Meer hin schützt eine meterdicke Stadtmauer mit Bastionen und Rundtürmen die Altstadt, das Centro Storico. Schmale Gassen zwischen historischen Palästen führen hier zu malerischen Plätzen hin. In den Restaurants und Cafés, die sie säumen, treffen sich Einheimische wie Touristen zum Schlemmen und Schmausen. Allerorten laden kleine, feine Läden zum Staunen und Stöbern ein. Kein Zweifel, in Alghero weiß man schöne Dinge zu schätzen und das Leben zu genießen – und dies nicht nur bei Sonnenschein.

Little Barcelona

Mehr als in jeder anderen Stadt Sardiniens ist in Alghero das katalanisch-spanische Erbe präsent. Die Truppen Aragóns eroberten den Ort 1353 und vertrieben alle Bewohner. Statt ihrer ließen sich katalanische Siedler in Alghero nieder und drückten der Stadt über fast vier Jahrhunderte in Architektur, Sprache und Brauchtum ihren Stempel auf. Die von Bauten im Stil der katalanischen Gotik geprägte Altstadt erinnert in vielem an Palma de Mallorca oder Barcelona. »Barceloneta« nennen die Einwohner das Centro Storico dann auch. Bis heute spricht oder versteht ein Teil der Bevölkerung den lokalen katalanischen Dialekt, und die Hinweisschilder für Plätze und Bauwerke sind zweisprachig. Straßen heißen in Alghero »Carrer« sowie »Via«, die Plätze »Placa« sowie »Piazza« und die von prächtigen Bürgerhäusern gesäumten Promenaden »Ramblas«. Auf den Speisekarten der Restaurants sorgen Paellas in allen Variationen für Abwechselung. Berühmt ist die Setmana Santa de L'Alquer vor Ostern, die mit ähnlich aufwendigen Prozessionen wie in Spanien begangen wird.

★★ Altstadt

Auf Entdeckungstour

Adelshäuser und Cafés

Mag die auf einer kleinen Landzunge liegende, im übrigen weitgehend autofreie Altstadt Algheros auch klein und winzig sein, so gibt es doch unendlich viel zu entdecken und zu sehen. Überall in den von altehrwürdigen, lichten Stadthäusern gesäumten Gassen nehmen blumengeschmückte Balkone oder schön verzierte Portale den Blick gefangen. Die kleinen Läden, die in diesen Häusern residieren, bieten dies und das, aber auch sardische Gaumengenüsse und **Korallenschmuck** an. Ringe, Ketten, Armbänder und Amulette mit Steinen aus blutroten Edelkorallen sind nicht nur bei Touristen heiß begehrt. Bis 2007 konnten die Fischer die Korallen in den vor der Küste liegen-

Zur blauen Stunde am Hafen von Alghero

den Riffen uneingeschränkt ernten. Da die Bestände aber immer weiter abnahmen, schränkte die sardische Regierung die Korallentaucherei durch die Einführung von Schonzeiten für die Tierchen ein. Heute werden in Alghero deshalb auch importierte Korallen zu Schmuckstücken verarbeitet.

Betritt man die Altstadt durch die **Porta a Mare** am Hafen, gelangt man zur **Piazza Civica**. Hier ist immer etwas los, denn in den schönen alten Adelshäusern, die den Platz säumen, sind heute Cafés und Restaurants untergebracht. Im Südosten der Piazza fällt der gotische Palazzo d'Albis aus dem 16. Jh. auf, einst die Residenz des katalanischen Gourverneurs. Kaiser Karl V. soll hier 1541 logiert und aus einem Fenster zum Volk gesprochen haben. Die Piazza Civica geht im Westen in die von der Kathedrale **Santa Maria Immaculata** dominierte Piazza Duomo über. Wer das erste Mal vor diesem Gotteshaus steht, ist zunächst etwas überrascht und erstaunt. Denn dem Hauptportal ist – nicht ganz passend, wie manche Sarden finden – ein klassizistischer Portikus mit dorischen Säulen vorgesetzt. Aus der Entstehungszeit des Gotteshauses, das zwischen 1562 und 1579 im katalanisch-gotischen Stil errichtet wurde, stammen allerdings der Chor mit den sternenförmig angeordneten Kapellen und der Glockenturm, den ein heller, spitzer Helm krönt. Das benachbarte **Museo Diocesano** zeigt sakrale Kostbarkeiten. Hinter der Kirche führt die schmale Via Principe Umberto auf die Piazza Teatro mit dem klassizistischen Theater aus dem Jahr 1829. Über eine kleine Gasse, die an deren Ostseite von der Piazza abzweigt, gelangt man zur ehemaligen **Klosterkirche San Francesco**, eine ursprünglich aus dem 14. Jh. stammende und im 16./17. Jh. erweiterte Basilika. Hier verdient der Kreuzgang hinter der Kirche besondere Aufmerksamkeit. Im Sommer finden dort Konzerte statt. In den ehemaligen Klostergebäuden sind heute ein Hotel sowie ein Kongress- und Kulturzentrum untergebracht. Von der Kirche San Francesco führt die Via Carlo Alberto in südlicher Richtung zur **Kirche San Michele**, ein barocker Sakralbau aus der Mitte des 17. Jh.s, den eine auffällige bunt gekachelte Kuppel krönt, die allerdings aus der Mitte des 20. Jh.s stammt. Innen wartet das im übrigen lichte Gotteshaus mit zwei reich verzierten Stuckaltären auf.

Museo Diocesano: Piazza Duomo 1 | Tel. 079 97 33 041
tgl. 10.30 – 13 und 18 – 20.30 Uhr

Auf Sardiniens schönster Flaniermeile

Stadtmauer

Bis zum Beginn des 20. Jh.s war Alghero vollständig von einer Stadtmauer umgeben, deren landseitiger Teil im Zuge von Stadterweiterungen abgerissen wurde. Die drei Seiten aber, die das historische Zentrum zum Meer abschließen, blieben und laden nun zu genüsslichen Spaziergängen ein. Ja, ein Bummel auf den mächtigen, in der Sonne golden leuchtenden Mauern, von den Sarden »Bastioni« genannt, ist geradezu ein Muss für jeden Alghero-Besucher und immer mit tollen Ausblicken auf das Meer verbunden. An der Porta a Mare gelangt man über eine Treppe auf die **Bastioni Magellano**, die zunächst zur Torre di San Erasmo und dann zur Torre della Polviera ganz im Norden des Bollwerks führt. Von dort aus geht es über die **Bastioni Marco Polo**, dem längsten Abschnitt der Mauer, Richtung Süden. Hier werben einige stilvolle Restaurants und schmucke Cafés um Gäste, allenthalben laden aber auch Bänke zum Innehalten und Träumen ein. An der Torre di San Giacomo vorbei gelangt man über die **Bastioni Cristoforo Colombo** schließlich zur Torre dello Sperone bzw. Torre di Sulis, dem südlichen Abschluss des Mauerwerks. An der Piazza Sulis lohnt das ganz nahe gelegene **Museo del Corallo** einen Abstecher. Es zeigt kostbaren Korallenschmuck und informiert über die Korallentaucherei sowie die Bedeutung der roten Korallen für die Entwicklung von Handel und Kunsthandwerk in der Region. Von der Piazza Sulis geht es dann über die Via Fratelli Kennedy zur Torre di San Giovanni und über die Via Simon zur Torre Porta Terra, dem einstigen Hauptor der Stadt. Die Anfänge des Bollwerks gehen übrigens auf die Familie Doria zurück, die Alghero nach der Vertreibung der Sarazenen um 1100 im Namen der Republik Genua in Besitz

BAEDEKER ÜBERRASCHENDES

6x
DURCHATMEN

Entspannen, wohlfühlen, runterkommen

1.

NACH DER BESICHTIGUNG

Von den Bastionen und der Altstadt Algheros ist es nur ein Katzensprung zum **Beach Life** am Hausstrand der Stadt. Bereits im zeitigen Frühjahr relaxt man hier auf bequemen Strandliegen und schaut aufs Meer. (▶ **S. 48**)

2.

MEDITATION MIT BÄR

... das ist möglich, wenn man sich auf den Weg macht, wenn andere noch beim Frühstück sitzen, denn dann beglückt das **Capo d'Orso**, das Bärenkap bei Arzachena, mit Stille und Einkehr. (▶**S. 57**)

3.

GENIESSEN ...

... können Sie das Abendessen im romantischen Ort **Bosa**. Wenn nach Sonnenuntergang die Straßenlaternen die engen Gassen der Altstadt und deren Palazzi illuminieren, wird an den Tischen im Freien und unter einem grandiosen Sternenhimmel aufgetischt. (▶ **S. 63**)

4.

AB IN DIE BECKEN

Noch nie **Thalasso-Therapie** kennen gelernt? Dann wird es Zeit, bei Isola Rossa im Hotel Marinedda abzutauchen und das sprudelnde, belebende Meerwasser auf der Haut zu spüren. (▶ **S. 85**)

5.

ALLEIN IN DER MONDBUCHT

Ganz ohne Besucher wird man die **Cala di Luna** wohl kaum erleben, doch im Frühling und Herbst können Sie die Geheimnisse des per Boot zu erreichenden Ortes ungestört entdecken. (▶ **S. 99**)

6.

MADONNA MIT DEN LEUCHTENDEN AUGEN

Ganz karg ist das Innere der **Trinità di Saccargia**. Obwohl es sich um Sardiniens berühmteste Kirche handelt, ist man hier oft allein. Dann spendet man etwas Geld, sodass sich die elektrischen Kerzen entzünden und hält Zwiesprache mit der Madonna. (▶ **S. 186**)

ALGHERO ERLEBEN

PIAZZA PORTA TERRA 9
07041 Alghero
Tel. 079 97 90 54
www.algheroturismo.eu

NAVISARDA
Während der Saison verkehren mehrmals täglich Ausflugsboote zur Grotta di Nettuna, einem beeindruckenden Tropfsteinhöhlensystem am Capo Caccia. Die Tour nimmt inklusive Höhlenbesichtigung 2,5 Stunden in Anspruch.
www.navisarda.it

LIDO DI SAN GIOVANNI
Der Strand ist vom Frühsommer bis in den Herbst der liebste Ort vieler Einheimischer und der Touristen, die hier die Sonne, das tiefblaue Meer und den Blick auf die Stadt genießen. Die Infragstruktur bietet Liegestuhl- und Sonnenschirmverleih sowie Beach-Volleyball und Wasserspiele für Kinder. Außerdem gibt es Strandbars, Cafés und natürlich Pizzerien.

MARIA PIA
Der Strand schließt sich dem Lido di San Giovanni an und ist von Pinienwäldchen sowie Sanddünen eingerahmt. Das Meer ist hier sehr flach und deshalb ideal für Kinder.

BOUTIQUE MARRAS
Diese Altstadt-Boutique residiert in einem sanierten Palazzo und gehört zu den Lieblingsadressen der Fashionistas von Alghero. Die unter dem Tonnengewölbe drapierten Röcke und Kleider, Blusen und Shirts italienischer Designer sind ausgefallen, aber dennoch tragbar und zu vernünftigen Preisen zu haben.
Piazza Civica 9
Tel. 079 95 77 633
www.boutiquemarras.com

❶ BORGO ANTICO €€€
Nicht nur wegen der Lage in Nähe der Bastioni Christoforo Colombo ist das Restaurant eine gute Wahl. Die umfangreiche Speisekarte bietet Spezialitäten der mediterranen Küche. Ein Schnäppchen zur Mittagszeit ist die »Paella mit 18 Zutaten« incl. einer kleinen Karaffe Wein. Bei Sonnenschein lässt sich das Essen auf einer schönen Terrasse genießen.
Via Zaccaria 12
Tel. 079 98 26 49
Tgl. 12 – 15, 19 – 23.30 Uhr
www.ristorante – borgo – antico.webnode.it

❷ IL PAVONE €€€
Wenn Aragosta alla Catalana – Langusten mit gedünsteten Tomaten und Zwiebeln – auf der Tafel stehen, greifen die Stammgäste schnell zu, ansonsten locken köstliche Pasta-Gerichte mit Muscheln und Krabben sowie üppige Salate. Die Weinkarte ist umfangreich, schon der Hauswein schmeckt ordentlich.
Piazza Sulis
Tel. 079 97 95 84
Tgl. 12 – 15.30, 19 – 23 Uhr
www.ilpavoneristorante.com

❸ MACCHIAVELLO €€
Ob Pizza Frutti di Mare oder Tintenfisch vom Grill: Was hier auf die Teller kommt, ist fast Nebensache ange-

sichts der Toplage auf der Stadtmauer, aber dennoch gut. Abends flaniert oft die halbe Stadt an den Tischen vorbei.
Via Cavour 7/Bastione Marco Polo
Tel. 079 98 06 28
Tgl. 12 – 15, 19 – 23.30 Uhr
www.osteriamacchiavello.it

❹ ENHORABONA €

Fast schon ein Geheimtipp: Hier werden sardische Spezialitäten, hauptsächlich Fisch und Meeresfrüchte, zum kleinen Preis in familiärer Atmosphäre serviert. Das Lokal liegt nördlich der Altstadt in Strandnähe.
Via Giuseppe Garibaldi 101
Tel. 079 989 30 78
Tgl. 12.30 – 15, 19.30 – 23 Uhr

❶ VILLA LAS TRONAS €€€€

Die schönste und stilvollste Adresse in Alghero: Die einstige Sommerresidenz der italienischen Königsfamilie, ein kleiner Palast im toskanischen Stil, thront auf einer Landzunge über dem Meer. Die Zimmer und Suiten sind mit kostbaren Antiquitäten ausgestattet und verfügen z. T. über große Terrassen mit traumhaftem Ausblick auf das Meer und die Bastionen. Das Hotel bietet einen großzügigen Spa mit Innenpool und einen hoteleigenen Strandabschnitt. 20 Zi., 5 Suiten.
Lungomare Valencia
Tel. 079 98 18 18
www.hotelvillalastronas.it/de

❷ ANGEDRAS €€€

Das Hotel residiert in einer Villa im mediterranen Stil in der Neustadt. Von den Zimmern bis zur Rezeption wirkt alles hell, elegant und freundlich. Das Frühstück wird auf der Terrasse serviert und ein kostenloses Busshuttle fährt die Gäste jeden Morgen zum zwei km entfernten Strand von Maria Pia. 31 Zi.
Via G. Frank 2
Tel. 079 973 50 34
www.angedras.it

❸ SAN FRANCESCO €€

Schlafen in einem ehemaligen Franziskanerkloster des 14 Jh.s, das hat schon was. Die Zimmer liegen über dem Kreuzgang und sind recht nüchtern, bieten aber modernen Komfort und sind dank der Lage inmitten der Altstadt zumindest in der Hauptsaison immer schnell ausgebucht. 21 Zi.
Via Ambrogio Machin
Tel. 079 98 03 30
www.sanfrancescohotel.com

❹ RESIDENCE EUROPA €

Für alle, die einen günstigen Badeurlaub verbringen wollen: Das Apartment-Hotel liegt nur 100 m vom Strand entfernt und bietet mit Küchenzeile und Balkon ausgestattete Zimmer. 12 Zi.
Viale Europa 57
Tel. 079 98 47 04
www.residencealghero.it

---

nahmen und befestigten. Nachdem sie Alghero 1353 erobert hatten, bauten die Katalanen die Anlage weiter aus. Aus einem Plan des 13. Jh.s geht hervor, dass sie ursprünglich wohl 26 rechteckige Türmchen besessen hat. Unter den spanischen Königen, die seit der Vereinigung Kastiliens und Aragóns über Alghero herrschten, wurden sie geschliffen und durch die bis heute sichtbaren, mächtigen Rundtürme ersetzt.
Museo del Corallo: Via XX. Septmbre 8 | Tel. 079 989 75 02 | Di. – So. 10.30 – 13 u. 17 – 19.30 Uhr

Wohin an der Nordküste?

Nuraghe mit Aussicht

Nuraghe
Palmavera

An der Straße von Fertilia nach Porto Conte lässt sich einmal mehr eine Hinterlassenschaft der bronzezeitlichen Nuraghenkultur bestaunen: Palmavera zählt zu den größten Nuraghenkomplexen auf Sardinien. Archäologen haben festgestellt, dass der monumentale, acht Meter hohe Rundbau im Zentrum der Anlage ursprünglich wohl zwischen dem 15. und 10. Jh. v. Chr. errichtet wurde. Rund um diesen Zentralturm, den eine fünfeckige Mauer umgibt, legten sie die **Reste eines Hüttendorfs** frei. Die Siedlung wurde vermutlich im

8. Jh. v. Chr. aufgegeben. Die Ausgrabungen förderten überdies großartige Keramiken zutage, die im archäologischen Museum von Sassari ausgestellt sind. Die Nuraghe Palmavera kann besichtigt werden und bietet tolle Fernsichten über den Golf von Alghero.

Mai – Sept. tgl. 9 – 19 | April und Okt. 9 – 18 | Nov. – März 10 – 14 Uhr
Eintritt: 6 €

Bucht zum Träumen

Selbst der weit gereiste Jacques Cousteau geriet angesichts der Bucht rund zwölf Kilometer nördlich von Alghero ins Schwärmen. »Einer der schönsten Orte am Mittelmeer«, nannte er sie. Über sechs Kilometer schneidet die Bucht hufeneisenförmig ins Land, das Wasser ist glasklar und schillert in allen Blautönen. Der Wind kräuselt es nur sanft, denn im Osten bewacht die über 100 Meter hohe **Punta del Giglio** und im Westen der **Capo Caccia** den Eingang zur Bucht. An den dort aus dem Meer ragenden Klippen brechen sich die Wellen. Schon die Römer wussten den Schutz, den das Gewässer bot, zu schätzen und legten einen Hafen an. Heute gehen in der Marina von Porto Conte Freizeitskipper vor Anker. Ein herrlich weißer Sandstrand am Ende der Bucht lädt zum Sonnenbaden, Faulenzen und Träumen ein. Hier und am Porto Conte haben einige Hotels und Restaurants ihre Zelte aufgeschlagen. Das von Macchia und Pinienwäldern bedeckte Gebiet rund um die Bucht ist als Regionalpark ausgewiesen und steht unter Naturschutz.

Bucht von
Porto Ponte

Ober- und unterirdische Naturwunder

Mit seinen über 150 Meter hohen, fast senkrecht zum Meer abfallenden Kalksteinfelsen bietet das **Capo Caccia** am Eingang zur Bucht von Porto Conte fantastische Rundblicke über das Meer und die Küste von Alghero. Die unzugänglichen Steilwände sind ein idealer Rückzugsort für Wanderfalken. Gänsegeier bekommt man eher selten zu Gesicht, und es gehört viel Glück dazu, die mächtigen Vögel im Flug zu erleben. Für Höhlenforscher sind die Felsen des Cappo Caccia ein idealer Ausgangspunkt für gewagte Exkursionen. Nirgendwo sonst auf Sardinien gibt es so viele Grotten und Höhlen, die mit labyrinthischen Gängen und Kammern, mit schimmernden Korallengärten und in Jahrhunderten gewachsenen Tropfsteinen ausgestattet sind.

Capo Caccia,
Grotta di
Nettuno

Die bekannteste und am leichtesten zugängliche dieser vielen Höhlen ist die schon im 18. Jh. entdeckte und nach dem römischen Meeresgott benannte **Grotta di Nettuno.** Wer die Tropfsteinhöhle besichtigen möchte, besteigt entweder eines der vielen Ausflugsboote in Alghero oder aber wagt sich vom Cap Caccia zu Fuß nach unten. Vom Parkplatz am Kap führen die 656 Stufen der schwindelerregenden, in die Klippen geschlagenen **Escala del Cabirol** (Rehleiter) 110 Meter in die Tiefe. Unmittelbar über der Meeresoberfläche liegt der Zugang zur Grotte, die nur bei ruhiger See betreten werden darf. Das gesamte, weitverzweigte Höhlensystem hat eine Länge von vier Kilometern. Nur knapp 600 Meter davon können besichtigt werden. Trotz der Besuchermassen, die sich hier regelmäßig einfinden, bietet die Höhlentour unvergessliche Erlebnisse: Von einem Vorraum aus geht es mit einem (zweisprachigen) Führer in eine Wunderwelt aus Tropfsteinen in fantastischen Formen. Speziallampen, die die Kammern und Gänge ausleuchten, steigern die Atmosphäre ins Märchenhafte. Highlights sind sicherlich der Lago Lamarmora und die Sala della Reggia mit auffällig zusammen gewachsenen Stalagtiten und Stalagmiten, um die sich viele Mythen ranken.

April 10 – 17, Mai – Okt. tgl. 9 – 19, Nov – März 10 – 15 Uhr

▌ Rund um Alghero

Wohnungen für die Toten

★

Nekropole Anghelu Ruju

Die Entdeckung der größten Nekropole Sardiniens verdankt sich mehr oder weniger einem Zufallsfund. 1903 stießen Bauarbeiter in der Nähe eines Weinbergs auf die Überreste eines menschlichen Schädels sowie eines antiken Gefäßes und veranlassten so den Archäologen Antonio Tamarelli zu ausgedehnten Grabungen. Bis 1907 legte der Gelehrte 37 Felsengräber frei, die der zwischen 4000 und 3200 v. Chr. auf Sardinien verbreiteten jungsteinzeitlichen **Ozieri- und der ihr folgenden Bonnanaro-Kultur** zugeordnet werden konnten. Die Gräber bestehen aus einer Hauptkammer und mehreren Nebenkammern, die man nur über Treppen und enge Gänge erreicht. Scheintüren und Verzierungen an den Wänden der Kammern lassen vermuten, dass die Erbauer dieser auf Sardinien **»Domus de Janas«** (Feenhäuser) genannten Grabanlagen neue Heimstätten für ihre Toten errichten wollten. Außerdem fanden die Archäologen Grabbeigaben, die heute in den Museen von Cagliari und Sassari ausgestellt sind. Die Nekropole liegt an der Straße von Alghero nach Sassari kurz hinter der Abzweigung zum Flughafen Alghero-Fertilia und kann besichtigt werden.

Mai – Sept. 9 – 19, April u. Okt. bis 18, Nov. – März 10 – 14 Uhr
Eintritt: 3,30 €

Weingut und Archäologisches Museum

Weingut Sella & Mosca

Nicht nur Weinliebhabern sei der Besuch dieses riesigen Weinguts nördlich von Alghero empfohlen. Die Macher setzen ganz auf Bio-Diversität und haben deshalb zwischen die schier endlosen Rebstockreihen Palmen, Oleander und Eukalyptusbäume gepflanzt. Die Weinkeller und die Vinothek liegen inmitten der Rebfelder. Zu dem Komplex gehört ein Museum, das nicht nur über die Geschichte des Unternehmens, sondern auch über die Ausgrabungen in der Nekropole Anghelu Ruju informiert. Der Eingang zum Weingut liegt gleich

»Einer der schönsten Orte am Mittelmeer« (J. Cousteau über die Bucht v. Porto Ponte)

gegenüber dem Gräberfeld. Sella & Mosca ist der größte Weinprodu-
zent Sardiniens und gehört heute zur Campari-Gruppe.
Loc. I Piani | Tel. 079 99 77 19 | Vinothek: Nov – März Mo. – Sa. 9 – 18,
Apr. und Mai bis 19, Juni – Sept. bis 20, Okt. bis 19 Uhr
www.sellaemosca.com

Eine Panoramaroute, die es in sich hat!

Für viele zählt diese Straße zu den atemberaubendsten auf ganz Sardinien. Hoch über dem Meer windet sie sich in vielen Kurven die Küste entlang und führt dabei durch eine nahezu unberührte Naturlandschaft. Linker Hand der Fahrbahn ragen gewaltige Felsformationen
auf. Rechts fallen die Felsen steil zum Meer ab, das je nach Wet-
terlage und Lichteinfall tiefblau, türkis oder petrolfraben glitzert und
leuchtet. Zu Beginn der Fahrt beeindruckt der Konstrast zwischen
dem silbrigen Grün wilder Olivenbäume und dem Grau der felsigen
Gebirgsausläufer. Dann taucht hin und wieder mit Feigenkakteen und
Wacholder bewachsenes, sanft geschwungenes Hügelland auf. Tief
unten ziehen einsame, kleine Buchten vorbei. Nahe des schönen
Sandstrandes Spiaggia della Speranza in **Poglina** wachen die Reste
der Torre di Poglina über die Landschaft. Danach verläuft die Straße
am Fuß des Trachytberglandes von Montresta, wo noch Gänsegeier
leben, bis nach Bosa. Die Tour über die Küstenstraße ist zwar zu jeder
Jahreszeit spektakulär, doch im Frühling, wenn die sardische Macchia
blüht und nur wenig Autos unterwegs sind, lohnt sie sich besonders.
In der Saison fährt überdies ein offener Panoramabus die Strecke ab.

Küstenstraße
von Alghero
nach Bosa

★★ ARZACHENA

Provinz: Sassari | **Höhe:** 83 m ü. d. M. | **Einwohnerzahl:** 13 700

M 3

Die glamouröse Costa Smeralda und eine Landschaft voller geheimnisvoller Nuraghen-Orte: Dank der Schätze in seiner Umgebung hat sich das einstige Hirtendorf zu einem gepflegten kleinen Städtchen entwickelt, das trotz einiger Bausünden zu kleinen Fluchten von den künstlich gewachsenen Ferienorten an der Küste verführt und einen Hauch authentisches Sardinien bietet.

Aufstieg eines Hirtendorfs

Arzachena liegt in der Felsenlandschaft der Gallura im Nordosten Sardiniens nur gut fünf Kilometer vom gleichnamigen Golf entfernt. Bis weit in das 20. Jh. lebten in der Region nur Kleinbauern und Hirten auf oft weit verstreuten Höfen. Zwar stellte seit den 1920er-Jahren die Straße zwischen Olbia und Palau eine Verbindung zur Außenwelt her. Aber erst als Karim Aga Khan IV. Mitte der 1960er-Jahre die zur Gemeinde Arzachena gehörende Costa Smeralda für sich und den internationalen Jetset entdeckte, wendete sich das Blatt. Investoren aus aller Welt kauften das Land an der Küste auf, und aus armen Hirten oder Bauern wurden wohlhabende Leute. Rund um den alten Ortskern Arzachenas entstanden moderne Wohnanlagen und Geschäfte. Trotz allem kann man sich in dem Städtchen ganz gut die Zeit vertreiben. Die Piazza del Risorgimento im historischen Zentrum ist der quirlige Treffpunkt von Einheimischen wie Touristen. Hier haben einige nette Bars und Restaurants ihre Zelte aufgeschlagen. Zudem ist Arzachena ein idealer Ausgangspunkt für Exkursionen zu den nahen prähistorischen Gräbern und Siedlungen.

▌ Rund um Arzachena

Ausflug zu steinzeitlichen Begräbnisstätten

★★

Giganten-
gräber und
Nekropole
Li Muri

»Tombas de sos zigantes« – »Gigantengräber« nennen die Sarden die steinzeitlichen Grabanlagen, die sich an vielen Stellen Sardiniens als stumme Zeugen einer immer noch rätselhaften Kultur finden. Allein in der Nähe von Arzachena lassen sich einige dieser monumentalen Steinkonstruktionen bestaunen. Das **Gigantengrab Coddu Vecchiu** ein paar Kilometer südwestlich von Arzachena gilt als die vielleicht schönste Anlage ihrer Art auf Sardinien. Hier bildet eine vier Meter hohe Portalstele den Eingang zu dem dahinter liegenden über zehn Meter langen Steinkistengrab. Archäologen gehen davon aus, dass dieses Grab bereits in vornuraghischer Zeit (18. – 16. Jh. v. Chr.) entstand und frühe nuraghische Baumeister dann die Portals-

ARZACHENA ERLEBEN

UFFICIO TOURISMO
Piazza Risorgimento 8
Tel. 0789 84 40 55
Mo. – Fr. 8 – 14 und 15 – 18,
Sa. 8 – 14 Uhr
www.comunearzachena.gov.it

CASA MIA €€
Das Haus am südlichen Ortsausgang
besitzt ein hervorragendes und beliebtes Restaurant, das regionale Küche serviert. Die 20 Zimmer sind ordentlich und gut ausgestattet.

Via Evangelista Torricelli 3
Tel. 0789 8 27 90
www.hotelcasamia.it

STELLE MARINE €€
Hier residieren Sie in behaglichen, im
sardischen Landhausstil eingerichteten, komfortablen Wohneinheiten,
die sich um den Pool gruppieren. Bis
zum hoteleigenen Strand sind es nur
300 m. Die Anlage befindet sich nördlich von Cannigione am Golf von Arzachena. 71 Zi.
Loc. Mannena
07020 Cannigione
Tel. 0789 8 63 05
www.hotelstellemarine.com

tele und die Steinplatten beiderseits des Eingangs davor setzten. Vermutlich war es von einem sog. tumulus, einer Erdaufschüttung, bedeckt. Bemerkenswert ist die nicht einmal einen Meter hohe Öffnung
am Boden der Stele, die den einzigen Zugang zum Grab bildete. Hier
wurden wahrscheinlich die Gebeine der Toten wie in einem Beinhaus
bestattet. Nur wenige Kilometer nordwestlich von Coddu Vecchiu
liegt das Gigantengrab **Li Lolghi**, das eine ganz ähnliche Struktur und
Baugeschichte aufweist. Auch hier erweiterten nuraghische Baumeister ein Steinkistengrab aus der Zeit zwischen 1800 und 1600 v.
Chr. um einen monumentalen Eingangsbereich. Beiderseits der 3,75
Meter hohen Portalstele bilden insgesamt 14 große, im Erdreich verankerte Steinplatten einen halbkreisförmigen Vorplatz, der vermutlich kultischen Praktiken diente. Ähnlich wie die Portalstele von Coddu Vecchiu weist auch die von Li Lolghi eine schmale Öffnung am
Boden auf. Das in den Stein gemeißelte große Rechteck darüber
könnte eine sog. Scheintür sein, die den Toten den Weg ins Jenseits
öffnen sollte. Ein Abstecher in die Nekropole **Li Muri** in unmittelbarer Nähe von Li Lolghi führt noch einmal rund 1000 Jahre weiter zurück. Die Menschen, die die vier Steinkistengräber dort anlegten,
waren vermutlich Träger der vornuraghischen Ozieri-Kultur, die zwischen 3200 und 2800 v. Chr. auf Sardinien existierte. Jede dieser
Steinkisten ist umgeben von senkrecht aufgerichteten, kleineren
Steinplatten, die konzentrische Ringe bilden. Archäologen nehmen
an, dass sie einst die heute nicht mehr vorhandenen Grabhügel ein-
fassten. In anderen Steinkisten fanden sie Opfergaben wie Schmuck

und Feuerstein. Am Rand der Anlage finden sich die Überreste eines einzelnen Ganggrabes, in dem vielleicht eine wichtige Persönlichkeit bestattet wurde.

Alle drei Anlagen: tgl. 9 Uhr bis eine Stunde vor Sonnenuntergang Eintritt: 3,50 €

Komfortables Urlaubsdomizil

Cannigione

Das einstige Fischerdorf am Golf von Arzachena hat sich zu einem richtigen Ferienort gemausert, in dem all das vorhanden ist, was einen Urlaub angenehm macht. Es gibt Bars, stimmungsvolle Restaurants, zahlreiche Geschäfte, einen modernen Yachthafen und einige schöne Strände in der weiteren Umgebung. Cannigione bietet sich als **Ausgangspunkt für Ausflüge** zum nahen Maddalena-Archipel, an die Costa Esmeralda und die prähistorischen Denkmäler im Hinterland an.

Frage der Perspektive: Am Capo Dorso lenken die bizarren Felsformationen schnell vom Ausblick ab.

Ein Werk der Erosion

Wind und Wetter haben in Millionen von Jahren aus der mächtigen Granitformation rund fünf Kilometer östlich des Ortes Palau eine Bärenfigur herausgemeißelt. Aus einer Höhe von über 120 Metern blickt das steinerne Tier über das Meer. Besucher, die den felsigen Weg zu ihm auf sich genommen haben, beglückt er mit Postkartenansichten von Palau, dem Archipel La Maddalena und Korsika. Schon im Altertum beeindruckte der steinerne Meister Petz die Menschen. Der griechische Naturforscher Ptolemäus (um 100 – 160 n. Chr.) nannte ihn in seinem berühmten Werk »Geographia« sogar ein Naturwunder. Heute ist l'Orso di Palau (der Bär von Palau) als einzigartiges Naturmonument unter Schutz gestellt.

Capo d'Orso

Ferienort im Kommen

Die Hafenstadt 14 Kilometer nördlich von Arzachena ist das Tor zum **Maddalena-Archipel**. In der Hauptsaison setzen Autofähren laufend in nur 15 Minuten zu dem Naturparadies vor der Nordostküste Sardiniens über und von der Marina, dem Porto Turisto, laufen täglich Motorboote oder Segelyachten zu Mini-Kreuzfahrten in die Inselwelt aus. Palau ist aber nicht nur Durchgangsstation für Ausflüge zu den Maddalenas. Dank der **einzigartigen Küstenlandschaf**t im Westen und Osten sowie die der schönen Strände entdecken die Touristen den Ort auch mehr und mehr als Feriendomizil. Die Einwohner sind für ihre Gastfreundschaft bekannt. Im Sommer spielt sich das Leben vorwiegend auf den Straßen und Piazzas ab. Die vielen Cafés, Bars und Restaurants der Stadt sind immer auch Orte, an denen man mit Einheimischen ins Gespräch kommen kann.

Palau

Palau ist zwar eine vergleichsweise junge Stadt, die erst in den 1870er-Jahren gegründete wurde, aber dennoch ein geschichtsträchtiger Ort. Während des Dritten Koalitionskrieges (1803 bis 1806) gegen Napoleon, der bereits 1793 versucht hatte, Sardinien einzunehmen, schlug der berühmte Admiral Horatio Nelson in der Nähe von Palau für kurze Zeit sein Hauptquartier auf. Die tief verankerte Furcht vor einer französischen Invasion wirkte bei den Sarden offensichtlich noch lange nach dem Ende Napoleons nach. Im Zuge der Vereinigung Italiens ließen sie deshalb an der Nordküste der Insel eine Reihe von massiven Befestigungsanlagen errichten. Eine davon ist das spektakuläre **Fortezza di Monte Altura** westlich von Palau – ein architektonisches Meisterwerk, das auf eine Weise in die kantigen Felsen eingepasst ist, dass es von Weitem und vom Meer aus kaum zu sehen ist. Eine Besichtigung lohnt sich aber auch wegen der tollen Aussicht über das Meer, die nicht selten bis zu den Maddalenas reicht.

Ufficio Turismo del Comune di Palau: Piazza Fresi
Tel. 0789 70 70 25 | www.palauturismo.com

KREUZFAHRT ZU TRAUMBUCHTEN
Badesachen sind ein Muss, wenn Sie mit einem
Segelboot und im Rahmen einer organisierten Tour
von Palau, Cannigione oder La Maddalena aus in See
stechen und kleine, unbewohnte Robinson-Inseln
ansteuern und in einsamen Badebuchten ankern. Fehlt
eigentlich nur noch Freitag ...

★★ BARUMINI · SU NURAXI

Provinz: Sud Sardegna | **Höhe:** 206 m ü. d. M.
Einwohnerzahl: 1300

*Einmal tief durchatmen, um die karge Schönheit der Gegend in
sich aufzunehmen: Knorrige alte Olivenbäume stehen auf bereits
im Mai ausgedörrtem Gras, weit reicht der Blick über das sanft
geschwungene Hügelland der Marmilla. Im Norden erhebt sich
der Steilrand der Giara di Gesturi, und im Südwesten schaut
man bis zum Namen gebenden Bergkegel bei Las Plassas. Und
wie als Dreingabe thront dort oben eine Burgruine.*

Das 1300-Seelen-Dorf Barumini am östlichen Rand der Marmilla hat durch die nahe gelegene Nuraghe, die größte Sardiniens, Berühmtheit erlangt. Die prähistorische Stätte steht seit 1997 auf der UNESCO-Liste des Weltkulturerbes und lockt jedes Jahr zahlreiche Besucher an.

*Weltkul-
turerbe*

▌ Wohin in Barumini?

Nuraghe unter Glas

Das Museum am Westrand von Barumini wartet mit einem besonderen Highlight auf. Bei einer Restaurierung stellte man nämlich fest, dass das Landhaus aus dem 16. Jh. über den **Ruinen eines Nuraghenkomplexes** errichtet worden war. Die freigelegten Grundmauern sind auf höchst originelle Art in das Museum integriert. Die Besucher können auf einer Glasbrücke über die von ihren rätselhaften Erbauern vor über zwei Jahrtausenden aufgerichteten Steinblöcke spazieren. Das Museum wartet mit vielen Informationen zum Weltkulturerbe Su Nuraxi und einer sehenswerten ethnografischen Ausstellung auf. Die **Casa Zapata** war im 16. Jahrhundert Residenz von Don Azor Zapata, einem Adligen aus Aragón, der die gesamte Gegend kontrollierte.

Museo Casa Zapata

Museo Casa Zapata: Piazza San Giovanni XXIII | tgl. 10 – 17, Mai – Sept. 10 – 20 Uhr | Eintritt: (inkl. Su Nuraxi): 11 € www.fondazionebarumini.it

Fast tausend Jahre wurde hier gebaut!

Die Entdeckung dieses Meisterwerks bronzezeitlicher Baukunst verdankt sich tagelangen Regenfällen, die 1949 in dem Gebiet um Barumini niedergingen. Die Wassermassen lösten Erdrutsche aus und legten Teile der prähistorischen Anlage frei. Die Arbeit der Archäologen begann danach. Unter der Leitung von Giovanni Lilliu, einem aus Barumini stammenden Experten für die Nuraghen-Kultur, gruben sie zwischen 1950 und 1957 den **besterhaltenen und größten Nuraghenkomplex Sardiniens** aus. Dabei gelang es den Wissenschaftlern, die sich über fast ein Jahrtausend hinziehende Baugeschichte der Nuraghe zu rekonstruieren und wichtige Aufschlüsse über die Kultur ihrer Erbauer zu gewinnen. Herzstück der Anlage und zugleich ihr ältester Teil ist der weithin sichtbare Rundturm aus der Zeit um 1500 v. Chr. Er besteht aus aufeinander geschichteten schweren Basaltblöcken und ist heute noch 14 Meter hoch, dürfte es mit dem eingestürzten dritten Stockwerk und der Dachterrasse ursprünglich wohl auf fast 19 Metern gebracht haben. In einer zweiten Bauphase entstand rund 200 Jahre später der mächtige, durch vier Türme verstärkte Mauerring, der diesen Zentralbau umgibt und einen Innenhof bildet. Ab 1000 v. Chr. dann wurde die gesamte Anla-

Nuraghenfestung Su Nuraxi

DUNKLE MAUERMASSE

Santu Antine gehört zu den größten und sehenswertesten Nuraghenkomplexen auf Sardinien (▶ Baedeker Wissen S. 226). Wie ein gewollter Blickfang liegt sie mit ihren Mauern und dem hohen Mittelturm in einer flachen Quellsenke und präsentiert einen Machtanspruch, der sich noch durch Schönheit und Großzügigkeit in der Anlage potenziert. Vormals kontrastierte man den schwarzen Bau mit weißem Kalkbruch drumherum. Zu Recht nennen die Sarden diese Festung »Haus des Königs« (Sa Dómu de su Réi).

❶ Mittelturm
Seine Höhe muss ursprünglich 22 m erreicht haben. Unten befindet sich ein großer Kuppelraum umgeben von einem Ringkorridor. Eine im Mauerwerk angelegte Treppe führt in den ersten Stock, das offenbar als Versammlungsraum des »Ältestenrats« benutzt wurde; der umlaufende Steinsockel diente als Sitzbank. Von der Mitte des Raums fällt der Blick durch das Fenster zur 800 m entfernten Nuraghen Oes, mit der man so in Sichtkontakt stand. Die Treppe steigt weiter zum zweiten Stock auf 17 m Höhe an, dessen Kragkuppel aber nicht mehr erhalten ist.

❷ Ecktürme
Die Erweiterung zur Festung erfolgte durch den Anbau von drei Ecktürmen, die durch zyklopische Mauern miteinander verbunden sind. Sie überragten die Plattform der Dreiecksbastion.

❸ Innenhof
In den geräumigen, rund 100 m² großen Innenhof mit Brunnen münden der Haupteingang und die Eingänge der beiden vorderen Ecktürme und des Mittelturms. Der Platz war Waffenhof und Koordinationsstelle mit den schnellsten Verbindungswegen zu allen Teilen der Nuraghenburg.

❹ Wehrmauern
Beeindruckend sind die doppelstöckigen Wehrmauern, die zum hinteren Turm führen und eine rasche Bewegung der Soldaten in der Bastion ermöglichten. Durch Schlitze fällt Licht in die Wehrgänge; vielleicht dienten die Öffnungen auch als Schießscharten.

BARUMINI ERLEBEN

FONDAZIONE BARUMINI
Viale San Francesco 16
Tel. 0709 36 10 39
www.fondazionebarumini.it

HOTEL SU NURAXI
Ein Ort zum Wohfühlen! Das Haus

liegt nur 150 m hinter der Nuraghe und ist ganz im Stil traditioneller sardischer Landhäuser gehalten. Die Zimmer sind rustikal und bieten modernen Komfort. Im Restaurant wird saisonale sardische Küche serviert. Die Wildschweingerichte und das Spanferkel am Spieß sind ein Genuss. Viale Su Nuraxi 6
Tel. 0709 36 83 05
www.hotelsunuraxi.it

ge noch einmal ausgebaut und dabei durch einen Mauergürtel mit sieben Türmen verstärkt. Außerhalb der Festungsmauern fanden die Archäologen die Überreste eines Rundhüttendorfs, das ab 1000 v. Chr. errichtet wurde. Ein Haus mit fein behauenem Sitzrund scheint für Dorfversammlungen genutzt worden zu sein. Bis heute diskutieren die Fachleute über Sinn und Zweck der Nuraghen. Waren es reine Kultstätten oder dienten sie der Verteidigung gegen äußere Feinde? Zumindest die lange Baugeschichte von Su Nuraxi legt die Vermutung nahe, dass sich ihre Funktion im Laufe der Zeit änderte oder erweiterte und ein ursprünglicher Sakralbau in eine Fliehburg für die Dorfbewohner umgewandelt wurde, die bei Bedarf Schutz gegen feindliche Angriffe bot. Die Festung wurde von den Karthagern zerstört, das Dorf war aber noch in römischer Zeit bewohnt.

Tgl. 9 – 16 | Mai – Sept. 9 – 19 Uhr | Eintritt: 11 € (inkl. Museo Casa Zapata, Barumini und Führung)

In der sardischen Wildnis

Giara di Gesturi

Obwohl asphaltierte Straßen auf das rund 50 Quadratkilometer große Basaltplateau führen, scheint die Zivilisation hier mit einem Mal weit weg. Das Land ist unbesiedelt und wirkt gänzlich unberührt. Ein Dickicht aus **Macchia, Wiesen und Korkeichenwäldern** bedeckt große Gebiete. In den Wintermonaten bilden sich dank des dann einsetzenden Regens zahlreiche »Paulis« (»Sümpfe«) genannte Wasserstellen, die den auf der Giara di Gesturi lebenden Tieren als Tränke dienen. Berühmt sind die kleinen **Wildpferde**, die vermutlich die Karthager einführten. Lange nutzten Bauern sie den Sommer über als Zugtiere, mittlerweile sind sie wie die ganze Hochfläche unter Schutz gestellt. Ob per Mountainbike oder per Pedes: Ein Streifzug durch die flache Landschaft erfordert keine großartige Kondition, aber einen guten Orientierungssinn! Denn in dem Labyrinth der Wege, das die Giara durchzieht, verirrt man sich leicht. Wegweiser gibt es kaum, deshalb sollte man einen Kompass, ein GPS-Gerät oder eine gute Karte dabei haben. Man kann die Hochfläche über die Parkplätze bei Tuili, Sétzu oder Gésturi erreichen.

★ BOSA

Provinz: Oristano | **Höhe:** 2 m ü. d. M. | **Einwohnerzahl:** 8000

Von den in allen Pastelltönen leuchtenden, hohen Altstadthäusern, die sich an den steilen Hang zum alles überragenden Castello Malaspina schmiegen, bis zu der von Palmen gesäumten Uferpromenade am träge dahinfließenden Fluss Temo: Bosa ist ein Postkartenschönheit, die allerdings auch in der Realität nichts von ihrem Charme verliert.

F 8

Bosa liegt rund zwei Kilometer von der Küste entfernt im weiten Mündungstal des Temo und blickt auf eine lange Geschichte zurück. Überreste von Felsengräbern belegen, dass die Gegend schon in der Jungsteinzeit besiedelt war. Die römische Stadt lag rund zwei Kilometer flussaufwärts. Im Mittelalter entwickelte sich Bosa im Schatten der mächtigen Festung, die die Familie Malaspina zu Beginn des 12. Jh.s errichten ließ. Im 14. Jahrhundert dann geriet der Ort unter die Herrschaft Aragóns. Unter der Patina, die die Altstadthäuser angesetzt haben, lässt sich immer noch der Wohlstand erkennen, den Bosa durch feines Kunsthandwerk wie Filetstickerei, Holzschnitzerei und Ledergerberei erlangte. Fischfang und Korallenverarbeitung, Obst- und Gemüseanbau spielen auch heute eine bedeutende Rolle in der städtischen Ökonomie. Berühmt und von Weinkennern in aller Welt geschätzt sind die Malvasier aus der Region.

Ein wohlhabender Ort

❚ Wohin in Bosa?

Schatten spendende Häuserschluchten

Wenn anderswo in den Städten des Südens die Mittagssonne die Menschen von Straßen und Plätzen vertreibt, herrscht in den engen Gassen der Altstadt von Bosa immer noch eine vergleichsweise angenehme Atmosphäre, denn die hohen Häuser hier spenden viel kühlenden Schatten. In der Altstadt ist deshalb immer etwas los. An vielen Ecken haben Cafés und Restaurants ihre Tische und Stühle aufgestellt. Kleine Geschäfte laden zum Stöbern ein und Delikatessengeschäfte bieten dekorativ verpackte sardische Spezialiäten an. An Bosas Pracht-

Centro Storico

BOSA ERLEBEN

PRO LOCO BOSA
Nur online oder telefonisch
Tel. 0785 37 61 07
www.bosaturismo.it
www.bosaonline.com

TRENINO VERDE
Inselweite Beliebtheit genießt diese
fast schon legendäre Schmalspurei-
senbahn. Gelegentlich befahren sogar
Züge, die von Dampfloks gezogen
werden, die Strecke. Von Juni bis
September verkehrt der Trenino jeweils samstags zwischen dem Bahnhof Bosa Marina (Via C. Colombo)
und dem 46 km entfernten Macomer
– ein uriges Erlebnis, für das man ein
paar Stunden einplanen sollte.
www.treninoverde.com

SPIAGGIA DI BOSA MARINA
Der goldfarbene Sandstrand liegt, nur
2 km von Bosas Zentrum entfernt,
südlich der Temo-Mündung. Von Bars
und Restaurants bis zum Sonnen-
schirm- und Liegestuhlverleih ist alles
vorhanden, was man für einen ange-
nehmen Urlaubstag am Strand
braucht.

❶ AGRITURISMO BAINAS €€€
Das Restaurant und B & B-Hotel liegt
südlich des Temo in einer fast schon
ländlichen Idylle. Ernesto und Sandra
kochen mit Zutaten aus biologischem
Anbau köstliche Spezialitäten der Region und auch vegetarische Küche. Unbedingt reservieren!

Strada per San Pietro
Mobil 339 20 90 967
www.agriturismobainasbosa.it

❷ BORGO SANT'IGNAZIO €€€
Das Restaurant liegt romantisch in
der oberen Altstadt von Bosa. Die
Fregola Sarda, eine sardische Pasta-
Spezialität, ist besonders lecker. Wer
in den Monaten Oktober bis April in
Bosa ist, sollte das mediterrane Wild-
schwein-Ragout oder Lamm auf sar-
dische Art mit Rotwein, Thymian und
reichlich Knoblauch probieren.
Via Sant'Ignazio 33
Tel. 0785 37 41 29
Tgl. 12 – 15, 19 – 22.30 Uhr
www.ristorantebosa.it

❸ AL GALEONE €€
Hier trifft man sich in einem alten
Holzschiff am Strand von Bosa Mari-
na und genießt Muscheln und Culur-
giones, mit Kartoffeln und Minze ge-
füllte Teigtaschen. Die Weinkarte
bietet eine große Auswahl an lokalen
Weinen, empfehlenswert sind auch
die günstigen Hausweine.
Viale Mediterraneo 22
Bosa Marina
Tel. 0785 37 35 25
Tgl. 11.30 – 15.30, 18.30 – 23 Uhr
www.algaleone.it

❹ IL LOCALINO BOSA MARINA €
Tagsüber treffen sich hier Strandur-
lauber auf einen Aperol Spritz oder
auch nur einen schnellen caffè. Nach
Sonnenuntergang, wenn sich die
Festlandsitaliener köstliche alici (frit-
tierte Sardellen) und Pizza aus dem
Holzofen kommen lassen, wird es
meist richtig voll.
Via Lungumare Mediterraneo 20
Mobil 331 760 29 68
Tgl. 8 – 24 Uhr

❶ PALAZZO SA PISCHEDDA
€€€-€€€€

50 m vom Fluss und der Brücke zur
Altstadt thront der Jugendstil-Palast
von 1896. Wer ein Balkonzimmer ergattert, kann die Aussicht auf den
Temo und die Burg Malaspina genießen. Die Zimmer sind behaglich und
komfortabel. Auf den Restaurantter-
rassen mitten im Grünen werden u. a.
regionale Seafoodspezialitäten serviert. 16 Zi.
Via Roma 8
Tel. 0785 37 30 65
www.hotelsapischedda.com

**❷ ALBERGO DIFFUSO CORTE
FIORITA €€€**

Das Hotel verteilt sich auf drei elegant ausgestattete, historische Häuser und liegt am Temo. Die Balkonzimmer bieten großartige
Panoramablicke. Frühstück wird stilvoll im Patio serviert und ist von bester Qualität. 26 Zi.

Lungo Temo Alcide de Gaspari 45
Tel. 0785 37 70 58
www.albergo – diffuso.it

❸ HOTEL MANNU €€

Das gepflegte Mittelklassehotel liegt
am westlichen Rand der Altstadt. Ein
Spaziergang bringt Sie in etwa 15 Minuten ins Ortszentrum oder ans
Meer. Das Restaurant serviert hervorragende Seafoodspezialitäten der regionalen Küche. 28 Zi.
Viale Alghero 28
Tel. 0785 37 53 06
www.mannuhotel.it

❹ LA TORRE DI ALICE €-€€

Die B & B-Pension residiert in einem
schmalen, sardischen Altstadthaus an
der Piazzetta del Episcopio. Steile
Treppen führen zu gemütlichen, fan-
tasievoll eingerichteten Zimmern.
Zum Frühstück gibt es leckere Dolci.
4 Zi.
Via del Carmine 7
Tel. 0785 85 04 04
www.latorredialice.it

meile, dem mit Granitstein gepflasterten Corso Vittorio Emanuele,
der parallel zum Fluss das Centro Storico durchzieht, stehen prächti-
ge Palazzi des 18. und 19. Jh.s dicht an dicht. Wie sie wohl innen aus-
sehen mögen? Das **Museo Casa Deriu** gibt eine Antwort auf diese
Frage, denn es residiert in einem Bürgerhaus des 19. Jh.s, in dem
Wohnräume mit Originalmobilar aus der Zeit um 1900 zu sehen sind.
Bei einem Rundgang durch die behaglich eingerichteten Zimmer fühlt
man sich fast wie ein Gast der Familie, die das Haus einst bewohnte.
Am anderen Ende des Corso Vittorio Emanuele steht die **Cattedrale
Maria Immacolata**, ein Bau des 16. Jh.s, der bereits zu Beginn des
19. Jh.s restauriert wurde. Die Kirche wartet innen mit schönen Ba-
rockaltären und Deckengemälden auf. Von hieraus gelangt man zum
Ponte Vecchio über den Temo und zur palmenbestandenen **Uferpromenade Lungo Temo de Gasperi**, die sich einen halben Kilometer
am Nordufer des Flusses entlangzieht. Vor der Kaimauer ankern Fischerboote, denn der Temo ist – als einziger Fluss Sardiniens – auf
drei Kilometern schiffbar.
Museo Casa Deriu: C. Vittorio Emanuele 59 | Tel. 0785 377043
Di. – So. 10 – 13, 16 – 18 Uhr | Eintritt: 4,50 €

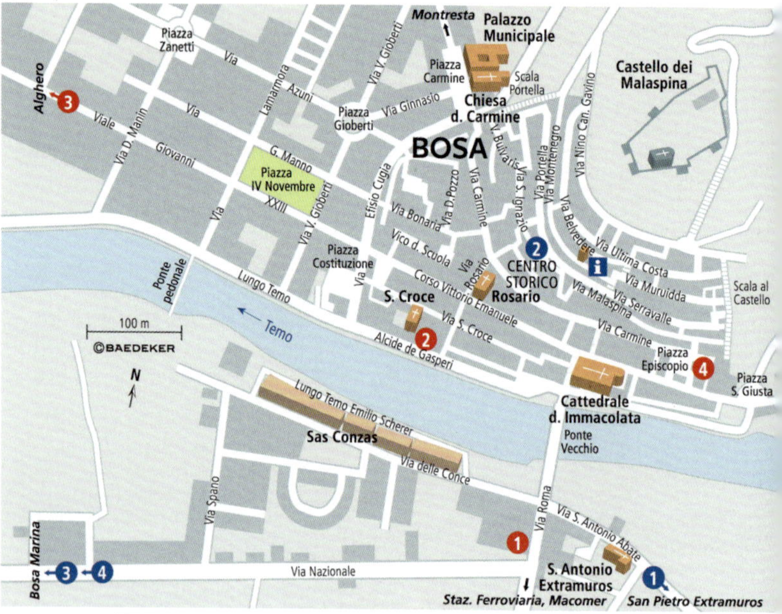

Map labels:

Montresta · Palazzo Municipale · Castello dei Malaspina
Piazza Zanetti · Via V. Gioberti · Via
Alghero · 3 · Piazza Carmine · Scala Portella
Viale · Via D. Manin · Via · Via Ginnasio · Chiesa d. Carmine
Giovanni · Lamarmora Azuni · Piazza Gioberti · Via Carmine · Via Nino Can. Gavino
G. Manno · **BOSA** · Via S. Ignazio
Piazza IV Novembre XXIII · Via V. Gioberti · Via D. Pozzo · Via Bonaria · Vico d. Scuola · Via Ultima Costa
Ponte pedonale · Piazza Costituzione · Corso Vittorio Emanuele · 2 CENTRO STORICO · i · Via Belvedere · Via Muruidda
Lungo Temo · S. Croce · Rosario · Via S. Croce · Via Malaspina · Via Serravalle · Scala al Castello
100 m · ←Temo · Alcide de Gasperi · 2 · Via Carmine · Piazza Episcopio · 4 · Piazza S. Giusta
©BAEDEKER · N · Cattedrale d. Immacolata
Lungo Temo Emilio Scherer · Sas Conzas · Via delle Conce · Ponte Vecchio
Via Spano · Via Roma · Via S. Antonio Abate
Bosa Marina · 3 · 4 · Via Nazionale · 1 · S. Antonio Extramuros · 1
Staz. Ferroviaria, Macomer · San Pietro Extramuros

1 Agriturismo Bainas	3 Al Galeone	1 Sa Pischedda
2 Borgo Sant'Ignazio	4 Il Localino Bosa Marina	2 Corte Fiorita Albergo Diffuso
		3 Hotel Mannu
		4 La Torre di Alice

⭐ **Sas Conzas**

Ein Denkmal der sardischen Industriekultur

Der Ponte Vecchio führt hinüber zu den **historischen Gerbereien**, die seit dem 16. Jh. in Bosa ansässig waren und wesentlich zum Wohlstand der Stadt beitrugen. Die Gebäude stammen allerdings aus dem 19. Jh., als die industrielle Revolution auch in Bosa Einzug hielt und Maschinen den Gerbprozess beschleunigten. Bis in die 1960er-Jahre wurden hier Tierhäute zu Leder verarbeitet. Heute sind die halb verfallenen Häuser ein **Nationaldenkmal**. Das **Museo delle Conce** informiert auf höchst interessante Weise über die Techniken des Gerbens: Die Ausstellung zeigt historische Arbeitsgeräte und Lederwaren aus Bosa. Im Erdgeschoss spazieren die Besucher über einen Glasboden, unter dem eine Gerbgrube zu sehen ist. Den Sommer über hat in Sas Conzas ein Restaurant geöffnet. Pläne zur weiteren Nutzung der alten Gemäuer warten noch auf ihre Umsetzung. Nach Einbruch der Dunkelheit erstrahlen sie aber schon jetzt in hellem Licht.

Museo delle Conce: Via Sas Conzas | tgl. außer Mo. 10 – 13, Sa. u. So. auch 15 – 17 Uhr | Eintritt: 3,50 €

Im Schutz der Burg

Alle ansteigenden Treppenwege führen in Bosa auf den **Serravalle-Hügel**, auf dem das Castello Malaspina thront. Über Jahrhunderte gewährte die 1112 errichtete und nach ihren Erbauern benannte Burg der Stadt Sicherheit und Schutz. In ihrem Schatten konnte Bosa blühen und gedeihen. Türme und Umfassungsmauern sind noch erhalten. Bemerkenswert ist der auf das frühe 14. Jh. zurückgehende Torre dei Malaspina, der besichtigt werden kann. Die **Burgkapelle Nostra Signora di Regnos Altos** wartet mit einem herrlichen Freskenzyklus des 14./15. Jh.s auf. Die Mühen des Aufstiegs werden aber auch mit einer tollen Aussicht auf Bosa und das Tal des Temo belohnt.

Castello Malaspina

Castello Malaspina und Kapelle: Via Papiriana 2 | März u. Nov. Mo. – Fr. 10 – 13, Sa., So. 10 – 16, April – Juni tgl. 10 – 19, Juli u. Aug. 10 – 19.30, Sept. 10 – 18, Okt. 10 – 17, Dez. – Febr. 10 – 16 Uhr Eintritt: 5 €

BUDONI

Provinz: Sassari | **Höhe:** 16 m ü. d. M. | **Einwohnerzahl:** 5 100

Schier endlos zieht er sich die Küste entlang und fällt ganz sanft zum türkisblauen Meer ab. Dünen und Pinienwäldchen rahmen ihn an vielen Stellen ein, der Sand ist hell und fein, fast wie Puderzucker: Der Strand von Budoni ist einzigartig auf Sardinien und gehört zu den schönsten am ganzen Mittelmeer.

Seit den 1980er-Jahren hat sich Budoni vom verträumten Straßendorf zu einem beliebten Ferienort entwickelt. Rund um den alten Dorfkern sind viele »villagios« aus Ferien- und Apartmenthäusern entstanden. Bettenburgen gibt es nicht. Vielleicht hat Budoni deshalb viel von seiner beschaulichen, sardischen Atmosphäre bewahrt. Die touristische Infrastruktur ist bestens entwickelt. Die Auswahl an Cafés, Restaurants und kleinen Geschäften, in denen sich die Urlaubsgäste mit sardischen Spezialitäten eindecken, riesengroß.

Urlaubsparadies

▍ Wohin in Budoni?

Downtown

Lebensader von Budoni ist die lange, parallel zum Strand durch den ganzen Ort führende Orientale Sarda (SS 125). Bereits am frühen Morgen sieht man in den Cafés entlang der Straße Sarden ihren Es-

Budoni

BUDONI ERLEBEN

PRO LOCO BUDONI
Via Nazionale (SS125) 138
Tel. 0784 84 40 50
www.prolocobudoni.it

CALA DI BUDONI
Budonis berühmter, über 2 km langer Hauptstrand liegt ca. 300 m von der SS 125 entfernt. Er ist mit ihr durch Nebenstraßen verbunden und in mehrere Strandabschnitte unterteilt. Am Abschnitt Salamaghe finden sich Kioske, Bars und Restaurants. In den Sommermonaten können Sie zudem Liegestühle und Sonnenschirme sowie Surfboards und Boote ausleihen. Je weiter man sich von diesem Zentrum entfernt, desto weniger Leute hat man um sich herum.

SPIAGGIA SANT'ANNA
Der Strand liegt nahe der kleinen Ortschaft Tanaunella südlich von Budoni. Er ist von einem dichten Pinienwald umgeben und wirkt nahezu unberührt. Das Meer ist für Taucher ideal.

MÄRKTE
Im Juli und August wird die Hauptstraße ab 20 Uhr für Autos geschlossen und zur Flaniermeile. Auf beiden Seiten der Straße bauen Händler ihre Stände mit sardischem Kunsthandwerk und kulinarischen Spezialitäten wie Honig, Torrone, Olivenöl, Mirtho und Limocello auf. Auch die Fans von indischem Chic werden hier fündig.

PATA CLUB
Die riesige Open-Air-Location in Agrustos Mare, einem Ortsteil nördlich des Zentrums von Budoni, ist fast schon ein Mythos. Hier geht es erst um Mitternacht richtig los. Der Club ist in mehrere Bereiche eingeteilt, die Beat-Rhythmen für jede Altersgruppe bieten. In zwei Floors bewegen sich die Tänzer zu Hip-Hop, House und allerneuesten Klängen, im Privée zu Klassikern der 70er, 80er und 90er Jahre. So kommt jede Generation auf ihre Kosten.
Loc. Agrustos Mare, Via Marco Polo 1
Anfang Juni – Mitte Sept.
Tel. 349 514 07 94
www.patadisco.it

MAMA'S €€€
Das beste Restaurant der Stadt! Das Seafood und die Pizzen sind einsame Klasse und nicht einmal zu teuer. Ausstattung und Dekor erinnern an die Costa Smeralda. Die Continentali (Festlandsitaliener) kommen gewöhnlich erst spät, nämlich lange nach 21 Uhr, zu einer Zeit also, zu der die deutschen Gäste bereits bei der Nachspeise angelangt sind. Unbedingt reservieren!
Via Pasteur 19
Mai – Okt. tgl. 19 – 23 Uhr
Tel. 0784 84 20 43
www.ristorantibudoni.it

LA TAVERNETTA €€
Das Lieblingsrestaurant der Autorin am Hausstrand! Vom ersten Cappuccino nach der Öffnung des Lokals gegen 8 Uhr bis zum abendlichen Dinner auf der einfachen, mit

Plastikstühlen bestandenen Strand-
terrasse: Hier ist man zu jeder Tages-
zeit gut aufgehoben und wird aufs
Freundlichste bewirtet. Seafood und
Pizzen sind köstlich.
Via Lungomare
Ostern bis Okt. tgl. 9 – 23 Uhr
Tel. 0784 84 43 24
www.ristorantelatavernetta
budoni.com

LU STAZZU €€

Hier können Sie traditionelle sardische Spezialitäten wie Fischfilet in
Brotkruste und Venusmuscheln in
Cannonau-Weinsauce in rustikaler Atmosphäre probieren. Die Gerichte
mit hausgemachter Pasta sind auch
bei Einheimischen beliebt und schmecken einfach super.
Via Nazionale 118
Tel. 0784 84 44 48
tgl. 12 – 15, 19 – 23 Uhr
www.ristorantinolustazzu.it

LA LIRA €

Das Lokal bietet mittags preiswerte,
täglich wechselnde Menüs, die aus
Pasta und einem Hauptgericht mit einer kleinen Karaffe Wein bestehen.
Die Gäste haben die Wahl zwischen
einem vegetarischen und einem
Fleischgericht. Ein Renner ist auch
die Pizza aus dem Holzbackofen, die
man auch »zum Mitnehmen« bestellen kann und die dann »walking pizza« heißt.
Via Nazionale 277
Tgl. 13 – 15 u. 19 – 22.30 Uhr
Tel. 349 407 36 61

I CORBEZZOLI €€€-€€€€

Das luxuriöse Haus liegt 500 m vom
Meer und 1 km von der Marina entfernt. Die Zimmer haben Balkon oder
Terrasse und sind behaglich im sardischen Landhausstil eingerichtet. Das
Restaurant serviert mediterrane und
speziell sardische Küche. Ein Tennis-
platz und ein Pool mit Bar vervoll-
ständigen das Angebot. Auf Wunsch
organisiert das Haus aber auch Reit-
ausflüge, Tauchexkursionen oder
Golfpartien. 77 Zi.
Loc. Porto Ottiolu
Tel. 0784 84 70 59
www.icorbezzoli.com

TERRA DI GALLURA €€€

Obwohl das inmitten eines kleinen
Gartens gelegene Haus an Budonis
Hauptstraße liegt, ist es sehr ruhig. In
10 Minuten ist man am Strand. Architektur und Interiordesign sind einschließlich der Zimmer durch die traditionellen sardischen Landhäuser
inspiriert. 19 Zi.
Via Emilio Lussu 1
Tel. 0784 84 30 76
www.hotelterradigallura.it

LI TRONI €€

Wohnen inmitten eines großen, üppig blühenden Gartens: Die Apart-
menthäuser der im Ortsteil Maiorca
3 km nordwestlich von Budoni gelegenen Ferienanlage sind hell und
freundlich. Sie gruppieren sich um einen Pool. Morgens trifft man sich am
Frühstücksbuffet und abends an der
Bar/Lounge oder im Restaurant. 35
Zi.
Loc. Maiorca
Tel. 0784 84 10 14
www.litroni.it

PEDRA RUJA €

Das Hotel liegt etwas abseits mitten
im grünen Hügelland rund 1 km westlich von Budoni. Dank der erhöhten
Lage können Sie hier Panoramablicke
über die Stadt bis zum Meer genießen. Die Zimmer haben entweder
Balkon oder Terrasse und sind einfach und doch stilvoll eingerichtet.
Mietwagen erforderlich! 12 Zi.
Via Roma 248B, Loc. Luttuni
Tel. 327 707 56 51
www.pedraruja.com

Fein weiß – Sandstrand bei Budoni

presso schlürfen und eine Brioche essen. Später dann kommen die
Touristen, die unter den nun aufgespannten Sonnenschirmen sitzen
und das Geschehen ringsum betrachten. Die meisten zieht es aber
zum herrlichen Strand, den man über mehrere von der Hauptstraße
abzweigende Nebenstraßen erreichen kann. An der SS 125 liegt auch
das **Museo dello Stazzo e della Civiltà Contadina**, ein interessan-
tes, kleines Heimatmuseum und der ganze Stolz von Budonis traditi-
onsbewussten Bürgern. Wer sich für das bäuerliche Leben und die
sardische Hirtenkultur interessiert, sollte dort unbedingt einmal vor-
beischauen. Zwischen Juni und September finden im Museum regelmäßig Vernissagen mit auf Sardinien lebenden Künstlern statt. Auf
der kleinen Piazza Enaudi vor dem Museum bieten dann Händler und
Bauern aus der Region kulinarische Spezialitäten an.
Museo dello Stazzo e della Civiltà Contadina: Piazza Enaudi
www.museodellostazzo.jimdo.com

In der Partyzone
Porto
Ottiolu
Sechs Kilometer nördlich von Budoni liegt die **Marina di Porto Ot-
tiolu**, ein angesagter Treffpunkt nicht nur für die Skipper, die hier vor
Anker gehen. Am u-förmigen Hafenbecken reihen sich Seafood-Res-
taurants und Bars dicht aneinander. Mit Einsetzen der Dämmerung
wird es in den Lokalen oft richtig eng, denn dann trifft sich halb Bu-

doni dort auf einen Sundowner. Bevor es zum Abendessen geht, schauen viele Feriengäste noch an den mittlerweile aufgebauten Souvenir-Ständen vorbei. Währenddessen wird an dem herrlich weißen Sandstrand neben der Marina getanzt und gefeiert. In den Clubs und Discos von Porto Ottiolu herrscht bis in die frühen Morgenstunden Hochbetrieb. Übrigens bieten mehrere Veranstalter in der Marina Yachtcharter und Bootsausflüge an.

★★ CAGLIARI

Provinz: Cagliari | **Höhe:** 4 m ü. d. M. | **Einwohnerzahl:** 154 200

»Verloren zwischen Afrika und Europa und nirgendwo hin gehörig«, schrieb der britische Schriftsteller D. H. Lawrence über die sardische Hauptstadt in seinem Bestseller »Das Meer und Sardinien«. Doch, das stimmt im Grunde so nicht: Cagliari ist ganz und gar Italien, ist Sardinien pur. Afrika? Vielleicht, wenn man merkt, dass die Temperaturen hier im äußersten Süden stets um einige Grade höher liegen als im Rest der Insel ... Doch am besten, man macht sich selbst ein Bild!

Cagliari, das sind drei Jahrtausende bewegte Geschichte mit Bauwerken als Zeugen der Vergangenheit. Wenn die steinernen Denkmäler sprechen könnten, würde man eine unendliche Geschichte von Kämpfen und Siegen, Schutz und Verteidigung hören. Seefahrende Phönizier waren um 1100 v. Chr. die ersten, die sich von der besonderen Lage am Golfo degli Angeli (Engelsgolf) nahe der fruchtbaren Ebene des **Campidano** angezogen fühlten und dort die Siedlung »Karalis« mit einem schon bald florierenden Hafen gründeten. Es folgten die Karthager, unter deren Herrschaft sich Cagliari zu einem wichtigen Handelszentrum entwickelte. Nach Römern und Byzantinern kamen Pisaner, die um 1217 die Macht in der Stadt übernahmen. Ihre wohl bedeutendste Hinterlassenschaft ist die **mächtige Zitadelle** im Herzen der Stadt. Trotz der meterdicken Mauern, die diese »Stadt in der Stadt« bis heute umgeben, konnten die Truppen Aragóns sie 1324 erobern. Da die neuen Herren unter sich bleiben wollten, vertrieben sie alle Einwohner. In den 400 Jahren, in denen Aragón und später die Spanier über Sardinien herrschten, war es den Sarden verboten, in der Zitadelle zu wohnen. Als Sardinien infolge des spanischen Erbfolgekrieg (1701 – 1714) zunächst an die Habsburger und 1720 an Savoyen-Piemont fiel, avancierte Cagliari zur Residenz der savoyischen Könige. Erst im 19. Jh. begann die Stadt, über

Stein gewordene Geschichte

die Zitadelle hinauszuwachsen. Und heute? Cagliari ist eine moderne, lebendige Metropole und als Hauptstadt Sardiniens zugleich das wichtigste Handels- und Verwaltungszentrum der Insel.

▌ Wohin in Cagliari?

Für Müßiggänger und Nachtschwärmer

Quartiere Marina

Das historische Hafenviertel bietet sich als Ausgangspunkt für eine Stadterkundung an. Dank unzähliger Cafés, Restaurants, Bars und Trattorien, die sich in den engen Gassen des Quartiers niedergelassen haben, pulsiert hier bei Tag und bei Nacht das Leben. Dabei sind die Lokale in der **Via Sardegna** und ihren Nebengassen bei Einheimischen und Touristen gleichmaßen beliebt, denn dort wird bodenständige sardische Küche serviert. Feinschmecker können sich aber auch exquisites Seafood schmecken lassen. Die mit Steinplatten gepflasterte und parallel zum Hafen verlaufende **Via Roma** begrenzt die Marina im Süden. Der Prachtboulevard, eine viel befahrene Hauptverkehrsstraße, ist der gefühlte Mittelpunkt der Stadt. Unter den breiten, schattigen Arkaden der prächtigen klassizistischen Häuser, die ihn auf einer Länge von über hundert Metern säumen, ist fast rund um die Uhr etwas los. Frühmorgens sieht man in den traditionsreichen Cafés, die dort residieren, Büroangestellte schnell noch einen Espresso trinken. Später dann gönnen sich mit Tüten schwer bepackte Hausfrauen unter den schattigen Arkaden eine Verschnaufpause, und nach Feierabend genießen viele Locals hier einen Sundowner. An vielen Stellen versuchen Straßenhändler, Handy-Hüllen, Spielzeug oder Bücher an den Mann zu bringen. An der Ecke Via Roma/Largo Carlo Felice fällt ein palastartiges Gebäude auf: Das »La Rinascente« ist das **größte Kaufhaus der Stadt**, das in der gleichen Liga wie das Berliner KaDeWe oder die Galeries Lafayette spielt. Nahezu alle bekannten italienischen Designerlabels sind hier vertreten. Gegenüber dem Konsumtempel steht der **Palazzo Communale**, das Rathaus Cagliaris, das innen mit Fresken des berühmten italienischen Malers Filippo Figari (1885 – 1973) aufwarten kann – eine Stippvisite lohnt sich auf jeden Fall!

Viertel der Kontraste

Castello

Dunkle, enge Gassen und prächtige Palazzi, in neuem Glanz erstrahlend oder im Verfall begriffen: Kein Zweifel, in der **Altstadt auf der Zitadelle** ist Cagliaris wechselvolle Geschichte auf Schritt und Tritt präsent. Bis heute ist das Viertel, das hoch über Cagliari auf einem Kalksteinplateau liegt, nach drei Seiten von einer Mauer umgeben. Nur wenige Eingänge führen in es hinein. Bis in das 19. Jh. wohnten hier nur Klerus, Adel und hohe Regierungsbeamte. Mit dem Einbruch der Moderne zogen sie aus ihren alten Palästen aus und in die kom-

OBEN: Die Nacht bricht an, letzte Sonnenstrahlen werfen ein warmes Licht auf die Bastione di Saint Remy.

UNTEN: Lounge-Atmosphäre im Café Libarium Nostrum – mit Blick auf den Torre dell'Elefante

CAGLIARI ERLEBEN

AZIENDA AUTONOMA DI SOG-GIORNO E TURISMO (A.A.S.T.)
Via Mameli 97
Tel. 070 66 41 95

UFFIZIO INFOMATIONI DI AC-COGLIENZA TURISTICA (I.A.T.)
Piazza Matteotti 9
Tel. 070 66 92 55

PUNTO INFORMAZIONI – INFOPOINT
Palazzo Comunale in Hafennähe
Via Roma 145
Tgl. 9 – 20 Uhr
Tel. 070 677 73 97
www.cagliariturismo.it

S-BAHN ZUM AIRPORT
Zwischen dem Hauptbahnhof an der Piazza Matteotti gleich hinter dem Hafen und dem Flughafen Elmas Aeroporto verkehrt zwischen 6.30 und 21 Uhr alle 20 Minuten eine S-Bahn. Die Fahrzeit beträgt 7 Minuten.

METRO CAGLIARI
Die Linie 1 der Stadtbahn verkehrt täglich von 6 bis 23 Uhr alle 10 Minuten zwischen der Piazza Repubblica und der Station Policlinico/Unversità in Monserrato. Die Länge der Strecke beträgt 6,5 km, und es gibt 11 Haltestellen. Die Linie 2 verbindet die Station San Gottardo ohne Zwischenhalt mit Settimo San Pietro außerhalb des Zentrums. Die Strecke ist 4,5 km lang. www.arst.sardegna.it

SPIAGGIA DEL POETTO
Der feinsandige, helle Hausstrand der Cagliaritaner erstreckt sich 1 km östlich des Stadtzentrums auf einer Länge von 8 km bis nach Quartu Sant'Elena. Vor allen Dingen im Süden der Promenade, die parallel zum Strand verläuft und Spuren für Spaziergänger, Jogger und Radfahrer bietet, reihen sich Cafés, Bars, Restaurants und Verkaufsbuden dicht und dicht. Je weiter man nach Nordosten kommt, desto ruhiger wird es. Hier findet man auch in der Hochsaison noch ein stilles Plätzen. Die CMT-Busse PF und RQ fahren von der Piazza Matteotti (Bahnhof) entlang der Via Roma zum Strand.

ARTIGIANATO SARDO I.S.O.L.A
Das staatliche Kunsthandwerksgeschäft (Artigianato Sardo) verzichtet auf billige, in China gefertigte »sardische« Souvenirs zugunsten hochwertiger, lokaler Produkte. Besonders schön sind die mit Blumen, Pferden und figürlichen Darstellungen bestickten Decken und Kissen, die traditionell sardische Landhäuser schmückten, und natürlich die reich mit Schnitzereien verzierten Truhen, in denen junge Mädchen einst von ihnen selbst gefertigte Wäsche für die Aussteuer aufbewahrten.
Via Ottone Bacaredda 176 – 178
Mo. – Fr. 9.30 – 13, 16.30 – 20, Sa. 9.30 – 13 Uhr
www.isola-cagliari.com

VIA G. MANNO
Cagliaris Haupteinkaufsstraße zieht sich von der Piazza Venne bis zum Bastione di San Remy hin. In den prachtvollen Bürgerhäusern aus der Zeit um 1900 residieren noble Designerlabels, Schuhboutiquen und Juweliere. In der überdachten Passage, die etwa in der

Mitte der Via C. Manno über Treppen hinunter ins Hafenviertel führt, haben Galerien und interessante Antiquariate ihre Zelte aufgeschlagen.

❶ DAL CORSARO €€€€

Das elegante Gourmet-Restaurant am Rand des Quartiere Marina ist eine erste Adresse für junge, kreative Küche. Hier können bei einem Aperitif ihr Menü kreieren lassen.
Viale Regina Margherita 28
Tel. 070 66 43 18
Tgl. außer Mo. 12 – 14.30, 19 – 23 Uhr
www.stefanodeidda.it

❷ ANTICA CAGLIARI €€€

Genau das Richtige für einen romantischen Abend unterm Sternenhimmel: Das Restaurant residiert in einer schmalen Gasse des Quartiere Marina. Wer hier einen der wenigen Tische ergattern und Insalate di Gamberi (Garnelensalat) genießen möchte, sollte ziemlich schnell sein. Das Restaurant ist schon längst kein Geheimtipp mehr.
Via Sardegna
Tel. 070 734 01 98
Tgl. 12.30 – 15, 19.30 – 23.30 Uhr
www.anticacagliari.it

❸ STELLA MARINA DI MONTE-CRISTO €€

Auch wenn das Fischrestaurant nur ein täglich wechselnden festes Menü mit Pasta, Fisch oder Meeresfrüchten anbietet: Hier greift jeder gerne zu, denn das Seafood ist immer fangfrisch und exzellent zubereitet.
Via Sardegna 140
Tel. 070 578 89 64
Mo. – Sa. 13 – 15, 20 – 23 Uhr

❹ L'IMPERFETTO €-€€

Hier gibt's unter einer Gewölbedecke Spezialitäten der Barbagia und klassische sardische Pasta-Gerichte.
Via dei Genovesi 111

Tel. 070 461 99 09
Fr. – So. 12. – 14.30, Di. – So. 20 – 23.00 Uhr

❶ T HOTEL €€€€

Das Vier-Sterne-Designhotel kann mit edlen Zimmern punkten und bietet Spa und Hydrotherapie sowie einen bestens ausgestatteten Fitnessbereich plus Innenpool. 207 Zi.
Via Giudicati 66
Tel. 070 47 400
www.thotel.it

❷ MAISON MIRAMARE BOUTIQUE HOTEL €€€

Toplage und Bohémien-Ambiente: In dem historischen Stadtpalast verstecken sich künstlerisch gestylte, großzügige Zimmer. Das Frühstück können Sie sich entweder in einem plüschigen Salon oder einem luftigen Wintergarten servieren lassen. 20 Zi.
Via Roma 59
Tel. 070 66 40 21
www.hotelmiramarecagliari.it

❸ NAUTILUS €€

Hier kann man noch vor dem Frühstück einen Sprung ins Meer wagen! Das Haus liegt nur wenige Schritte vom Strand entfernt und strahlt in frischem, maritimem Look. Einige Zimmer bieten Meerblick. 17 Zi.
Lungomare Poetto 158
Tel. 070 37 00 91
www.hotelnautiluspoetto.com/de

❹ ITALIA €

Genau das Richtige für Entdecker, junge Leute und Nachtschwärmer: Das Haus liegt mitten in Cagliaris Ausgehviertel in der Marina. Hippe Bars und Clubs gibt es hier zuhauf. Die oberen Etagen bieten Panoramablicke auf den Hafen. 100 Zi.
Via Sardegna 31
Tel. 070 66 04 10
www.hotelitaliacagliari.com/de

fortableren, neu errichteten Residenzen am Hafen um. Das Viertel begann zu verfallen. Nach umfassenden Restaurierung- und Sanierungsmaßnahmen wendete sich das Blatt aber wieder. Mittlerweile gilt es als schick, im Castello zu leben und zu arbeiten. Immer mehr junge Leute, Künstler und Studenten zieht es hier her.

In der Nordecke des Castello führt der Eingang am **Torre di San Pancrazio** in das Gassengewirr. Der Torturm steht an der höchsten Stelle des Viertels und überragt weithin sichtbar Cagliaris Häusermeer. Die Aussichtsplattform bietet tolle Aussichten über die Stadt, das Land und das Meer. In der Gunst der Touristen ganz weit oben steht auch der an der Westseite des Castello neben der Universität errichtete **Torre dell'Elefante**. Seinen Namen verdankt der Torturm einem kleinen Marmorelefanten, der auf einem Sims etwas versetzt über dem Eingang steht. Wann und wieso die Statue dorthin kam, ist bis heute nicht geklärt. Die beiden Tortürme selbst stammen allerdings aus der Frühzeit der Befestigungsanlage und wurden zwischen 1305 und 1307 von dem berühmten Pisaner Baumeister Giovanni Capula errichtet. Beide sind rund 30 Meter hoch.

Torre di San Pancrazio: tgl. 9 – 19 Uhr | Eintritt 4 € | **Torre dell'Elefante**: tgl. 9 – 17 Uhr | Eintritt: 4 €

Von der Verteidigungsanlage zur Aussichtsterrasse

Exakt 170 Stufen führen von der Piazza Costituzione über einen eindrucksvollen Treppenaufgang zu der Aussichtsterrasse aus hellem Kalkstein. Sie wurde zwischen 1896 und 1901 im klassizistischen Stil auf einer bereits bestehenden Bastion aus spanischer Zeit erbaut und ist nach dem piemontesischen Vizekönig Pallavicini, seines Zeichens auch Baron von St. Remy, benannt. Die Aussicht reicht über die Altstadt bis zum Hafen und dem Golfo degli Angeli. Besonders schön ist der Blick auf die Kuppel der nahen Kathedrale Santa Maria. Die Bastione di San Remy ist zwischen Mai und September ein beliebter Treffpunkt junger Leute, die hier unter Schatten spendenden Bäumen auf Bänken sitzen und Straßenmusikern lauschen. Den Sommer über finden dort zudem viele, von der Stadtverwaltung organisierte Konzerte statt.

Bastione di San Remy

Von der Romanik zum Barock und wieder zurück

An der Piazza Palazzo springt die helle Marmorfassade der Kathedrale von Cagliari ins Auge. Die drei Zwerggalerien über den Eingangportalen erinnern ein wenig an den Dom zu Pisa. In der Tat gehen die Anfänge des Gotteshauses auf das 13. Jh. zurück, als die Pisaner über Cagliari herrschten. Doch ist die heutige Fassade das Ergebnis einer 1933, erfolgten mehr oder weniger authentischen Rekonstruktion nach alten Plänen. Teile der dabei entfernten Barockfassade von 1702 sind hinter dem Dommuseum zu sehen. Einzig der Campanile stammt noch aus der Frühzeit der Kirche, die im Laufe ihrer Geschichte mehrmals umgebaut wurde. Im 17. Jh. erfuhr ihr Inneres

Duomo Santa Maria di Castello

OBEN: Marmornes, ausdrucks-
starkes Innenleben der ...
UNTEN: ... Kathedrale Santa
Maria di Castello

eine barocke Ausgestaltung. Kunstvolle Mosaiken aus Buntmarmor bedecken seitdem den Boden, und herrliche Fresken schmücken die Decken. Besondere Aufmerksamkeit verdienen das Silbertabernakel in Form einer Renaissancekirche auf dem Hochaltar von 1610 und das **Doppel-Triptychon »Retablo della Crocifissione«** von 1538/1530, das die Kreuzigung und die Madonna zum Thema hat. Ein Meisterwerk romanischer Bildhauerkunst ist die Marmorkanzel des berühmten Meisters Guglielmo aus der Mitte des 12. Jh.s, die die Pisaner der Stadt Cagliari schenkten. Nicht immer fand es die ihm gebührende Beachtung, denn während der barocken Umgestaltung des Doms schnitt man es kurzerhand in zwei Teile und stellte diese links und rechts des Hauptportals auf. Die ausdrucksstarken Löwen, die die Kanzel trugen, fanden am Choraufgang Platz. Den vielleicht größten Schatz des Museums birgt aber die **Krypta**, deren barockes Tonnengewölbe mit Rosetten reich verziert ist. In den Grabnischen an den Wänden werden die Reliquienschreine von 200 sardischen Märtyrern aufbewahrt, deren Namen und Biografien sich tief in das kollektive Gedächtnis der Sarden eingegraben haben. Der Raum ist immer in eine Atmosphäre der Andacht und des stillen Gebets getaucht. Das **Museo del Duomo** nahe des Doms präsentiert liturgische Geräte, Gewänder, Statuen und Gemälde.

Duomo Santa Maria: tgl. 8 – 20 Uhr | www.duomodicagliari.it
Museo del Duomo: Di. – Fr. 16.30 – 19.30, Sa. u. So. 10 – 13 u. 16.30 – 19.30 Uhr | Eintritt: 4 Euro | www.museoduomodicagliari.it

Hüterin kostbarer Schätze

Lange war das Areal mit dem alten piemontesischen Zeughaus nördlich des Torre San Pancrazio dem Verfall preisgegeben. In den 1980er-Jahren entstand dort nach Entwürfen von Piero Gazzola und Libero Cecchini ein ganz neuer Museenkomplex, der die noch vorhandene historische Bausubstanz wunderbar miteinbezieht. Nicht weniger als vier renommierte Museen haben auf der Cittadella dei Musei eine Heimstatt gefunden. Das bedeutendste ist das **Museo Archeologico Nazionale**, dessen größter Schatz eine einzigartige Sammlung von nuraghischen Bronzeskulpturen des 9. bis 7. Jh.s v. Chr. ist. Die mit einer erstaunlichen Liebe zum Detail gefertigten Figuren sind nur wenige Zentimeter groß und doch voller Anmut und Leben: Krieger in kämpferischer Pose sind hier ebenso vertreten wie Priester, einfache Menschen, Tiere, Gottheiten und mit Hirschgeweihen geschmückte Boote. Offensichtlich beherrschten die nuraghischen Künstler die frühen Techniken des Bronzegießens perfekt. Für Archäologen sind die Figuren von unschätzbarem Wert, da sie Aufschlüsse über die Kultur und Gesellschaft der Nuragher geben können. Die phönizisch-punische Epoche bildet einen anderen Sammlungsschwerpunkt des Museums. Glanzstück der Ausstellung hier ist die **»Stele von Nora«** mit einer phönizischen Inschrift aus dem 9. Jh. v. Chr., die die älteste

Cittadella dei Musei

79

bisher bekannte Erwähnung Sardiniens und zugleich die älteste bisher im westlichen Mittelmeerraum gefundene Alphabetschrift aufweist. Zur Sammlung des Museums gehören außerdem Funde aus dem mittleren Neolithikum (4000 – 3500 v. Chr.) und aus der Römerzeit.

Ein anderes bedeutendes Museum auf der Cittadella dei Musei ist die **Pinacoteca Nazionale**, die Werke der wichtigsten sardischen und katalanischen Maler des 14. bis 17. Jh.s und der sardischen Renaissance zeigt. Das **Museo d'Arte Siamese S. Cardu** besitzt eine reichhaltige Sammlung von Waffen und Gebrauchsgegenstände aus Thailand und China aus dem 11. bis 19. Jahrhundert. Interessante Einblicke in die Medizingeschichte gewährt das **Museo delle Cere Anatomiche di Clemente Susini**, das 23 anatomische Wachsmodelle aus der Werkstatt von Clemente Susini (1757 – 1814) zeigt.

Cittadella dei Musei: Piazza Arsenale 1 | Di. – So. 9 – 20 Uhr
Museo Archeologico Nazionale: Di. – So. 9 – 20 Uhr | Eintritt: 5 € | www.museoarcheocagliari.beniculturali.it
Pinacoteca Nazionale: Di. – So. 9 – 20 Uhr | Eintritt: 4 € | zusammen mit dem Museo Archeologico: 9 €
Museo d'Arte Siamese S. Cardu: Sept. – Mai tgl. 10 – 18, Juni – Aug. 10 – 13 und 17 – 20 Uhr | Eintritt: 8 € | www.museicivicagliari.it
Museo delle Cere Anatomiche di Clemente Susini: Di. – Sa. 9 – 13 und 16 – 19, So. 9 – 13 Uhr | http://pacs.unica.it

Cagliaris Schaubühne einst und jetzt

Anfiteatro Romano Manch einen Besucher erfasst bei einem Rundgang durch das römische Amphitheater westlich der Cittadella dei Musei auch heute ein Gruseln. Denn in der Arena fanden einst Gladiatoren- und Tierkämpfe statt, bei denen es zur Unterhaltung der Zuschauer meist um Leben und Tod ging. Heute bildet das Halbrund einen stimmungsvollen Rahmen für Konzerte und Opernaufführungen. Das im 2. Jh. errichtete Amphitheater von Cagliari ist das größte römische Bauwerk auf Sardinien. Auf den Rängen, die aus einem felsigen Abhang herausgemeißelt wurden, fanden vermutlich mehr als 10 000 Zuschauer und damit rund ein Drittel der Einwohner des römischen Cagliari Platz.

Wegen Renovierung bis auf Weiteres geschlossen

Denkmal des Frühchristentums

San Saturno Wer sich für frühchristliche Baukunst interessiert, dem sei ein Besuch dieses Gotteshauses empfohlen. Es ist die älteste Kirche Sardiniens und eines der bedeutendsten frühchristlichen Baudenkmäler überhaupt. Von dem Ursprungsbau aus dem 5. bis 6. Jh. – eine byzantinische Kirche mit dem Grundriss eines griechischen Kreuzes – sind der überkuppelte Zentralbau sowie das östliche Langhaus mit zwei Seitenschiffen und Apsis erhalten. In der Zeit der Vandaleneinfälle wurden die Bauarbeiten eingestellt und erst gegen Ende des 11. Jh.s

unter der Federführung von Benediktinern aus Marseille wieder aufgenommen. 1119 konnte die im Stil der provenzalischen Romanik vollendete Kirche eingeweiht werden. Während der Belagerung Cagliaris durch die Truppen Aragóns im 14. Jh. wurde sie beschädigt und danach nicht mehr genutzt. Über die Jahrhunderte war sie dem Verfall preisgegeben. Erst nach dem zweiten Weltkrieg, in dem Bomben die Kirche trafen, besann man sich der besonderen Bedeutung San Saturnos und begann mit Instandsetzungsmaßnahmen. Die Kirche steht im Villanova-Viertel östlich des Castello an der Piazza Cosimo.
Di. – Sa. 9 – 13 Uhr

Rund um Cagliari

Rosaflamingos

Der Strandsee östlich von Cagliari bildet zusammen mit der Lagune Stagno di Cagliari im Westen der Stadt **eines der bedeutendsten Feuchtgebiete Europas**. Zahlreiche seltene Wasservögel wie Purpurreiher, Säbelschnäbler, Kormorane oder Zwergschwalben haben hier einen Rückzugsort gefunden. Absoluter Star unter den mehr als 200 Vogelarten, die in den seichten Uferzonen nisten, ist aber der Rosaflamingo – fast schon ein Wappentier des Gebiets. Den Vögeln dabei zuzusehen, wie sie auf langen Stelzenbeinen durch das Wasser stolzieren und ihre langen Hälse beugen, um ihr Gefieder zu putzen oder im See nach Nahrung suchen, ist schon ein Erlebnis. Richtig spannend wird es, wenn sie ihre riesigen Flügel spannen, kurz Anlauf nehmen und sich dann in die Lüfte schwingen. Die rosa Färbung ihres Federkleids verdanken die Flamingos übrigens einer ihrer Lieblings-

Stagno dei
Molentargius

Die Stars am Himmel über Cagliari: Rosaflamingos

speisen, dem Salinenkrebs, der in dem salzhaltigen Wasser des Stagno dei Molentargius reichlich vorkommt. Das Gebiet rund um den See ist ein **Naturpark und ein beliebtes Ausflugsziel,** in dem man Wander- oder Radtouren unternehmen kann. Die Parkverwaltung bietet geführte Exkursionen an. Der Haupteingang zum Park befindet sich an der Via Palma in Cagliari.

Parco Naturale Molentargius – Saline: Via Palma | Mo. – Fr. 8.30 – 17.30, Sa. u. So. 9 – 18 Uhr

Mediterranes Naturparadies

Monte dei Sette Fratelli

Die bis auf Höhen von über 1000 Metern ansteigende Gebirgszug 30 km nördlich von Cagliari ist ein Wandergebiet ohnegleichen, das zahlreiche Trekkingrouten durchziehen. Fast nur die sieben Felsspore, denen die Region den Namen verdankt, ragen kahl aus der Landschaft hervor, ansonsten grünt es allerorten. Kork- und Steineichen sowie Mastikbäume gedeihen hier ebenso wie Myrte, Erika und Erdbeersträucher. Die Luft ist vom Duft von Rosmarin, Thymian und Oleander erfüllt. Marder und Wildschweine durchstreifen das Unterholz. Da und dort sieht man auch **Steinadler** am Himmel ihre Kreise ziehen und mit etwas Glück bekommt man sogar einen der selten gewordenen **sardischen Hirsche** zu Gesicht. Der Monte dei Sette Fratelli ist für seinen Wasserreichtum bekannt. In den »Regenmonaten« durchziehen Rinnsale und Bäche das Land, das Wasser plätschert von Felsen herab und sammelt sich in Becken und Teichen. Seit 1999 ist das Gebiet unter Naturschutz gestellt und als Regionalpark ausgewiesen. Sie erreichen den Monte dei Sette Fratelli über die Orientale Sarda (SS 125) Richtung Muravera. Beim Pass Arcu ,e Tidu zweigt linker Hand die Straße nach Burcei ab und rechts ein Fahrweg, der am Forstamt vorbei in den Regionalpark führt. In dem zum Forstamt gehörenden Infozentrum ist ein Museum über den sardischen Hirschen eingerichtet worden. An vielen Stellen des Parks gibt es Picknickplätze.

★ CASTELSARDO

Provinz: Sassari | **Höhe:** 114 m ü. d. M. | **Einwohnerzahl:** 6000

Häuser in allen Ocker- und Kupferfarben ziehen sich einen Hügel hinauf, auf dem eine sandfarbene Burg hoch über dem Meer thront: Das Städtchen Castelsardo auf einem felsigen Kap am Golfo dell'Asinara im Nordosten Sardiniens gelegen präsentiert sich als reinstes Postkartenidyll und ist doch ein höchst lebendiger Ort.

Fest im Blick der trutzigen Festung – die Zufahrt in den Hafen von Castelsardo

Castelsardo entwickelte sich um die Festung herum, die die Genueser Familie Doria zu Beginn des 12. Jh.s errichten ließ, um den Golf von Asinara besser kontrollieren zu können. Bis zur Eroberung Sardiniens durch das Haus Aragón war das Dorf als »Castel Genovese« bekannt. Die Eroberer tauften es in »Castel Aragónese« um. Seinen jetzigen Namen erhielt es 1727 unter König Karl Emanuel III. von Sardinien-Piemont. Nicht zuletzt dank der exponierten Lage auf einem vom Meer umtosten Kap ist Castelsardo ein beliebtes Ausflugsziel. In den Sommermonaten bringen Reisebusse jeden Tag Hunderte von Touristen in den Ort. An Restaurants, Souvenir- und Kunsthandwerksläden herrscht deshalb kein Mangel.

Genueser Machtanspruch

Wohin in Castelsardo?

In der Stadt der Korbflechter
Castlesardos historischer Ortskern schmiegt sich unterhalb der Burg an die Felsen. Bei einem Bummel über die engen Kopfsteinpflastergassen fallen kleine Geschäfte auf, die Korbwaren in allen Formen

Altstadtbummel

CASTELSARDO ERLEBEN

CENTRO DI ACCOGLIENZA TURISTICA

Die Tourist-Info verleiht Audioguides mit integriertem GPS für den Stadtrundgang.
Palazzo Eleonara d'Arborea
Via Bastioni 1
Tel. 079 02 20
www.castelsardoturismo.it

SPIAGGIA MARINA DI SORSO

Der Strand liegt südwestlich von Castelsardo auf halbem Weg nach Porto Torres. Schnorchler, Surfer und Familien mit Kindern finden hier ideale Bedingungen vor. Den Sommer über gibt es einen Sonnenschirm-, Liegen- und Tretbootverleih sowie Bars und Restaurants.

LI FEMINI IN ISOLA ROSSA

LI LONGA IN ISOLA ROSSA

Der Strand schließt sich dem Li Femini unmittelbar an und bietet Sonnenschirm-, Liegen- sowie Motor-, Tret- und Jetbootverleih.

LA MARINEDDA

Siehe S. 87

LI COSSI

Siehe S. 87

LA GUARDIOLA €€€

Hier lassen sich Antipasti, Pasta-Gerichte und köstliche, fangfrische Seafood-Spezialitäten bei einem 360-Grad-Blick über den Golf von Asinara genießen, denn das Restaurant liegt direkt unterhalb des Kastells.

Von der Lage her das schönste Restaurant am Ort!
Piazza Bastione 4
Tgl. 12.30 – 14.30 und 19 – 23 Uhr
Tel. 079 47 07 55
www.ristorantelaguardiola.it

IL CORMORANO €€€

»Sfogliatina calda allo zafferano con seppie e funghi di stagione« (Safran-Crêpe mit Tintenfisch und frischen Pilzen) oder »Insalata di carciofi e bottarga con scaglie di Gran Glona« (Artischockensalat mit Fischrogen und Parmesan): Die Namen der Gerichte klingen wie ein Gedicht und schmecken auch so. Die »cucina d'autore«, wie das Restaurant seine Küche nennt, verwendet ausschließlich fangfrischen Fisch und fangfrische Meeresfrüchte sowie regionale Produkte. Kein Wunder, dass der Guide Michelin voll des Lobes war. Das Restaurant liegt in der Unterstadt von Castelsardo.
Via Colombo 7
Tel. 079 47 06 28
Tgl. 10 – 15 Uhr und 19 – 24 Uhr
www.ristoranteilcormorano.net

MEDITARRANEUM CAFFÈ €

Auf einer Terrasse mit Meerblick an der Uferpromenade von Castelsardo servieren die Brüder Santoni üppige Thunfisch-Panninis, köstliche Malloreddus Marinara (sardische Nudeln in Tomaten-Fischsud-Sauce) und leckere Salate. Manch ein Gast bestellt noch ein zweites Glas Vermentino, denn die Sicht auf das nach Einbruch der Dunkelheit beleuchtete Castello dei Doria ist einfach phantastisch.
Via Lungomare Anglona 5
Tel. 389 421 0178
Tgl. 10 – 22 Uhr
www.laportasulmare.jimdo.com

MARINEDDA €€€€

Die traumhaft schöne 5-Sterne-Anlage der renommierten sardischen Hotelkette Delphina Hotels & Resorts liegt unweit des Strands von Marinedda. Die Zimmer und Suiten sind dezent im sardischen Landhausstil eingerichtet und mit Veranda oder Balkonen mit Meerblick ausgestattet. Nicht weniger als 5 Gourmet-Restaurants verwöhnen die Gäste mit mediterranen Köstlichkeiten. Ein weiteres Highlight ist der luxuriöse Thalasso- & Spa-Bereich. An den beiden Pools im Außenbereich kann man wunderbar entspannen. Die Panoramaterrassen bieten sagenhafte Blicke auf den Golf von Asinara. 195 Zi.
Localitá Isola Rossa
Tel. 0789 79 03 29
www.hotelmarinedda.com

NANTIS €€€

Heitere, mediterrane Atmosphäre prägt dieses recht luxuriöse Hotel in Hafennähe. Das Zentrum von Castelsardo ist nicht weit entfernt. Die Zimmer sind hell, freundlich und teilweise mit einem Balkon ausgestattet. Die Panoramafenster im hellen, freundlichen Frühstücksraum bieten schöne Ausblicke auf das Meer. In der Bar kann man den Tag entspannt ausklingen lassen. 18 Zi.
Via Colle di Frigiano
Tel. 079 47 43 40
www.nantishotel.it

MELI €€

Frisches, junges Hotel mit nautischem Look: In der Lounge, den Zimmern und im Restaurant sind Weiß und Marineblau die dominierenden Farben. Die Lage am Strand von Castelsardo ist top. Von der Panoramaterrasse schauen Sie direkt aufs Meer. 18 Zi.
Via Lungomare Anglona 15
Tel. 079 479097 | www.melihotel.it

und Farben anbieten. Allenthalben sieht man Männer und Frauen vor ihren Häusern sitzen und Körbe oder Schalen flechten. In Castelsardo hat dies allerdings eine lange Tradition, denn seit Jahrhunderten ist der Ort als Zentrum des Korbflechtens bekannt. Im kleinen **Civico Museo dell'Intreccio Mediterraneo** in der Festung erfährt man alles, was man über diese uralte Handwerkskunst wissen muss. Der schweißtreibende, über zahlreiche Treppenstufen führende Aufstieg hinauf zum Castello dei Doria wird aber auch mit einem atemberaubenden Ausblick über den Golfo dell'Asinara und Castelsardo belohnt. Am Fuß des Burgbergs lohnt die **Kathedrale Sant'Antonio Abate** eine Besichtigung. Die ursprünglich wohl aus dem 12. Jh. stammende Kirche ist leicht an ihrem zierlichen Glockenturm mit dem Dach aus farbigen Majoliken zu erkennen und innen mit schön geschnitztem, vergoldetem Inventar aus dem 17. Jh. ausgestattet.
Civico Museo dell'Intreccio Mediterranneo: Jan. – März, Nov. u. Dez. tgl. 10.30 – 16.30, April u. Okt. 9 – 19, Mai, Juni, u. Sept. 9.30 – 21.30, Juli u. Aug. 9 – 12.30 Uhr | Eintritt: 3 €
www.mimcastelsardo.it
Kathedrale: Via Manganella 42, im Sommer tgl. 10 – 13 u. 15 – 22 Uhr

Rund um Castelsardo

Ein fotogener Koloss

Roccia dell' Elefante

Wer auf der SS 134 Richtung Sardini unterwegs ist, kommt an einem markanten Naturdenkmal vorbei. Rund fünf Kilometer südöstlich von Castelsardo haben Wind und Wetter einen **Elefantenfigur** aus einem fünf Meter hohen Trachytstein gemeißelt. Einen Fotostopp lohnt die bizarre Formation allemal. Schon Trägern der Ozieri-Kultur muss sie aufgefallen sein, denn Archäologen fanden einige Grabkammern, die die jungsteinzeitlichen Menschen in den Felsen schlugen. In der Nähe des Felsens nimmt die Nuraghe Su Teresu den Blick gefangen, denn ihr rotschwarzer Stein konstratiert mit dem Grün und Gelb der Landschaft ringsherum.

Eine Küstenlandschaft wie aus dem Bilderbuch

Isola Rossa

Eine kleine, der Küste vorgelagerte Insel, deren Granitfelsen bei Sonnenuntergang rot leuchten, gab dem Badeort 30 Kilometer nördlich von Castelsardo den Namen. Der wild-romantische Küstenstrich mit seinen von **rötlich schimmernden Felsen** eingerahmten, feinsandigen Stränden und das smaragdgrün glitzernde Meer ziehen jedes Jahr mehr Urlauber an. Seit den 1970er-Jahren sind im Schatten des

Ob er sich hinunter beugen wird? Der hoffnungsfrohen jungen Frau wäre es zu gönnen …

alten spanischen Wachturms, der auf einer kleinen Landzunge aufragt, zahlreiche Ferienanlagen entstanden. Während der Sommermonate vervielfacht sich die Einwohnerzahl von Isola Rossa regelmäßig, und in den Cafés, Bars und Restaurants entlang der Hauptstraße
herrscht Hochbetrieb. **Li Fimini** gleich neben dem Yachthafen, ein
Strand, der einst den Frauen vorbehalten war, ist bei Familien mit
Kindern besonders beliebt, da er ganz flach zum Meer abfällt. Nördlich von Isola Rossa liegt **La Marinedda**, ein nahezu weißer, langer
Sandstrand am Ende einer von Granitfelsen eingerahmten Bucht.
Den Sommer über kann man hier Sonnenschirme und Liegestühle.
Surfbretter, Kanus und Tretboote ausleihen. Auch einige Bars und
Restaurants haben dann geöffnet. Im Winter findet hier ein internati-
onal besetzter Surfwettbewerb statt.

Ein modernes Ferienparadies

Einige Buchten weiter nördlich erstreckt sich die Costa Paradiso, ein
vielleicht nicht paradiesischer, aber doch schöner Küstenabschnitt
mit einigen **zauberhaften Buchten**. Seit den 1970er-Jahren sind
hier mehrere hundert Ferienhäuser entstanden, die terrassenförmig
in den Berghang hineingebaut wurden und die nahezu unsichtbar mit
der felsigen Landschaft zu verschmelzen scheinen. Eine architektoni-
sche Meisterleistung! Die Orientierung fällt nicht immer leicht, da die
langen Straßen der Siedlung in ungezählten Kurven und Serpentinen
am Hang entlang führen. So kann es bis zum Strand mitunter recht
weit sein, auch wenn das Meer zum Greifen nah erscheint. Grandios
sind die Panoramablicke über die gesamte, monumentale Granitküs-
te und das Meer. Nur im Juli und August wird es voll, bereits im September badet man in paradiesischer Abgeschiedenheit. Ein Juwel ist
Li Cossi, ein Strand mit weißem, feinem Sand, der von kupferfarben
leuchtenden Felsen eingerahmt ist.

*Costa
Paradiso*

★★ COSTA SMERALDA

Provinz: Sassari

*Die Inschrift auf dem Granitfelsen an der Strada Provinciale 94
kurz hinter Portisco macht es offiziell: »Costa Smeralda!« Willkommen an der Smaragdküste! Nun geht es durch eine der
schönsten Regionen Sardiniens. Das Meer scheint hier noch in-
tensiver zu glitzern, die Strände noch feinsandiger und die Felsformationen in den einsamen Buchten noch imposanter als in anderen Teilen der Insel.*

M/N 3

Vom Bauern-land zur Küste der Millionäre

Die Geschichte der Costa Smeralda liest sich stellenweise wie ein Märchen. Es war Anfang der 1960er-Jahre, als der damals 25-jährige Milliardär **Karim Aga Khan IV.**, geistliches Oberhaupt von 20 Millionen Ismaeliten, die bis dahin kaum zugängliche Küstenregion zwischen Portisco und Liscia di Vacca im Nordosten Sardiniens entdeckte und in ein **Urlaubsparadies für den internationalen Jetset** verwandelte. Gemeinsam mit finanzkräftigen Freunden gründete er das »Consorzio Costa Smeralda« und kaufte das ganze menschenleere Naturidyll auf. In Windeseile wechselten rund 30 Quadratkilometer Land den Besitzer. Im Auftrag des Aga Khan erarbeiteten europäische Top-Architekten einen Masterplan für die Erschließung des Gebiets und stampften u. a. die Retortensiedlung Porto Cervo aus dem Boden. Es wurden Straßen gebaut und Strom- sowie Wasserleitungen verlegt. Aus den »Monti di Mola« (Mühlsteinberge), wie die Sarden den Küstenstrich damals nannten, wurde die »Costa Smeralda«, ein Markenname, den Aga Khan sogar schützen ließ.

Exklusive Lage

★★

Smaragd-küste

Um sein Ferienparadies unter den Reichen und Schönen dieser Welt bekannt zu machen, lud his Highness illustre Freunde wie **Prinzessin Margaret, Gunter Sachs oder Jacqueline Kennedy** zu sich nach Sardinien ein. Die Costa Smeralda stieg zur Destination für Superreiche auf und ist es auch nach dem Ausstieg des Aga Khan aus dem Konsortium geblieben. Nach wie vor zählt der Küstenstrich zu den teuersten Wohngegenden Europas. Der Quadratmeterpreis für eine Luxusvilla liegt bei 3 500 €. Dafür wird, wer hier Eigentum erwirbt, Mitglied im exklusiven »Consorzio Costa Smeralda«, ein exklusiver Club, der u. a. die Einhaltung der Bauvorschriften überwacht. Immerhin verdankt die Costa Smeralda der Strenge dieser Regeln ihren besonderen Charme. Repräsentative Prachtbauten sucht man hier vergebens. Stattdessen scheinen Architektur und Landschaft mitein-

UNTERWEGS AN DER SMARAGDKÜSTE

Es braucht beileibe keinen Maserati oder Aston Martin, um entlang der Costa Smeralda zu kurven. Die atemraubend schöne Küstenlandschaft, das funkelnde Grün der Hügel, die weißen Yachten und Segelboote im azurblauen Meer. Da wird selbst ein Fiat Panda zur Glückskutsche.

ander verschmolzen. Die millionenteuren Luxusvillen liegen oft in Mastix- und Olivenhainen versteckt. Holprige Feldwege führen zu ihnen hin. An ihren flachen, moosbewachsenen Dächern ragen urige Schornsteine auf. Die Fassadenverkleidung besteht aus Naturstein und die Fensterrahmen sind aus Holz. Der »tipo smeralda«, wie Architekten diesen Stil nennen, ist längst zum Vorbild für viele Neubauten auf Sardinien geworden.

Im Juli und August wird es an der Costa Smeralsa richtig eng. Auf der Strada Provinciale sind dann unentwegt Rolls Royces, Ferraris oder Porsches unterwegs. Zwischen September und Juni sind die meisten Luxusvillen aber verwaist und die Hotels geschlossen. Dann hat man die Küstenstraße fast für sich und kann nach jeder Kurve neue landschaftliche Highlights erleben.

Wohin an der Costa Smeralda?

Eine am Reißbrett entworfene Millionärsidylle

Noch im April sind die Geschäfte und Restaurants, die Apartments und Zweitvillen, die Büros und Studios geschlossen, alles wirkt wie ausgestorben. Erst ab Mai füllt sich Porto Cervo langsam mit Leben. In den Sommermonaten dann gesellen sich zu den rund 300 ständigen Einwohnern des Ortes rund 50 000 gut betuchte Feriengäste hinzu.

Porto Cervo

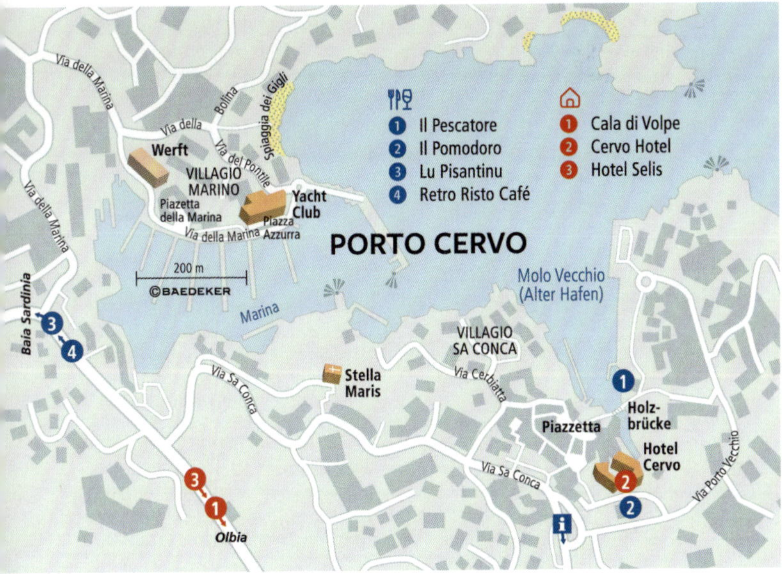

1 Il Pescatore   **1** Cala di Volpe
2 Il Pomodoro   **2** Cervo Hotel
3 Lu Pisantinu   **3** Hotel Selis
4 Retro Risto Café

PORTO CERVO

Werft
VILLAGIO MARINO
Piazzetta della Marina
Yacht Club
Piazza Azzurra
Via della Marina

200 m
© BAEDEKER

Via della Marina

Baia Sardinia

Via della Marina

Marina

Molo Vecchio (Alter Hafen)

VILLAGIO SA CONCA

Via Cerbiatta

Stella Maris

Via Sa Conca

Piazzetta

Holzbrücke

Hotel Cervo

Via Sa Conca

Via Porto Vecchio

Olbia

DIE COSTA SMERALDA ERLEBEN

AZIENDA AUTONOMA DI SOG-GIORNO E TURISMO (A.A.S.T.)
Via Paolo Dettori 43
07021 Arzachena
Tel. 0789 8 26 24
www.destinationcostasmeralda.com
www.arzachenacostasmeralda.it

GRANDE PEVERO
Der Strand südlich von Porto Cervo rahmt eine weite Bucht ein. Der Sand ist fein und hell. Im Westen ist der Strand sehr breit, im Osten wird er schmaler und einsamer. Es gibt eine einladende Bar sowie einen praktischen Sonnenschirm- und Liegenverleih vor Ort.

SPIAGGIA DI CAPRICCIOLI
Der Strand im äußersten Südosten der Halbinsel Capriccioli liegt traumhaft schön an einer von wilder Macchia eingerahmten Bucht. In der Hauptsaison ist es meistens überdurchschnittlich voll.

SPIAGGIA DI LISCIA RUJA
Der Strand südlich der Halbinsel Capriccioli ist mit einer Länge von 500 m der größte Strand an der Costa Smeralda – entsprechend ist er den Sommer über gut besucht. Das goldgelbe Sandband fällt ganz seicht zum Meer ab.

PROMENADE DU PORT
Bereits das einfache Windowshopping macht hier riesig Spaß: An der Flaniermeile Porto Cervos oberhalb des alten Hafens residieren entzü-ckend hergerichtete Designerläden, Galerien, Delikatessengeschäfte und schicke Cafés in Bauten im typischen Smeralda Stil. Hingucker ist eine Ausstellung von Vintage-Vespas in allen möglichen Regenbogenfarben vor einem Laden, dessen Besitzer weiß: »Ich verkaufe keine Motorroller, sondern Emotionen.«
Via Aga Khan 1
Porto Cervo
www.promenadeduport.com

BILLIONAIRE
Die alljährliche Eröffnung von Flavio Briatores Edel-Club zum Saisonstart ist ein gesellschaftliches Großereignis, das seinesgleichen sucht. Gegen 100 Euro Eintritt und mit dem richtigen Outfit können Sie sich Zutritt zu dem bei VIPs angesagten Club verschaffen und einen Blick in die hedonistische Party-Welt an der Costa Smeralda werfen.
Via Rocce sul Pevero
Golfo Pevero
Juni – Sept. tgl. ab 23 Uhr
Tel. 0789 9 41 92
www.billionairelife.com/portocervo

❶ IL PESCATORE €€€€
Das ganz im sardisch-mediterranen Stil designte Lokal im Süden des alten Hafens besticht durch eine gediegene und doch urige Fischerhütten-Atmosphäre. Auf der Terrasse speisen Sie direkt am Meer. Ob »daily catch« oder eines der kunstvoll komponierten Seefoodgerichte: Was hier auf den Tisch kommt, ist von bester Qualität. Die Preise sind allerdings auch entsprechend.

Via Porto Vecchio
Porto Cervo
April – Sept. tgl. 20 – 23 Uhr
Tel. 0789 93 16 24
www.ilpescatorerestaurant.com

➋ IL POMODORO €€€
Knusprige Pizzen aus dem Steinofen
oder saftige Steaks, dazu sardische
Antipasti und ein Glas Vermentino
gibt es hier vergleichsweise preis-
günstig. Unter dem Tonnengewölbe
mit Wacholderholzbalken speisen
Sie in rustikal-romantischem Ambiente.
Piazza Cervo
Porto Cervo
April – Sept. tgl. 12.30 – 14.30 und
19.30 – 1 Uhr
Tel. 0789 93 16 26
www.ristoranteilpomodoro.com

➌ LU PISANTINO €€-€€€
Die große Terrasse des Restaurants
ist ein guter Platz, um bei einem Ape-
rol Spritz und sardischen Seafood-
Spezialitäten hinunter auf Porto Cer-
vo und das Meer zu schauen.
Loc. Liscia Di Vacca, zwischen
Porto Cervo und Liscia Di Vacca
April – Okt. tgl. 12.30 – 15 und
19 – 24 Uhr
Tel. 0789 91 344
www.ristorantelupisantinu.eu

➍ RETRO RISTO CAFÉ €€
Das gemütliche Lokal liegt versteckt
in einer ruhigen Seitenstraße von Liscia di Vacca. Die Speisekarte ist sehr
vielseitig, und die sardischen Antipasti reichen für zwei.
Loc. Liscia di Vacca
Via l'Aldiola 8
Tgl. 11 – 15, 18 – 24 Uhr
mobil 392 295 7076
www.retroristoportocervo.it

➊ CALA DI VOLPE €€€€
Architekt Jaques Couelle, ein Freund

von Pablo Picasso und Salvadore Dali,
entwarf diese Hotel-Legende an der
gleichnamigen Bucht. Sie schufen ein
Gesamtkunstwerk, das ohne gerade
Linien auskommt und zeigt, dass or-
ganischer Stil zeitlos ist. Zimmer und
Suiten sind zurückhaltend im Landhausstil eingerichtet. Die Restaurants
verwöhnen ihre Gäste mit mediterranen Spezialitäten. An den Bars im Außenbereich und in der riesigen Lobby
können Sie den Tag entspannt ausklingen lassen. Das Hotel verfügt über
einen eigenen kleinen Yachthafen.
125 Zi.
Cala di Volpe
Porto Cervo
Tel. 0789 97 61 11
www.caladivolpe.com

➋ CERVO HOTEL €€€
Das erste von Karim Aga Khan an der
Costa Smeralda erbaute Hotel! Von
Hand geformte und gewachste Terra-
kottaböden, niedrige, ineinander
übergehende Lounges und Flure, sardisches Kunsthandwerk und sardischer Landhausstil: Das Haus war
Vorbild für die Hotellerie an der Costa Smeralda. Es liegt an Piazzetta unweit des Porto Vecchio. 80 Zi.
Piazza Cervo
Porto Cervo
Tel. 0789 93 11 11
www.hotelcervocostasmeralda.
com

➌ HOTEL SELIS €€
Das gemütliche kleine Hotel liegt et-
was abseits an der Strada Provinciale
59 inmitten sardischer Macchia. Die
Zimmer sind hell im sardischen Stil
eingerichtet, teilweise verfügen sie
über eine Terrasse mit Zugang zum
Garten. Ein Pool gehört zu der Anlage
dazu. 18 Zi.
Abbiadori
Strada Provinciale Porto
Cervo – Arzachena
Tel. 0789 9 86 30
www.selishotel.com

Wenn die Hitze des Tages etwas nachgelassen hat, wird die **Piazzetta delle Chacchiere** zum Tummelplatz für russische und chinesische Millionäre, für kuwaitische Prinzen und deutscher Unternehmer, für Stars und Sternchen. Sie alle genießen die relaxte Atmosphäre und lassen in den Prada-, Trussardi-, Bulgari- und Cartier-Boutiquen der Passeggiata viel Geld. Nur Volkstanzgruppen und Stände zum Verkosten sardischer Spezialitäten tragen ein Hauch von bodenständiger Folklore in diese Luxuswelt. Von der Piazzetta delle Chacchiere gelangt man durch überbaute Gassen zu einem Holzsteg, der hinüber zum bereits in den 1960er-Jahren angelegten alten Yachthafen führt. Hier finden sich oft schon nachmittags Schaulustige zum Promi-Watching ein. Im Norden des Areals ist mit der **Promenade du Port** eine neue Flaniermeile mit Luxusboutiquen entstanden. Die **neue Porto Cervo Marina** auf der anderen Seite der Bucht ist mit über 500 Liegeplätzen und sieben Piers Sardiniens größter Yachthafen und einer der bestausgestatteten am gesamten Mittelmeer. Hier liegen fünfstöckige Megajachten von über 100 Meter Länge und mit einem Hubschrauber an Bord, gewaltige Katamarane und elegante Segelschiffe vor Anker. Trotz des Glitzers und Glamours wirkt Porto Cervo mitunter fast wie ein altes sardisches Dorf. Enge verschachtelte Gassen und Treppen ziehen sich die sanft ansteigenden Hänge hinauf. Die in warmen Pastelltönen leuchtenden Häuser sind mit Veranden, offenen Loggien oder Balkonen ausgestattet. An manch einer Fassade scheint sogar der Putz zu bröckeln. In der Tat ließen sich die Erbauer Porto Cervos von der traditionellen sardischen Architektur inspirieren. Kein modernes Gebäude stört diese perfekte, am Reißbrett entworfene Idylle.

Zwei Wunderbauten des neosardischen Stils

Chiesa
di Stella
Maris, Hotel
Pitrizzia

Über Porto Cervo thront die Kirche Stella Maris, ein Meisterwerk des neosardischen Stils und zugleich das Wahrzeichen der Costa Smeralda. Das Gotteshaus, ein Entwurf des Stararchitekten Michele Busiri Vici, erstrahlt in weißestem Weiß, das rote Ziegeldach setzt einen augenfälligen Kontrast dazu. Nirgendwo an der Kirche finden sich Ecken und gerade Linien, weiche und runde Formen dominieren. Der sich nach oben verjüngende Kirchturm ist einer Nuraghe nachempfunden, und der Portikus erinnert an eine prähistorische Kultstätte, denn sein Gebälk wird von sechs schweren, unbehauenen Granitblöcken getragen. Innen besticht die Kirche durch ihre Einfachheit. Wertvollstes Stück ist eine »Mater Dolorosa« (Schmerzensreiche Madonna) aus dem 16. Jh., die Kunsthistoriker dem spanischen Maler El Greco zuschreiben. Eine Schwester von Baron Hans Heinrich Thyssen-Bornemisza schenkte der Kirchengemeinde das Gemälde, nachdem ihre Tochter eine lebensbedrohliche Krankheit überstanden hatte. Die Chiesa Stella Maris ist zwar nicht immer geöffnet. Ein Ausflug lohnt sich aber allemal, denn von dort oben kann man einen herrlichen Blick über Porto Cervo genießen.

Einige Kilometer nordwestlich von Porto Cervo lässt sich an der **Bucht von Liscia di Vacca** ein weiteres Highlight neosardischer Architektur bestaunen: Die Flachbauten des Hotels Pitrizzia fügen sich wunderbar in die sardische Naturlandschaft ein. Sie gruppieren sich um einen Meerwasser-Pool, der aus dem Granitfelsen gehauen wurde, und ihre Dächer sind mit Gras bedeckt.

Viele verträumte Buchten und ein legendäres Hotel

Die Halbinsel sechs Kilometer südlich von Porto Cervo wartet mit einigen versteckten und verträumten Bucht auf. Die bekannteste davon gab einer legendären Luxusherberge den Namen: Das **Hotel Cala di Volpe** sieht mit seinen ineinander verschachtelten Bauten und Bogengängen fast wie eine Spielzeug-Ritterburg aus. 1976 bildete das Hotel die Kulisse für den James Bond-Thriller »Der Spion, der mich liebte«, in dem Roger Moore gegen Film-Bösewicht Curd Jürgens kämpfte. Lady Diana und Dodi Al-Fayed machten während einer Kreuzfahrt hier Station und aßen einen Tag vor der Tragödie in Paris im hoteleigenen Restaurant zu Abend.

Halbinsel
Capriccioli

Wo Promis und Milliardäre sich wohlfühlen, locken allerlei kostspielige Extravaganzen – Porto Cervos Ansichten hingegen sind unbezahlbar

★★ DORGALI · CALA GONONE

Provinz: Nuoro | **Höhe:** 387 bis 20 m ü. d. M. | **Einwohnerzahl:** 8600

Eine sich bis zum Horizont ausdehnende Hochebene, aus der kahle Kalksteinmassive und mit Macchia bedeckte Bergkuppen aufragen: Im Umland von Dorgali scheint das Meer weit, weit weg! Und doch ist das Städtchen nur acht Kilometer von der atemberaubende Steilküste des Golfs von Orosei mit ihren verträumten Badebuchten entfernt. Dort locken der Ferienort Cala Gonone, Strände und das Meer, in der faszinierenden Bergwelt des Supramonte Höhlen, Schluchten und prähistorische Stätten.

Das Städtchen ist ein Zentrum traditionellen sardischen Kunsthandwerks. Im historischen Ortskern finden sich viele kleine Läden, die hochwertige Keramik und Schnitzereien sowie fein gearbeitete Web- und Lederwaren anbieten. Der filigrane Gold- und Silberschmuck aus Dorgali ist nicht nur bei Touristen begehrt, sondern ein bis heute auf Sardinien beliebtes Taufgeschenk. Das **Museo Civico Archeologico** gewährt Einblicke in die Jahrtausende alte Geschichte des Orts, denn es hütet einige herausragende Schätze aus dem nahen **Nuraghendorf Serra Orrios** und Funde aus phönizischer, römischer und frühmittelalterlicher Zeit.

El Dorado für Souvenirjäger

Museo Civico Archeologico: Via Lamarmora Mai – Aug. tgl. 9.30 – 13 u. 16 – 19 Uhr, Sept. – März Mo. geschl. | Eintritt: 3 €
www.museoarcheologicodorgali.it

▌ Rund um Dorgali

Dorgalis Travemünde

★★ Cala Gonone

Das Seebad liegt hinter den hoch aufragenden Bergkuppen des Supramonte marino versteckt direkt am Meer. Nördlich des kleinen Ortes fallen die **Steilwände des Küstengebirges** fast senkrecht zum Meer ab, und auch die Badebuchten im Süden sind oft nur mit dem Boot oder über beschwerliche Auf- und Abstiege zurreichen. Allein die Anreise von Dorgali nach Cala Gonone ist deshalb ein Erlebnis. Die Fahrt führt zunächst über die Orientale Sarda (SS 125) Richtung Süden durch das weite **Bergland des Supramonte marino** mit seinen von Macchia bedeckten Bergkuppen. Von der Küste ist nichts zu sehen. Nach einigen Kilometern biegt man von der Straße in einen Tunnel ein, der auf die andere Seite des Gebirges führt. Da taucht mit einem Mal das Meer am Horizont auf und scheint plötzlich zum Grei-

Robinson-Idylle an der Cala Goloritzé – per Boot erreichbar über Cala Gonone

fen nah. Doch bis das Ziel erreicht ist, dauert es noch ein Weilchen, denn die gut ausgebaute Strada Provinciale 26 schlängelt sich in unzähligen Haarnadelkurven hinunter nach Cala Gonone. Unterwegs ist man immer wieder versucht, anzuhalten, um die Aussicht auf Küste und Meer zu genießen. Bis weit in die 1960er-Jahre war Cala Gonone ein abgeschiedenes Fischerdorf. Heute zählt es zu den beliebtesten Urlaubsorten an Sardiniens Ostküste. Die Ferienhaussiedlungen dehnen sich mittlerweile bis an die Hänge des Küstengebirges aus. In der Hauptsaison sind die Hotels immer ausgebucht. Es gibt zahlreiche Bars und Restaurants. Vom kleinen Yachthafen starten regelmäßig Bootstouren zur **Grotta del Bue Marino** und den Badebuchten des Parco Nationale del Golfo di Orosei e del Gennargentu.

Das moderne **Acquario di Cala Gonone** ist ein Highlight für Erwachsene und Kinder, denn es zeigt die ganze Vielfalt der in den Gewässern um Sardinien lebenden Meeresbewohner, darunter auch Rochen, Quallen und – zur Freude der kleinen Besucher – possierliche Seepferdchen. Der Shop bietet Meerestiere aus Plüsch, und ein Besuch des Cafés mit Panoramaaussicht (ideal bei Regen) rundet den Ausflug ab.

Acquario di Cala Gonone: Via La Favorita | März Sa. u. So. 10 – 18, April u. Okt. Mi. – So. 10 – 18, Mai, Juni, Juli, Sept. tgl. 10 – 18, August 10 – 20 Uhr | letzter Einlass 17 Uhr | Eintritt: Erw. 10 €, Kinder 6,50 € www.acquariocalagonone.it

DORGALI UND CALA GONONE ERLEBEN

TOURIST INFORMATION OFFICE
Via Lamarmora 108
08022 Dorgali
Tel. 0784 9 62 43
www.enjoydorgali.it

TOURIST INFORMATION IN CALA GONONE
Viale Bue Marino
Tel. 0784 9 36 96

SPIAGGIA CENTRALE
Der älteste Strand Cala Gonones liegt gleich hinter dem Hafen und zieht sich ein kleines Stück die Strandpromenade entlang.

SPIAGGIA DI PALMASERA
Cala Gonones weitläufiger, breiter Hausstrand beginnt im Süden des Ortes und ist bei Familien mit Kindern besonders beliebt.

CALA FUILI
Die winzige Bucht liegt südlich der Spiaggia di Palmasera und wird von hohen Felsen eingerahmt. Man kann sie nur über eine Treppe erreichen. Schnorchler, Taucher und auch Kletterer finden hier ideale Bedingungen vor.

CALA DI LUNA
S. 99

CALA GOLORITZÉ
Auch diese Bucht rahmen hohe Felsen ein. Sie ist deshalb nicht nur ein Paradies für Taucher und Schnorchler, sondern auch für Freeclimber. Von Cala Gonone aus ist die Bucht per Boot oder über eine 1,5-stündige Wanderung vom Parkplatz Su Sinnipeu aus zu erreichen.

SANT'ELENE €€
Hier werden vorzüglich zubereitete, traditionelle sardische Gerichte in ländlicher Atmosphäre serviert. Die Zutaten stammen von den Bauernhöfen der Umgebung. Das Hotelrestaurant liegt rund 2 km südlich von Dorgali im Tal des Flumineddu. Die große Terrasse bietet schöne Ausblicke auf die Bergwelt des Supramonte.
Loc. Sant'Elene
Dorgali
Tgl. 19 – 22 Uhr, außerhalb der Saison Mo. geschl.
Tel. 0784 9 45 72
www.hotelsantelene.net

IL PESCATORE €€-€
Wer Lust auf schmackhafte Fischgerichte hat, ist im besten Seafood-Restaurant von Cala Gonone richtig. Die Terrasse mit Meerblick rundet das Vergnügen ab.
Via Aqua Dolce 7
Cala Gonone
Tel. 0784 49 31 74

AQUARIUS €€-€
Hier können Sie knusprige Holzofenpizza und köstliches Seafood auf einer Terrasse direkt hinterm Strand genießen. Sebadas, gebackene und mit Frischkäse gefüllte Teigtaschen, die mit warmem Honig zum Dessert serviert werden, sind ein typisches Gericht der sardischen Küche und eine besondere Spezialität des Hauses.
Lungomare Palmasera 34
Cala Gonone
Juni – Sept. tgl. 9 – 23 Uhr
Tel. 0784 9 34 28

BRANCAMARIA €€€
Das moderne Haus liegt am Ortseingang von Cala Gonone und bietet schöne Ausblicke sowohl auf das Meer als auch auf die Berglandschaft der Umgebung. Die großzügig gestalteten Zimmer sind mit luxuriösen, aufwendig mit Granit und sardischer Keramik verzierten Bädern ausgestattet und haben z. T. einen Whirlpool. Die Betreiber organisieren Bootsausflüge in die umliegenden Buchten und auf Nachfrage auch Wandertouren. 66 Zi.
Viale Colombo
Cala Gonone
Tel. 0784 92 00 36
www.hotelbrancamaria.it

COSTA DORADA €€€
Das Haus am südlichen Ende der Strandpromenade wartet mit einer üppig begrünten Terrasse auf. Das Interiordesign der Zimmer präsentiert sich als gelungener Mix aus sardischen und spanischen Stilelementen. Für einen Urlaubstag an dem kleinen Strand direkt vorm Haus stellt das Hotel seinen Gäste gerne Sonnenschirm und Liegestuhl zur Verfügung. Außerdem können sie das hoteleigenen Motorboot für Törns entlang der Küste mieten. Im renommierten Restaurant werden u. a. sardische Pasta- und Fleischgerichte serviert. 26 Zi.
Lungomare Palmasera 45
Cala Gonone
Tel. 0784 9 33 32
www.hotelcostadorada.it

NETTUNO €€
Das Hotel liegt nur 2 Gehminuten vom Meer entfernt und bietet seinen Gästen helle, freundliche Zimmer sowie einen kleinen Außenpool. Die Hotel-Bar wird jeden Abend Treffpunkt der Nachtschwärmer. 28 Zi.
Via Vasco de Gama 26
Cala Gonone
Tel. 0784 93310
www.nettuno-hotel.it

Bootsausflug zur Tropfsteinhöhle
Den ganzen Sommer über starten in Cala Gonone Ausflugsschiffe zu der spektakulären Tropfsteinhöhle in der Steilküste am Golf von Orosei. Sie liegt ungefähr fünf Kilometer südlich von Cala Gonone und ist nur vom Meer aus erreichbar. Allein die Anfahrt ist ein Vergnügen, denn sie eröffnet immer neue Perspektiven auf die schroffe Schönheit des Küstengebirges. Die Boote fahren dicht an den auf der Höhe des Meeresspiegels gelegenen Höhleneingang heran und gehen an einem kleinen Steg vor Anker. Gleich hinter dem Eingang lassen sich einige **prähistorische Ritzzeichnungen** bestaunen, die belegen, dass Menschen den Ort bereits vor Tausenden von Jahren aufsuchten. In der Grotte dann führt ein rund 900 Meter langer, befestigter Holzsteg durch einen Wald aus von der Decke hängenden und aus dem Boden wachsenden Tropfsteinen, die im Licht der elektrischen Beleuchtung glitzern und sich in kleinen Seen spiegeln. Die Besichtigung dauert ungefähr eine halbe Stunde. Die Veranstalter in Cala Gonone bieten aber auch halb- oder ganztägige Touren an, auf denen nicht nur die Höhle, sondern auch die **abgelegenen Badebuchten** südlich der Höhle angesteuert werden. Der Besuch der Grotte lässt sich dann prima mit einem Tag am Strand verbinden.

Grotta del Bue Marino

Das gesamte Höhlensystem der Grotta del Bue Marino ist rund fünf Kilometer lang und besteht aus zwei Armen. Der nördliche Teil, der lange Zeit gesperrt war, ist mittlerweile im Rahmen von Führungen zugänglich. Der Eingang liegt unweit der **Cala Fuili** und kann nur zu Fuß erreicht werden. Ein Schild an dem Treppenweg, der von der Straße aus Cala Gonone hinunter zur Bucht führt, weist den Weg. Seinen Namen verdankt das Höhlensystem übrigens den äußerst seltenen Mönchsrobben, die lange Zeit dort lebten, mittlerweile aber verschwunden sind. Böse Zungen meinen, dass die vielen Touristen die Tiere vertrieben haben. Die sardische Bezeichnung für diese relativ große Robbenart lautet wörtlich übersetzt »Meerochse«.

Juni – Sept. tgl. 9 – 17 Uhr | stündl. Fahrt und Eintritt: zur Höhle: 20 € www.calagononecrociere.it

HINUNTER ZUM MEER

Der Weg ist das Ziel? Die Cala Gonone ist ein wahres Badeparadies, doch schon die Fahrt dorthin ist ein kleines Abenteuer. Erst geht es durch einen Tunnel und dann über ungezählte Serpentinen hinunter. Der Lohn: großartige Ausblicke auf die Berge des Supramonte und die sich vor Ihnen ausbreitende Küste.

Ein Traum von einer Bucht

Nicht wenige Sardinien-Urlauber geraten allein beim Klang des Namens ins Schwärmen. Für viele ist die Cala di Luna sieben Kilometer südlich von Gala Gonone die schönste Bucht Sardiniens. Allein die versteckte Lage ist ein Traum. Hohe Felsen rahmen den schmalen Sandstreifen ein, der sich rund 800 Meter sichelförmig das türkisfarbene Meer entlangzieht. Gleich hinter dem Strand liegt der Ausgang der Schlucht des **Riu Codula di Luna**, dessen Wasser sich in einer Lagune sammelt. Da der Fluss zumindest in den Sommermonaten nichts als ein Rinnsal ist, kann die Schlucht begangen werden. Die Lagune ist von Oleanderbüschen umgeben. Ein Highlight sind aber auch die sechs Grotten, die das Meer in die Felswände im Norden des Strandes gewaschen hat. Die Cala di Luna ist längst kein Geheimtipp mehr und deshalb in der Saison oft sehr voll. Am einfachsten erreicht man die Bucht von Cala Gonone mit einem Boot. Eine Trekking-Tour durch die Schlucht des Riu Codula di Luna erfordert schon eine gute Kondition.

★ Cala di Luna

Blick in den Abgrund

An Höhleneingang blicken die Besucher zunächst in eine schwindelerregende Tiefe, aus der eine gigantische Tropfsteinsäule wie aus einem riesigen Schlund bis zur Decke aufragt. »Spina in Gola« – »Dorn im Rachen«, nennen die Sarden dieses Wunderwerk der Natur dann auch. Es ist **der größte Tropfstein Europas** und bringt es auf eine Länge von 38 sowie einen Durchmesser von zwei Metern. Entstanden ist er in Jahrtausenden aus dem Zusammenwachsen eines von der Decke hängenden und eines aus dem Boden wachsenden Tropfsteins. Die Halle, in der das Ungetüm steht, bildet nur den winzigen Teil eines mehrere Kilometer langen Höhlenkomplexes, der sonst allerdings nur für Forscher zugänglich ist. An ihren Wänden und Felsvorsprüngen glitzern und funkeln unendlich viele verschiedene Tropfsteingebilde im künstlichen Licht. Eine steile Treppe aus 280 Stufen führt hinunter zum Grund der Höhle in rund 50 Meter Tiefe. Von dort unten wirkt alles noch gewaltiger und märchenhafter. Wohl für jeden Besucher ist der Abstieg in diese Tropfstein-Wunderwelt ein beeindruckendes Erlebnis, das auch nach der Rückkehr an die Sonne unvergeßlich bleibt.

Sie erreichen die Grotta di Ispinigoli von Dorgali aus am besten über die SS 125 Richtung Orosei. Nach etwa vier Kilometern zweigt rechts eine Nebenstraße ab, die zum Eingang der Höhle führt. Die Höhle kann nur im Rahmen von stündlich stattfindenden Führungen besichtigt werden. Führungen April – Okt. tgl. stündlich von 9 – 13 u. 15 – 18, Juli, Aug. bis 19, Nov. – März tgl. 12 und 15 Uhr | Eintritt: 7,50 €

★ Grotta di Ispinigoli

Metropole der Bronzezeit

Knorrige Oliven- und Mastixbäume, Brombeerhecken, duftende Wildkräuter und dazu ein Zikaden-Konzert: Die größte bisher bekannte **nuraghenzeitliche Siedlung** liegt rund zehn Kilometer nord-

Serra Orrios

westlich von Dorgali in der sardischen Wildnis versteckt. Der weitläufige Komplex besteht aus rund 100 Hütten mit Brunnen und Kochstellen. Für Sardinien eher ungewöhnlich sind die beiden **Megarontempel** mit rechteckigem Grundriss, die auf Kontakte zwischen Nuraghiern und Griechen schließen lassen. Die für ein Nuraghendorf typischen Rundbauten dagegen finden sich erst 500 Meter Luftlinie weit entfernt. Während Grabungsarbeiten in den Jahren 1936 bis 1938 fanden Archäologen Gebrauchskeramik, Bronzeschmuck und Werkzeuge der Bonnanaro- und der Nuraghenkultur, die heute im Archäologischen Museum von Dorgali ausgestellt sind. Auf den stündlich stattfindenden Führungen über das Gelände von Serra Orrios erfahren die Besucher viel Wissenswertes über das Alltagsleben der bronzezeitlichen Dorfbewohner.

Sie erreichen die Stätte über die kurz hinter Dorgali von der SS 125 Richtung Westen abzweigenden Strada Provinciale 38. Rund sechs Kilometer weiter Richtung Nordwesten zweigt von der SP 38 ein Fußweg zum **Gigantengrab S'Ena 'e Thomes** ab, eine der bedeutendsten pränuraghischen Grabanlagen Sardiniens. Die herrliche Portalstele, die die Grabkammer verschließt, ist aus einem einzigen Granitstein gearbeitet.

Okt. – März tgl. 9 – 12, 14 – 16, April, Juni, Sept. 9 – 12, 14 – 17, Juli u. Aug. 9 – 12, 14 – 18 Uhr | mehrsprachige Führungen zu jeder vollen Stunde | Eintritt: 5 € | www.ghivine.com/serraorrios.htm

Der Grand Canyon Sardiniens

Diese Schlucht hat es in sich! Die Gola Su Gorropu ist einer der tiefsten Canyons Europas. Seine senkrechten, manchmal sogar überhängenden Wände aus hellem Karstgestein ragen rund 500 Meter auf. Hier und da setzen Steineichen und andere mediterrane Gewächse grüne Akzente. Selbst an heißesten Sommertagen ist es in der Schlucht noch vergleichsweise kühl. Vom **Riu Flumineddu**, der die Gola Su Gorropu in Jahrmillionen in die Felsen gegraben hat, sind bereits im Frühjahr nur noch einige Gumpen zu sehen. Der Fluss fließt dann als dünnes Rinnsal durch die Höhlen des karstigen Untergrunds. Am Grund der Schlucht versperren oft gewaltige Felsbrocken den Weg, überall liegt Geröll herum. Nur erfahrene Kletterer finden da durch, die meisten Wanderer kehren nach wenigen hundert Metern um oder begnügen sich am Eingang mit einem Blick in die Schlucht. Den kann man auf einer Exkursion mit dem Jeep, die das **Campo Base Gorroppu** an der SS 125 (bei Kilometer 190,5) anbietet, oder aber auf einer Trekking-Tour durch die sardische Wildnis erreichen. Dabei kann man zwischen zwei Alternativen wählen: Die schnellere, aber auch anspruchsvollere Tour führt von der **Passhöhe Genna Silana** an der SS 125 Richtung Baunei in nur 90 Minuten

★★
Gola Su
Gorropu

Herausfordernde Tour durch die Gola Su Gorropu

einen steilen Pfad hinunter zum Eingang der Schlucht. Einfacher, dafür aber auch länger ist Weg vom **Ponte S'Abba Arva** über den Riu Flumineddu. Von dort führt der Trail den Fluss entlang Richtung Süden durch das dicht mit Macchia bestandene **Valle di Oddeone** an hoch aufragenden Felswänden vorbei. Nach rund zwei Stunden taucht endlich die Gola su Gorroppu auf. Jetzt geht es durch ein Dickicht aus Oleanderbäumen einen steilen Abhang hinunter. Nach rund einer Viertelstunde ist der Eingang der Schlucht erreicht. Den Ponte S' Abba Arva erreicht man über eine kurvenreiche Straße, die bei Kilometer 200 rechts von der SS 125 Richtung Baunei abzweigt.
Eintritt: 5 € | www.gorropu.info

★ FONNI

Provinz: Nuoro | **Höhe:** 1000 m ü. d. M. | **Einwohnerzahl:** 4000

L 9

Rucksäcke und Wanderschuhe gehören zum üblichen Outfit der Besucher Fonnis, denn der Ort ist der Ausgangspunkt für Touren in die grandiose, einsame Bergwelt des Gennargentu, des höchsten Gebirges auf Sardinien. In flirrender Sommerhitze wirkt die baumlose Landschaft etwas herb und spröde. Doch wenn im Frühling und Herbst die Macchia zu blühen beginnt, wähnt man sich fast im Paradies.

Neuer Glanz auf alten Hütten

Fonni liegt auf einem Plateau im Norden des Gennargentu 1000 Meter über dem Meeresspiegel und ist damit der höchstgelegene Ort Sardiniens. Lange wirkte das Städtchen etwas heruntergekommen und verwahrlost. Mittlerweile aber hat man sich eines Besseren besonnen und besonders den **historischen Ortskern** für die ständig wachsende Besucherschar herausgeputzt. Die alten Häuser aus Granitstein wurden sorgfältig restauriert. Blumenschmuck an Balkonen und Fenstern tragen viel zur dörflichen Atmosphäre bei. An vielen Ecken haben einladende Cafés und liebevoll ausgestattete Hotels neu eröffnet. Eine Attraktion sind die Gemälde, die so manche Hauswand zieren. Anders als in Orgosolo zeichnen sie ein idyllisches Bild des Landlebens. In einem alten Bauernhaus informiert das **Museo della Cultura Pastorale** anhand von Trachten, Masken, Arbeitsgeräte und anderen Dingen über das entbehrungsreiche Leben der Hirten und Bauern in der Region. Sehenswert ist aber auch die **Basilica della Madonna dei Martiri**, die wohl prächtigste Barockkirche der Barbagia.
Museo della Cultura Pastorale: Di. – So. 10.30 – 13 u. 15 – 17.30 Uhr | www.visitfonni.com/museo-della-cultura-pastorale

FONNI ERLEBEN

ASSOCIAZIONE TURISTICA PRO LOCO
Via Monsignore Zunnui 1
Tel. 0784 57 197
www.visitfonni.com

SU NINNIERI €€
Das Haus liegt an der Zufahrtsstraße zum Monte Spada inmitten der Berglandschaft des Gennargentu und bietet exzellent zubereitete, tradtionelle sardische Küche. Auch die Locals treffen sich dort gern zu allen möglichen Feiern.
Loc. Su Ninnieri
tgl. 12.30 – 15, 20 – 22.30 Uhr
Tel. 0784 57 729
www.suninnieri.com

CUALBU €€
Das Komforthotel bietet einen Außenpool und einen Fitnessbereich. Die Zimmer sind zwar nicht hochmodern, aber behaglich eingerichtet. Im Restaurant werden die Spezialitäten der Barbagia-Küche serviert. 50 Zi.
Viale del Lavor 19, Tel. 0784 57 054
www.hotelcualbu.com

CASA MASINI €€
In einem stilvollen Altstadthaus versteckt sich diese mit großer Liebe zum Detail eingerichtete Pension. Rustikale Deckenbalken, edle Zementfliesen und Bruchsteinwände sorgen für behagliches Ambiente. Das üppige Frühstück wird in einem entzückend ausgestatteten Salon serviert. 2 Zi.
Piazza Lamarmora 4
Tel. 346 956 5511

Rund um Fonni

Auf dem Dach Sardiniens
Südöstlich von Fonni reckt sich der 1595 Meter hohe **Monte Spada** in den Himmel empor. In den Wintermonaten ist die fast kahle Gipfelregion oft von Schnee bedeckt, und die Sarden stürzen sich dort dann ins Skivergnügen. Der Berg wie auch die ein Stück weiter südlich aufragende **Bruncu Spina** (1829) und die **Punta La Marmora**, der mit 1834 Metern höchste Berg Sardiniens, lohnen aber auch in den wärmeren Jahreszeiten eine Gipfeltour. Allein die Anfahrt ist ein Erlebnis, denn sie führt mitten hinein in das einsame Bergland des Gennargentu. Sieben Kilometer südlich von Fonni zweigt von der Strada Provinciale 7 Richtung Desulo eine Zufahrtsstraße zum Monte Spada ab, die auf einen Parkplatz an der Talstation des Skilifts mündet. Von dort führt ein Fußweg hinauf auf den Gipfel, der grandiose Fernsichten über die Bergwelt des Gennargentu bietet. Zum zweithöchsten Gipfel Sardiniens, dem Bruncu Spina, gelangen Sie über einen schier endlos langen, asphaltierten Serpentinenweg, der vor dem Restaurant Su Ninnieri von der Zufahrtsstraße zum Monte Spada abzweigt.

Gennargentu

 ★ IGLESIAS

Provinz: Sud Sardegna | **Höhe:** 176 m ü. d. M. | **Einwohnerzahl:** 27 000

G 14

Mineralien, Schmucksteine, Silbererze: Im Museo Mineralogico sardo von Iglesias ist zu sehen, welche Schätze die alte Bergbaustadt im Mittelalter reich machten. Die quirlige und charmante Altstadt zeigt, dass man dort auch nach dem Niedergang des Bergbaus zu leben weiß.

Von Aufstieg und Niedergang

Iglesias ist Hauptort der **historischen Landschaft Sulcis-Iglesiente**, die bis weit in das 20. Jh. die bedeutendste Bergbauregion Sardiniens, wenn nicht ganz Italiens war. Antiken Quellen ist zu entnehmen, dass bereits die Römer in dem Gebiet eine bis heute allerdings noch nicht lokalisierte Bergbausiedlung namens »Metalla« unterhielten. Die Anfänge des heutigen Iglesias gehen allerdings auf einen geschäftstüchtigen Pisaner Grafen mit dem klingenden Namen Ugolino della Gheradesca zurück, der den Ort Anfang des 13. Jahrhunderts als Stadt mit Münzrecht zur Ausbeutung der nahen Silberminen gründete. Unter seiner Herrschaft und später unter der Kontrolle der Stadtrepublik Pisa blühte Iglesias auf. Zu Beginn des 14. Jh.s stammten zehn Prozent des in Europa in Umlauf befindlichen Silbers aus der Villa di Chiesa, wie die Stadt damals hieß. Als Truppen Aragòns Iglesias 1324 eroberten, erhielt der Ort nicht nur den heutigen, spanischen Namen, sondern auch einige repräsentative Wohnbauten und Kirchen, mit denen die neuen Bergwerksbesitzer ihren Reichtum zur Schau stellen wollten. Doch bereits Mitte des 15. Jh.s setzte der Niedergang ein, denn die Silberminen waren erschöpft. Erst um 1850 erlebte die Region um Iglesias dank der Entdeckung reicher Zinkvorkommen einen neuerlichen Aufschwung, der durch die Autarkiebestrebungen des faschistischen Italien künstlich verlängert wurde. Nach dem Ende der Ära Mussolini musste aber eine Mine nach der anderen schließen, denn auf dem Weltmarkt war keine von ihnen konkurrenzfähig.

❙ Wohin in Iglesias?

Swinging Iglesias

Centro storico

Nach dem Niedergang des Bergbaus kehrte in Iglesias zunächt die Tristesse ein. Das centro storico schien dem Verfall preisgegeben. Doch nach einer umfassenden Sanierung erstrahlt es in altem Glanz. Ein Bummel durch die Altstadtgassen entführt seitdem in eine heiter beschwingte Welt. Die **restaurierten historischen Bürgerhäuser** und Palazzi leuchten in warmen Pastelltönen. Ihre schmiedeeisernen Balkone sind oft mit Blumen geschmückt. Besonders in den Sommermonaten, wenn die Restaurants ihre Tische und Stühle nach Draußen stellen, pulsiert auf den Plätzen des Viertels in den Abendstunden das Leben. Im Schein der hell erleuchteten alten Straßenlaternen genießen Einheimische wie Touristen dann die laue Luft. Auf dem autofreien **Corso Giacomo Matteotti** zwischen der Piazza Lamarmora und der Piazza G. Sella geht es fast den ganzen Tag geschäftig zu, denn die Flaniermeile ist Iglesias' Haupteinkaufsstraße. Hier reiht sich ein Geschäft an das andere.

In der Stadt der Kirchen

Iglesias trägt seinen Namen nicht umsonst. Noch heute schmücken nicht weniger als zwölf Gotteshäuser das sardische Städtchen. Allein im centro storico finden sich fünf sehenswerte Kirchenbauten auf engstem Raum. Die ganze Ostseite der **Piazza Municipio** nimmt die **Cattedrale di Santa Chiara** ein, ein spätromanisch-gotischer Bau, der ursprünglich im späten 13. Jh. errichtet, im Laufe seiner Geschichte aber mehrmals verändert wurde. Innen weist die im übrigen einschiffige Kirche Stilelemente der katalanischen Gotik auf. Ein vergoldeter Altaraufsatz erinnert daran, dass die Kirche einst die Reliquien des Antiochus von Sulci hütete. Der Heilige wird in der katholischen Kirche als Märtyrer verehrt, da er zur Zeit des Kaisers Hadrian Leute zum Christentum bekehrt haben und dafür auf der Insel Sulci,

Sakralbauten

Flanieren oder Espresso trinken? – Ganz einfach: eines nach dem anderen!

IGLESIAS ERLEBEN

I.A.T.
Piazza Municipio
Tel. 0781 27 45 07
www.commune.iglesias.ca.it

PRO LOCO IGLESIAS
Kloster San Francesco
Via Crispi 1
Tel. 0781 3 11 70
www.prolocoiglesias.it

❶ GAZEBO MEDIOEVALE €€€
Hier dinieren Sie stilvoll unter einem
mittelalterlichen Gewölbe. Egal, für
welche der angebotenen regionalen
Spezialitäten Sie sich entscheiden:
Das Auge isst immer mit.
Via Musio 21 | Tel. 0781 3 08 71
Mo. – Sa. 12 – 15, 19.30 – 23 Uhr
www.gazebomedioevale.it

❷ VILLA DI CHIESA €€€
Das Lokal gegenüber der Kathedrale
ist eine gute Adresse, um den Son-
nenuntergang an einem lauen Som-
merabend zu genießen. Auf der Spei-
sekarte stehen nicht nur Pizza und
Pasta, sondern auch einige sardische
Klassiker.
Piazza del Municipio 9/10
Tel. 0781 3 16 41
Di. – So. 12.30 – 15, 19.30 – 23 Uhr

❶ ARTU €€
Das drei-Sterne-Hotel in zentraler
Lage am Beginn der Altstadt ist das
beste Haus am Ort. Die Zimmer sind
behaglich und bieten den üblichen
Komfort. Im hoteleigenen Restaurant
wird ambitionierte italienische und
sardische Küche serviert. 18 Zi.
Piazza Q. Sella 15 | Tel. 0781 2 24 92
www.hotelartuiglesias.it

der heutigen Isola Sant'Antioco, hingerichtet worden sein soll. Nur
das Kreuz über der Eingangspforte der **Chiesa San Michele** an der
von der Piazza abzweigenden Via Pullo lässt erahnen, dass sich hinter
der schmucklosen, schlichten Fassade ein Gotteshaus verbirgt. Die
Kirche wirkt sehr modern und stammt doch aus dem 15. Jahrhundert. Die Via Pullo führt in einem kleinen Bogen zur **Piazza San
Francesco** mit der gleichnamigen Kirche, einem Bau im Stil der katalanischen Gotik, der einige Kunstschätze birgt. Noch vor der Piazza
San Francesco zweigt die Via della Zecca von der Via Pullo ab. Sie
führt zur **Chiesa Madonna dell Grazie**, deren Ursprünge auf die
Zeit der Pisaner zurückgehen. Die **Chiesa del Collegio** nördlich der
Cattedrale di Santa Chiara wartet mit einer vergleichsweise prachtvollen Innenausstattung auf. Sie wurde in der Mitte des 16. Jh.s zur
Zeit der Gegenreformation errichtet und war bis Mitte des 18. Jh.s
eine Kirche des Jesuitenordens.

Museo
dell'Arte
Mineraria

Iglesias Underground
Wer wissen möchte, wie die sardischen Bergleute arbeiteten, kann in
diesem **restaurierten Stollen** einfahren und die manchmal beklem-

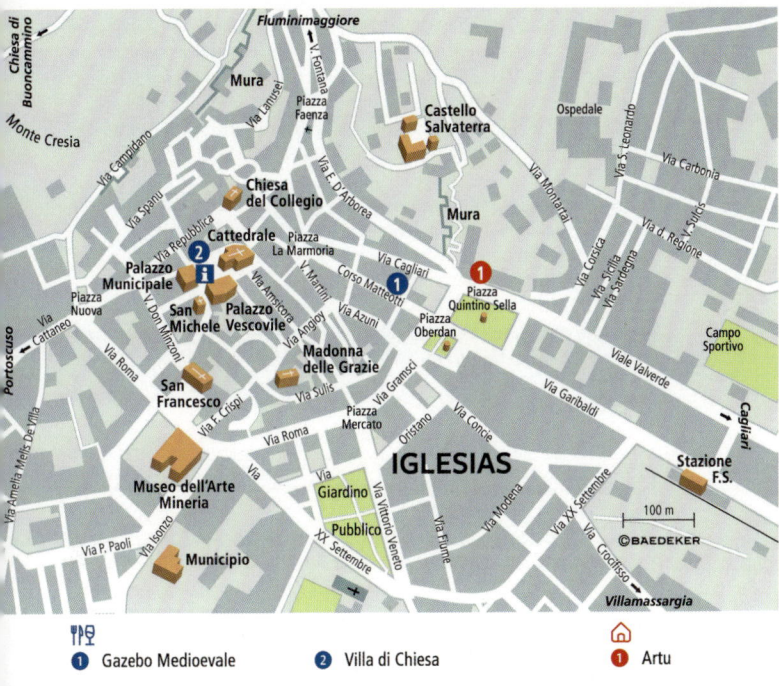

① Gazebo Medioevale   **②** Villa di Chiesa   **①** Artu

mende Enge unter Tage hautnah erleben. Aber auch über Tage hat das Museum einiges zu bieten, denn es informiert anhand einer Fülle von Anschauungsmaterial wie historische Bilddokumente, Maschinen und Werkzeuge über den Alltag der Kumpel ebenso wie über historische Bergbautechniken. Das angeschlossene **Museo Mineralogico sardo** präsentiert die Schätze, die die Bergleute bei ihrer Arbeit zutage förderten. Die Sammlung umfasst fast 1000 Gesteinsproben, Erze und Mineralien, aber auch einige wertvolle Schmucksteine.

Museo dell'Arte Mineraria: Via Roma 47 | Juni/Juli/Aug. Sa./So. 18 – 20.30 Uhr, sonst nach Vereinbarung | Tel. 0781 35 00 37 www.museoartemineraria.it

▌ Rund um Iglesias

Denkmal der Bergbaukultur

Rund um Iglesias gibt es einige stillgelegte Bergwerke, die sporadisch und in unregelmäßigen Abständen besichtigt werden können. Die bekannteste und größte dieser Anlagen ist wohl die Miniera di Montepo-

Miniera di Monteponi

ni, die zwei Kilometer südwestlich von Iglesias an der SS 126 liegt. Die Mine wurde Mitte des 19. Jh.s in Betrieb genommen und zog schon bald viele Arbeiter an, die in eigens für sie errichteten Unterkünften wohnten. Eine richtige kleine Siedlung mit Schule und Krankenhaus entstand. Bis 1996 baute man in der Miniera Monteponi – wenn zuletzt auch nur in sehr geringem Maße – Zink und Blei ab. Heute sind die zum Bergwerk gehörenden Anlagen und Maschinenhallen verfallen. Der **Palazzo Bellavista**, der in einem gepflegten Palmengarten am Rande der Industrieruinen steht, bildet einen interessanten Kontrast dazu. Einst residierte in dem restaurierten Prachtbau die Geschäftsführung des Unternehmens, heute ist hier die Abteilung für Materialwissenschaft der Universität Cagliari untergebracht. Die Miniera Monteponi gehört wie das ganze Bergbaugebiet der Sulcis-Iglesiente zum **Parco geominerario Storico e Ambientale**, der zu einem von der UNESCO geförderten globalen Netzwerk von Geoparks gehört. Er soll zu einem touristischen Highlight entwickelt werden.

Infos zu den Besichtigungsmöglichkeiten in der Tourist-Info: Piazza Municipio | Tel. 0781 27 45 07 | www.comune.iglesias.ca.it

Tempelbau im Grünen

Tempio di Antas

Nicht zuletzt dank seiner reizvollen Lage inmitten einer dicht mit Macchia bewachsenen Hügellandschaft ist dieser römische Tempel ein beliebtes Ausflugziel. Wie verloren ragen die sechs noch erhaltenen, immerhin acht Meter hohen Säulen aus der üppig grünenden Natur hervor. Der Tempel wurde entweder in der spätrepublikanischen Epoche oder der frühen Kaiserzeit auf den Grundmauern eines von den Römern geschleiften punischen Heiligtums errichtet. Für Kunsthistoriker und Archäologen ist er besonders interessant, weil sich hier punische und römische Bautraditionen mischen. Denn während die Römer ihre Tempel gewöhnlich nach Osten ausrichteten, orientierten sie sich hier an der Nordwestausrichtung des Vorgängerbaus. Auch bei der Errichtung der Cella griffen sie Elemente der punischen Architektur auf. Vor den Säulen, die den Eingangsbereich markieren, liegen die Reste des punischen Heiligtums, das vermutlich zuerst um 500 v. Chr. errichtet und rund 200 Jahre später erneuert wurde. 1984 stießen Archäologen ganz in der Nähe des Tempels auf Nuraghengräber, die darauf schließen lassen, dass der Ort bereits den prähistorischen Sarden heilig war. Der Tempio di Antas liegt rund 20 Kilometer nördlich von Iglesias. Man erreicht ihn über eine kleine Straße, die von der SS 126 Richtung Fluminimaggiore rechts abzweigt. Die Besichtigung lässt sich mit einer Wanderung zu der Tropfsteinhöhle **Grotta di su Mannau** verbinden.

Tempio di Antas: April/Mai/Okt. Di. – So. 9.30 – 17.30, Juni Di. – So. 9.30 – 18.30, Juli/Aug./Sept. Di. – So. 9.30 – 18.30 Uhr | Eintritt: 4 €
Grotta di su Mannau: Ostermontag – Okt. tgl. 9.30 – 17.30, Juli/Aug. tgl. bis 18.30 Uhr | www.sumannau.it | Eintritt: 10 €

★★ LA-MADDALENA-ARCHIPEL

Provinz: Sassari | **Höhe:** 0 – 156 m ü. d. M.
Einwohnerzahl: 11900 (La Maddalena Stadt)

Kristallklares Wasser, weißer oder rosa schimmernder Sand, kleine, versteckte Buchten, nackte Felsen, Klippen, die sich jäh aus dem Meer erheben und eine ganz eigene Sinfonie der Farben und Formen: Die Maddalena-Inseln sind geradezu ein Muss, wenn es darum geht, die landschaftliche Schönheit Sardiniens in ihrer ganzen Vielfalt auszukosten.

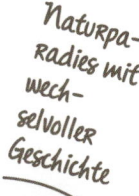

Der Arcipelago di la Maddalena an der Straße von Bonifacio zwischen Korsika und Sardinien besteht aus mehr als 60 kleinen und kleinsten, zumeist unbewohnten Inseln, die im tiefen Blau des Meeres zu schweben scheinen. Ihre Küsten bieten unzähligen Seevögeln und ihre Gewässer vielen verschiedenen Meerestieren einen Lebensraum. Um diese unberührte Natur und ihre Schönheit zu schützen, gründete Italien 1994 mit dem **Parco Nazionale dell'Arcipelago di La Maddalena** den ersten Nationalpark Sardiniens. Das geomarine

Naturparadies mit wechselvoller Geschichte

Nach einem entspannten Strandtag an der Baia Trinita beschwingt Richtung Aperitif

LA MADDALENA ERLEBEN

UFFICIO TURISMO
Via XX Settembre
Tel. 0789 73 63 21

PRO LOCO LA MADDALENA
Via Leopardi 11 | La Maddalena
Tel. 0334 1 77 13 24
www.lamaddalena.com

NATIONALPARKVERWALTUNG
Via Giulio Cesare 7
Tel. 0789 79 02 24
www.lamaddallenapark.it

FÄHREN
Von Palau verkehren Autofähren (tra-
ghetti) der Reedereien Delcomar und
Maddalena Lines nach La Maddalena.
Die Überfahrt erfolgt halbstündlich und
dauert 15 Minuten. Sie können das Ticket am Schalter kaufen, eine Reservie-
rung ist nicht notwendig. Tagesbesucher nutzen die gebührenpflichtigen
Parkplätze am Hafen oder das praktische Parkhaus am Eingang zum Hafen-
gelände.
www.delcomar.it
www.maddalenalines.it

CALA SPALMATORE

PUNTA TEGGE
S. 115

OSTERIA IL RIFUGIO DEI
PECCATORI €€€
Wenn die aktuelle Speisekarte »Por-
cetto Sardo alla Garibaldi« verzeich-
net, dann heißt es bestellen, denn das

Spanferkel auf sardische Art schmeckt
einfach köstlich. Da viele Einheimische
mit ihren Familien an den Wochenenden hier einkehren, um ausgiebig zu
tafeln, ist es besser zu reservieren
oder frühzeitig zu kommen.
Via tommaso Zonza 3
La Maddalena
Tgl. 19.30 – 24 Uhr
Tel. 366 314 68 55
www.rifugiodeipeccatori.com

LA TERRAZZA €€€-€€
Das Fischrestaurant liegt am oberen
Ende eines Treppenaufgangs am Rand
der Altstadt. Ein Aufstieg lohnt sich
aber in jedem Fall, denn die Aussicht
über Hafen und Meer ist einfach fantas-
tisch und das Seafood köstlich. Die Autorin kann Muscheln in Tomaten-Weiß-
wein-Sauce und lauwarm servierten,
mit Kräutern und Limonensaft ange-
richteten Oktopussalat empfehlen.
Via Villa Glori 6
La Maddalena
Tgl. 19.30 – 24 Uhr
Tel. 0789 73 53 05
www.ristorantelamaddalena.com

TRATTORIA DAL GENOVESE
1973 €€-€
Ein paar Stufen führen zu dem kleinen Restaurant im idyllischen Innenhof. Die Speisekarte ist klein, dafür
werden alle Gerichte in der offenen
Küche unter den Augen der Gäste zubereitet. Fragen Sie nach den Emp-
fehlungen des Tages!
Via Manfredo Fanti 14
La Maddalena
Tel. 342 189 11 53
Tgl. 12 – 23 Uhr

MA & MA RESORT €€€€
Das Haus liegt wenige Kilometer

westlich von La-Maddalena-Stadt nur 100 m vom Strand Punta Tegge entfernt. Es bietet allen Komfort gepaart mit Wellness & Fitness und einem Außenpool – genau das Richtige, wenn man ein paar Tage auf der Insel bleiben will. Die Zimmer sind luxuriös und modern eingerichtetet. Es empfiehlt sich während der Saison rechtzeitig zu reservieren. 92 Zi.
Loc. Nido d'Aquila
La Maddalena
Tel. 0789 72 24 06
www.grandhotelmaema.com

EXCELSIOR €€€
Das Haus liegt direkt am Hafen, die meisten Restaurants und Bars von La Maddalena sind nur einen Katzensprung weit entfernt. Die Zimmer sind elegant und modern eingerichtet. Wer eines mit Hafen- bzw. Meer-

blick ergattert, kann seinen Morgen-Cappuccino mit Blick auf die Nachbarinsel Santo Stefano genießen. 27 Zi.
Via Amendola 7
La Maddalena
Tel. 0789 72 10 47
www.excelsiorhotellamaddalena.com

B&B SA BÈRTULA €€-€
Das Haus gibt sich ausgesprochen ländlich-rustikal. Holz, Naturstein und Korb dominieren in Zimmern und Gemeinschaftsräumen. Für italienische Verhältnisse ist das Frühstück sehr reichhaltig mit frischem Obst, Säften und Eiergerichten. 3 Zi.
Via Aggius 7
La Maddalena
Tel. 340 895 78 82
www.sabertula.com

Schutzgebiet umfasst eine Gesamtfläche von gut 18 000 Hektar (13 000 Hektar Meer sowie über 5000 Hektar Land) und hat eine Küstenlinie von insgesamt 180 Kilometern. Hauptinseln sind La Maddalena, Caprera, Santo Stefano, Spargi, Budelli, Santa Maria und Razzoli. Nur La Maddalena und Caprera sind ganzjährig bewohnt. Archäologische Funde belegen zwar, dass auf den Inseln schon in prähistorischer Zeit Menschen lebten, doch die kontinuierliche Besiedlung der Hauptinsel La Maddalena begann erst im 17. Jh., als korsische Hirten sich auf einer von Piratenüberfällen geschützten Hochebene im Inselinneren niederließen. Das Städtchen La Maddalena an der Südküste entwickelte sich seit dem 18. Jh. aus einem Fischerdorf, das durch den Zuzug von Sarden aus der Gallura wuchs und wuchs.
Das Naturparadies hatte aufgrund seiner Lage an der Straße von Bonifacio immer auch eine **enorme strategische Bedeutung**. Antiken Quellen können wir entnehmen, dass bereits die Römer dort einen Flottenstützpunkt unterhielten. Während des Krieges zwischen Pisa und Genua im 13. Jh. nutzten die Pisaner die Hauptinsel als Landungsplatz. 1767 ließ Emmanuel III. von Savoyen, der zweite König von Sardinien-Piemont, die Inselgruppe besetzen und auf La Maddalena eine militärische Befestigungsanlage errichten. Der Versuch Napoleon Bonapartes, den Stützpunkt einzunehmen, mißlang. Dafür durfte sein Gegner Admiral Nelson den Archipel als Operationsbasis nutzen. Nach dem Ende Napoleons verloren die Inseln zunächst ihre strategische Bedeutung. Erst als die Franzosen 1881 Tunesien be-

BAEDEKER ÜBERRASCHENDES

6x

ERSTAUNLICHES

Überraschen Sie Ihre Reisebegleitung: Hätten Sie das gewusst?

1.

ROSA STRAND

Da muss man nach Sardinien kommen, um mit eigenen Augen zu sehen, dass es tatsächlich rosafarbene Strände gibt. Wo? Auf der winzigen **Isola Budelli** im La Maddalena-Archipel.
(▶ **S. 115**)

2.

ABSCHLAG AM MEER

Kaum ein Besucher mit Handicap weiß, dass es in **Puntaldia** ein paar Kilometer nördlich von Budoni einen traumhaft schönen 9-Loch-Platz gibt, direkt am Meer, mit Abschlägen direkt an der zerklüfteten Küste.

3.

EIN KÖNIG ALS WIRT

Der Inhaber der **Trattoria Agriturismo Il Giglio** wird um Autogramme gebeten: Schließlich ist man zu Besuch in einem Königreich, reichlich skurril und eine längere Geschichte ...
(▶ **S. 145**)

4.

TRAUEN SIE SICH!

Bergwandern ist gar nicht schwer, wenn man eine lokale Begleitung hat. Und wenn Sie am Gipfel des **Monte Tiscali** erkommen haben, gibt es noch eine gewaltige Überraschung ...
(▶ **S. 137**)

5.

BIZARRE WUNDERWELT

Einblicke in die Urzeit gibt es in der **Tropfsteinhöhle di Ispinigoli**. Umwerfend ist die 40 Meter hohe Säulenhalle, deren Highlight eine sich vom Boden bis zur Decke erstreckende Kalksteinsäule ist.
(▶ **S. 99**)

6.

WILDE GESELLEN

Sie tragen hölzerne Masken mit furchterregenden Grimassen: Zur Faschingszeit treiben die **Mamuthones** in Mamoiada, einem kleinen Bergdorf, ihre Späße mit Bewohnen und Besuchern. Skurril, lustig, archaisch. (▶ **S. 122**)

setzten, bauten die Italiener die Anlage aus und modernisierten sie. Im Zweiten Weltkrieg war der Stützpunkt **Ziel alliierter Luftangriffe**. Die italienische Marine erneuerte ihn in den 1950er-Jahren wieder, gab ihn um die Jahrtausenwende aber auf. Heute unterhält sie dort ein Ausbildungszentrum.

Wohin auf der Isola La Maddalena?

Mediterranes Kleinod

Der Hauptort des Archipels verzaubert schon von Weitem, denn bereits auf der Fähre nehmen altehrwürdige Palazzi und in allen Pastelltönen leuchtende Stadthäuser den Blick gefangen. Wie die Ränge eines Amphitheater ziehen sie sich hinter der palmengesäumten Uferpromenade die sanft ansteigenden Hänge des Granithügels Guardia Vecchia hinauf. Das ganze Bild strahlt **mediterrane Lebensfreude und Gelassenheit** aus. In der Altstadt, die gleich hinter dem Fährterminal beginnt, nimmt man den Süden mit allen Sinnen wahr. In den mit Granit gepflasterten engen Gassen und auf den Piazzas herrscht buntes Treiben. Allenthalben locken eine Bar oder ein Restaurant und laden kleine Boutiquen und Kunsthandwerksläden zum Stöbern ein. Bei einem Bummel durch das Viertel geht es über Treppen immer höher hinauf. Unterwegs fällt der üppige Blumenschmuck an den schmiedeeisernen Balkonen auf. Ganze Kaskaden von in der Sonne violett leuchtenden Bougainvilleen überziehen so manche Hausfassade, und die Tische der Straßenlokale sind von Pflanzenkübeln umstellt. Schlendert man vom Fährterminal Richtung Osten die Via Amendola entlang, so gelangt man auf die weitläufige **Piazza Umberto I.** – eine palmenbestandene Uferpromenade, an der die Einheimischen gerne ihren Feierabend verbringen. In dem malerischen kleinen Fischereihafen westlich des Terminals liegen heute Yachten vor Anker.

La-Maddalena-Stadt

Unterwegs auf La Maddalena

Viele halten diese Panoramastraße für eine der schönsten am ganzen Mittelmeer! Sie führt auf einer Länge von 20 Kilometern in nordöstlicher Richtung um die Insel und bietet immer wieder sagenhafte Ausblicke auf die Küste und das Meer. Weil einige verträumte Badebuchten an der Strecke liegen, gehören Badezeug und Sonnencreme unbedingt ins Gepäck. Noch vor dem Strand an der Cala di Spalmatore lohnt allerdings das kleine **Museo Nino Lamboglia** am Stadtrand von La Maddalena eine Besichtigung. Es zeigt die Ladung und die Überreste eines römischen Lastschiffes aus dem 2. Jh. v. Chr., die Archäologen in den 1950er-Jahren in den Gewässern vor der Insel Spargi fanden. Nach weiteren vier Kilometern ist die **Cala di Spalmatore** an der Nordostküste von La Maddalena erreicht. Üppig wu-

★★
Strada Panoramica

chernde Macchia aus großen Ohrkakteen und Myrte sowie rötlich leuchtende Granitfelsen schützen diese auch von Einheimischen geschätzte Badebucht vor heftigem Wind. In den Sommermonaten sorgen eine Bar und ein Restaurant für Hochbetrieb. Der kleine Fischereihafen **Porto Massimo** rund zwei Kilometer nördlich der Cala di Spalmatore wartet mit einem gepflegten Hotel, Restaurants und Bars auf. Von dort aus führt die Panoramastraße nach Westen bis zur Küste und dann Richtung Süden. An der Strecke zweigen immer wieder Stichstraßen zu versteckten Badebuchten ab. Eine davon ist **Cala Trinità**, eine Traumbucht ohne großartige Infrastruktur – fast wie ein Karibik-Hideaway. Auf der Panoramastraße gelangt man kurz vor La-Maddalena-Stadt zum höchsten Punkt der Insel, der **Guardia Vecchia**. Das Forte Vittorio, das hier im frühen 19. Jh. errichtet wurde,

Warum die Cala Coticcio von den Einheimischen »Cala Tahiti« genannt wird, bleibt nicht lange ein Geheimnis.

beherbergt noch heute militärische Anlagen und darf deshalb nicht betreten werden. Dennoch hat man von hier oben die wohl beste Sicht über den Maddalena-Archipel und die sardische Küste. Danach geht es entweder sofort zurück nach Maddalena-Stadt oder aber auf einer kurvenreichen Strecke hinunter zur **Cala Nido d'Aquila** mit ihren aus dem Wasser ragenden Granitklippen. Der Sandstrand von **Punta Tegge** am Südende der Bucht verlockt zum Relaxen und das kristallklare, türkisfarbene Wasser zum Schnorcheln. Von der Cala Nido d'Aquila führt eine Küstenstraße zurück nach Maddalena-Stadt.

Museo Nino Lamboglia: Strada panoramica, Loc. Mongiardino | Tel. 0789 790633 | Mo. – Sa. 10 – 13 Uhr | Eintritt: 2,50 € | www.la-maddalena.it/museo_lamboglia.htm

Inselhüpfen

Von La-Maddalena-Stadt und auch von Palau starten den ganzen Sommer täglich über Ausflugsschiffe zu Tageskreuzfahrten in die Inselwelt der Nationalparks mit ihren einsamen, verträumten Buchten. Ein Highlight wohl jeder Tour ist ein Stopp an der **Isola Budelli** mit der berühmten **Spiaggia Rosa**, einem aus Granitfelsen eingerahmten rosa leuchtenden Sandstrand. Da Touristen in der Vergangenheit es nicht lassen konnten, ein Häufchen des ungewöhnlichen Sandes mitgehen zu lassen, sind Landgänge hier zwar nicht mehr erlaubt, aber auch vom Boot aus wirkt der Kontrast zwischen dem rosa Strand und dem türkisfarbenen Meer einfach faszinierend. Wissenschaftler haben übrigens festgestellt, dass die eigentümliche Färbung des Sandes von Einzellern herrührt, die an den Strand gespült werden. Während Budelli nicht betreten werden darf, ist die **Isola Spargi** westlich von La Maddalena ein kleines Badeparadies. Die Ausflugsschiffe steuern gern die **Cala Corsara** an der Südküste an. An der von Granitfelsen eingerahmten Bucht ist das Wasser ganz besonders klar.

Wer den Archipel auf eigene Faust mit einem Segelboot beispielsweise erkunden will, benötigt eine kostenpflichtige Genehmigung der Nationalparkverwaltung. Die Einhaltung der Schutzbestimmungen kontrollieren Patrouillenboote.

Bootstouren: Consorzio Flotta del Parco, La – Maddalena – Stadt, Via Ammiraglio Mirabello | Tel. 0789 73 53 19 | www.flottadelparco.com

Bootstouren

| Wohin auf der Isola Caprera?

Insulare Wildnis

Der nur 600 Meter lange **Damm Passo Moneta** verbindet La Maddalena mit der nur 16 Quadratkilometer großen Insel Caprera. Noch wilder zeigt sich hier die Landschaft, noch üppiger die Macchia und noch zerklüfteter und höher sind die unvermutet hinter Pinienwäl-

Wandertouren

dern auftauchenden Granitfelsen. Wanderer finden hier ideale Bedingungen vor. Die Verwaltung des Nationalparks hat zahlreiche ausgewiesene **Trekkingpfade** angelegt, die zu Aussichtspunkten und oft versteckt liegenden Stränden führen. Die 4,5 Kilometer lange Tour Nr. 14 beispielsweise führt vom sehenswerten **Fort Arbuticci zur Cala Napoletana/Cala Crucitta** an der Nordküste Capreras und verbindet landschaftliche Schönheit mit geschichtlichen Ereignissen. Ein Wanderweg führt auf den **Monte Teialone**, der mit 212 Metern höchsten Erhebung Capreras. Hier bieten sich wunderbare Fernsichten über den Archipel und die sardische Küste.
www.lamaddallenapark.it

In memoriam Guiseppe Garibaldi

Casa Bianca Caprera ist als Rückzugs- und Sterbeort des italienischen Freiheitshelden bekannt und berühmt. Alljährlich pilgern tausende Italiener und Touristen aus aller Welt zum Grab und zum Landgut des Freiheitskämpfers, der Entscheidendes zur Einigung Italiens beitrug. Garibaldi erwarb die Insel 1854 und lebte dort mit Unterbrechungen bis zu seinem Tod 1882. Das Hauptgebäude seines Guts, die Casa Bianca, steht heute als **Museum** für Besucher offen. Bis heute ist das Landhaus mit Möbeln Garibaldis ausgestattet und kann überdies mit zahlreichen Erinnerungstücken aufwarten. Im Patio sieht man zwischen Granitsteinen und Bougainvilleen noch einen alten, von Garibaldi selbst genutzten **Pizza- und Brotbackofen** sowie eine Büste des Freiheitshelden. »Garibaldi« lautet die Inschrift auf dem Grabstein des »Löwen von Caprera«, wie der charismatische Kämpfer in seinen letzten Lebensjahren gern genannt wurde.
Di. – So. 9 – 20 Uhr | Eintritt: 7 € | Führungen nur in italienischer Sprache | www.compendiogaribaldino.it

Kultur und Natur des Nationalparks

Borgo di Stagnali Einst wohnten in dem Kasernenkomplex im Süden Capreras Soldaten, heute sind hier das Besucherzentrum des Nationalparks, ein Schulungszentrum und die drei Parkmuseen untergebracht. Das **Centro di Educazione Ambientale** (Zentrum für Umwelterziehung) hat die Aufgabe, bereits Schulkinder zu einem bewussten und sensiblen Umgang mit der einzigartigen Natur des Archipels zu animieren. Es klärt u. a. über die negativen Folgen auf, die Eingriffe des Menschen in das Ökosystem nach sich ziehen. Für viele Besucher ganz besonders interessant ist sicherlich das kleine **Centro Ricerca Delfini** (CTS), in dem sich alles um Delfine, Finnwale, Haie, Tümmler sowie Meeresschildkröten und ihre Erforschung dreht. Das **Museo del Mare e delle Tradizioni Marinaresche** infomiert anhand einer Fülle verschiedenster Exponate über die Kultur sowie die Geschichte des La-Maddalena-Archipels und ihre Verbindung mit dem Meer. Das **Museo Geo-Mineralico Naturalistico** schließlich präsentiert seltene Gesteine, Fossilien, Kristalle, Muscheln, Schnecken und jede Menge anderer in den Gewässern des Archipels vorkommender Kleinstlebewesen.

Centro di Educazione Ambientale: Juni – Sept. Mo. – Sa. 9.30 – 13 u. 15.30 – 19, Okt. – Mai Mo. – Fr. 9.30 – 13 Uhr | www.lamaddalenapark.it

Centro Ricerca Delfini (CTS): Juni – Sept. tgl. 10.30 – 13.00 u. 16.30 – 19.00, März – Mai u. Okt. Sa, So 10.30 – 13.00 u.16.30 – 19 Uhr Eintritt: frei

Museo del Mare e delle Tradizioni Marinaresche: Juni – Sept. tgl. 9.30 – 13, 15.30 – 17.30 Uhr | Eintritt: 2,50 €

Museo Geo – Mineralico Naturalistico: Juni – Okt., Mo. – Sa. 9 – 13, 15 – 19 Uhr | Eintritt: 2,50 €

 NUORO

- -
Provinz: Nuoro | **Höhe:** 549 m ü. d. M. | **Einwohnerzahl:** 36 900
- -

Ein abgelegenes Bergdorf und eine Hochburg für Dichter und Künstler: Kein anderer Ort auf Sardinien hat so viele kreative Köpfe hervorgebracht wie Nuoro. Stolz sind die Sarden auf jeden von ihnen, doch – ganz klar – Weltruhm erlangte die Kleinstadt erst durch »La Deledda«, die 1871 als fünftes von sieben Kindern geborene Literaturnobelpreisträgerin Grazia Deledda.

L/M 8

Als Grazia Deledda 1926 als erste Italienerin den Nobelpreis für Literatur erhielt, blickte die Welt – zumindest für einen Moment – auch auf die sardische Heimat der Geehrten. Denn Deledda verarbeitet in ihren Romanen und Erzählungen ihre Erfahrungen des Insellebens. Mit ihrem ganzen Werk hat sie ihrer Heimat ein Denkmal gesetzt. Nuoro ist das **Tor zur Barbagia**, dem wilden, rauen Bergland im Zentrum Sardiniens. Als der Ort, bereits seit 1779 Bischofssitz, 1927 Hauptstadt der gleichnamigen Provinz wurde, setzte eine stürmische Entwicklung ein. Die Einwohnerzahl stieg rasant. Heute dehnen sich jenseits des alten Ortskerns monotone Neubaugebiete aus. Doch in der Altstadt ist das Nuoro Grazia Deleddas immer noch lebendig.

Grazie, Grazia!

Wohin in Nuoro?

Bauern, Hirten und Poeten
Der mit großen Granitplatten gepflasterte **Corso Garibaldi,** der Nuoros Zentrum von West nach Ost durchzieht, ist die Flanier- und

Altstadt

NUORO ERLEBEN

UFFICIO INFORMAZIONI E.P.T.
Piazza Italia 19, 08100 Nuoro
Tel. 0784 3 00 83
www.comune.nuoro.it

❶ IL PORTICO €€€
Das Lokal liegt in einer schmalen Altstadtgasse. Die Lammkoteletts auf sardische Art sind ein Leckerbissen und die Kabeljau- und Thunfischgerichte selbst bei einheimischen Gourmets beliebt. Auf der Speisekarte stehen auch vegetarische Speisen.
Via Monsignore Giovanni Bua 13
Tgl. 12.30 – 14.30, 20 – 22.30 Uhr
Tel. 0784 21 76 41
www.ilporticonuoro.it

❷ IL RIFUGIO €€
In dem Lokal nahe der Kathedrale kommen regionale Fisch- und Fleischgerichte, Pizza und Pasta in rustikaler Atmosphäre auf den Tisch. Die Culurgiones Ogliastri, sardische Ravioli mit einer Füllung aus Kartoffeln und Käse, sind eine Spezialität des Hauses.
Via Antonio Mereu 28
Tgl. außer Mi. 13 – 15,
20 – 23.30 Uhr
Tel. 0784 23 23 55
www.trattoriarifugio.com

❸ SU NUGORESU €€
Ob im behaglichen Innenraum oder auf der ruhigen Piazza: In dem Altstadt-Lokal wird feine sardische Küche serviert. Die Fischplatte mit Garnelen und gegrilltem Tintenfisch für zwei Personen reicht auch für drei. Die Autorin empfiehlt einmal die linguini alla crema di pistacchio di Bronte (Pasta mit Pistaziencreme-Sauce) zu probieren.

Piazza San Giovanni 7
Tgl. 13 – 15.30, 20 – 23 Uhr
Tel. 0784 25 80 17

❹ TRATTORIA RUSTICO €
Ein Lieblingsrestaurant der Einheimischen: Hier steht viel Gegrilltes auf der Speisekarte. Zu Lamm, Spanferkel und sardischen Würstchen schmeckt der rote Hauswein. Für Vegetarier gibt es Sebadas (gefüllte Teigtaschen) oder eine Pizza »alla vegetariana«.
Viale della Costituzione 71 – 73
Tgl. 12 – 14.30, 20 – 22.30 Uhr
Tel. 0784 20 09 04

❶ EURO €€€
Das moderne Drei-Sterne-Haus liegt etwas außerhalb des Zentrums (15 Minuten zu Fuß), bietet aber viel Atmosphäre. In den komfortablen Zimmern dominieren warme Farben.
54 Zi.
Via Trieste 62
Tel. 0784 3 40 71
www.eurohotelnuoro.it

❷ GRILLO €€
Das Haus im Süden des Stadtzentrums bietet elegante Zimmer und eine behagliche Lounge. Die Restaurantküche legt Wert auf Qualität und Frische. Wer ein Balkonzimmer im dritten oder vierten Stock ergattert, kann schöne Ausblicke auf die Stadt genießen. 45 Zi.
Via Monsignore Giuseppe Melas 14
Tel. 0784 3 86 68
www.grillohotel.it

❸ CASA SOLOTTI €€
Das kleine, individuell und liebevoll geführtes B & B-Haus liegt 5 km öst-

lich der Stadt in traumhafter Lage auf
dem Weg zum Monte Ortobene in
820 m Höhe. Im großen Garten kann
man den Sonnenuntergang unter alten Bäumen genießen. Das Frühstück
ist reichhaltig. 3 Zi.
Loc. Solotti Monte Ortobene, SP
42
Tel. 0784 3 39 54
www.casasolotti.it

❹ B & B MAISON ROSETTA €

Frische Blumensträuße und stilvoll
eingerichtete Zimmer mit Blick auf
die Berge: Die Pension genießt einen
guten Ruf bei ihren Stammgästen. Sie
liegt am westlichen Rand der Innen-
stadt und hat einen eigenen Parkplatz. Nuoros Zentrum ist zu Fuß in
fünf Minuten erreicht. 2 Zi.
Via Isonzo 11
mobil: 340 174 21 19

❶	Il Portico	❸	Su Nugoresu
❷	Il Rifugio	❹	Trattoria Rustico

❶	Hotel Euro	❸	Casa Solotti
❷	Hotel Grillo	❹	Maison Rosetta

Shoppingmeile der Stadt. In die schönen alten Bürgerhäuser, die ihn säumen, sind Modeboutiquen und andere Läden, Bars und Restaurants eingezogen. In den Abendstunden und an den Wochenenden ist hier halb Nuoro unterwegs.

Der Corso bildet auch das Eingangstor zum Gassengewirr der Altstadt, das sich nördlich der Flaniermeile erstreckt. Hier scheint die Zeit an vielen Ecken stehen geblieben zu sein. Obwohl auch dieser Teil der Stadt nicht frei von den Bausünden der Vergangenheit ist, prägen dörfliche Strukturen, einfache Häuser, Höfe und Gärten das Bild. Einst lebten die Menschen hier streng nach Berufs- und sozialen Gruppen getrennt. Das Quartiere Sèuna im westlichen Teil der Altstadt war das Viertel der Bauern und Handwerker, im östlichen Quartiere San Pietro wohnten die Hirten und Landbesitzer. Hier steht auch das **Geburtshaus von Grazia Deledda**, zu dem man über die Piazza San Giovanni am östlichen Ende Corso und die Via Deledda gelangt. Von Außen wirkt das Gebäude, das ein der Literaturnobelpreisträgerin gewidmetes Museum beherbergt, eher unscheinbar. Die gediegene Inneneinrichtung aber zeigt den Wohlstand der einstigen Bewohner. In den Räumlichkeiten sind persönliche Gegenstände der Dichterin, Fotografien und Manuskripte ausgestellt. Ein Highlight ist sicherlich der Film, der Deledda bei der Preisverleihung in Stockholm zeigt. Von der Piazza San Giovanni führt eine schmale Gasse zu einem nach **Sebastiano Satta** (1867 – 1914), einem anderen in Nuoro geborenen Großschriftsteller, benannten Platz. Satta, im Hauptberuf Rechtsanwalt, gilt als Analytiker der sardischen Seele und trug mit seinen Texten wesentlich zum Ruf Nuoros als »Athen Sardiniens« bei. Kein Geringerer als der berühmte sardische Bildhauer **Constantino Nivola** (1911 – 1988) schuf zur Erinnerung an Sebastiano Satta die Basaltblöcke, die die Piazza schmücken. Die Bronzefiguren, die in den Nischen der Steine aufgestellt sind, zeigen Stationen aus dem Leben des Dichters. An ihrem südlichen Ende geht die Piazza Sebastiano Satta in die gleichnamige Straße über. Hier hat das **Museo d'Arte Provincia di Nuoro (MAN)** seinen Sitz – der ganze Stolz Nuoros. Es bietet einen guten Überlick über die moderne sardische Kunst in all ihren Facetten.

Museo Deleddiano: Via Grazia Deledda 42 | Okt. – Mitte März Di. – So. 10 – 13 u. 15 – 17, Mitte März – Sept. Di. – So. 10 – 13, 15 – 20 Uhr | Eintritt: 3 € | www.isresardegna.it/musei
MAN: Via S. Satta 27 | Di. – So. 10 – 13 u. 15 – 19, Juli u. Aug. 10 – 20 Uhr | Eintritt: 3 € | www.museoman.it

Hirten- und Bauernkultur zum Anfassen

Museo della Vita e delle Tradizioni Sardi

Das größte Volkskundemuseum Sardiniens lockt auch Museumsmuffel. Es besteht aus mehreren im traditionellen sardischen Stil errichteten Häusern, die ganz wie in einem sardischen Dorf um einen Innenhof gruppiert sind. Die Sammlungen umfassen mehr als 7000 Exponate

OBEN: Bis 1900 lebte die Nobelpreisträgerin Grazia Deledda in
Nuoro.

UNTEN: Ihr bescheidenes Schlaf-
und Arbeitszimmer

aus allen Teilen der Insel, die zusammen ein spannendes Bild der bäuerlichen Kultur Sardiniens durch die Jahrhunderte ergeben. Der Rundgang beginnt mit einer Ausstellung von farbenfrohen **Trachten** aus allen Regionen der Insel. In den anschließenden Sälen folgen Webarbeiten aus der Barbagia, handgeschnitzte **Musikinstrumente** (darunter auch die Launeddas, ein Holzblasinstrument mit drei Rohren), **Brotsorten und Gebäck** sowie Schmuck und Amulette. Über den Innenhof geht es in die letzten Säle, in denen die berühmten Furcht erregenden, fratzenhaften **Karnevalsmasken** der Barbagia ausgestellt sind, darunter die »Mamuthones« von Mamoiada. Das Museum liegt am südöstlichen Stadtrand von Nuoro.

Via Mereu 56 | Okt. – 14. März Di. – So. 9 – 13 u. 15 – 19, 15. März bis Sept. Di. – So. 9 – 20 Uhr | Eintritt: 5 € | www.isresardegna.it

Rund um Nuoro

Auf dem Hausberg Nuoros

Monte Ortobene

Das acht Kilometer östlich von Nuoro aufragende Granitsteinmassiv war schon im 19. Jh. ein beliebtes Ausflugsziel. Auch heute zieht es viele stressgeplagte Städter an den Wochenenden zum **Picknicken** hier her. Rund um die dicht bewaldeten **Cuccuru Nieddu**, dem mit 995 Metern höchsten Gipfel des Massivs, finden sich einige lauschige Plätze, aber auch Restaurants und Kioske. Eine Panoramastraße windet sich durch Steineichenwälder und Macchia um den Monte Ortobene herum zum Gipfel hinauf. Hier lassen sich tolle Fernsichten über das spröde Bergland der Barbagia genießen. Am schönsten ist es allerdings in den frühen Morgenstunden, wenn die ersten Sonnenstrahlen das Grün der Macchia zum Glänzen bringen. Unterhalb des Gipfels zieht eine sieben Meter hohe Bronzestatue des Erlösers alle Blicke auf sich. Sie ist das Ziel einer alljährlich im August stattfindenden Prozession, die das Erlöserfest, die **Sagra del Redentore**, beschließt – eines der größten Volksfeste Sardiniens.

Das Land der Barbaren gestern und heute

Barbagia

Die wilde Gebirgsregion ist das Herzland Sardiniens. Sie erstreckt sich von Nuoro im Norden bis in die Gebiete südlich des Gennargentu-Massivs und wird von Geografen in mehrere Subregionen unterteilt: Die Barbagia Belvi und die Barbagia Seulo liegen südlich des Gennargentu, die Barbagia Mandrolisai und die Barbagia Ollolai westlich bzw. nordwestlich davon. Mehr noch als ein geografisch fest umrissener Raum war die Barbagia aber immer schon, wie auch der Name sagt, das Andere der zivilisierten Welt und ein Mythos. Nicht nur den Römern misslang die Einnahme dieser abgeschiedenen Region. Bis weit in das 20. Jh. war sie Rückzugsort von **Banditen und Desparados**, die sich ihre eigenen Gesetze schufen. Heute wissen mehr und mehr Wandertouristen die Einsamkeit der Bergwelt zu schätzen. Mittlerweile werden die uralten Traditionen der Bauern und Hirten in den Bergdörfern der Region auch für Urlauber gepflegt. In den Gassen von **Mamoiada** rund 20 Kilometer südlich von Nuoro beispielsweise führen in der fünften Jahreszeit die sog. »Mamuthones« und »Issohadores« ihr archaisches, schaurig-schönes Spiel auf. Die Issohadores, in rote Jacken und weiße Hosen gekleidete, maskierte Gesellen, treten dabei als »Jäger« auf, die mittels eines Seils die in zottige Felle gehüllten Mamuthones zu fassen versuchen. Manchmal gelingt es ihnen auch, eine Frau aus dem Zuschauerkreis gefangen zu nehmen. Herkunft und Bedeutung des Brauchs sind bis heute ungeklärt, doch fasziniert er auch Unbeteiligte deshalb nicht weniger. Mamoiada ist aber nicht nur zur Faschingszeit eine Reise wert: Das **Maskenmuseum** zeigt das ganze Jahr über Masken und Kostüme aus Mamoiada und dem ganzen Mittelmeerraum.

Museo della Maschere Mediterranee: Piazza Europa 15 | Tel. 0784 56 90 18 | Mitte Juni – Sept. tgl. 9 – 13 u. 15 – 19, Okt. – Juni Di. – So. 9 – 13 u. 15 – 19 Uhr | Eintritt: 4 € | www.museodellemaschere.it

Zwei Bergdörfer und ihre Nuraghen-Heiligtümer

Die Region nördlich von Nuoro war einst als Banditenland berühmt und berüchtigt. Die Bergdörfer Orune und Bitti standen sich für Generationen spinnefeind gegenüber und schreckten auch vor

Orune und Bitti

Salute! Familienbande auf dem Hochplateau Sa Serra – Besucher sind herzlich willkommen.

Blutrache nicht zurück.Heute ist davon nichts mehr zu spüren. Orune 20 Kilometer nördlich von Nuoro präsentiert sich als Dorfidyll, dessen Bewohner sardische Handwerks- und kulinarische Traditionen pflegen. In Bitti, 43 Kilometer nordwestlich von Nuoro, ist der Männerchor **Tenores di Bitti** zuhause, der die zum immateriellen UNESCO-Kulturerbe gehörenden uralten sardischen Pastorallieder lebendig hält. Im **Museo Multimediale del Canto a Tenore** von Bitti kann man sich über das Liedgut informieren und den Hirtengesängen lauschen. Mehr noch als die bäuerliche Kultur locken zwei nahe gelegene prähistorische Heiligtümer Touristen in die Dörfer. **Su Tempiesu,** vier Kilometer östlich von Nuoro, ist der **besterhaltene nuraghenzeitliche Brunnentempel Sardiniens** und einer der wenigen bekannten mit einer oberirdischen Brunnenkammer. Die Träger der Nuraghenkultur errichteten solche Bauten über Wasserquellen, die als heilig galten. Su Temperiesu liegt versteckt in einem engen Tal an einem dicht bewaldeten Steilhang. Allein der rund 15 Minuten dauernde Abstieg vom Besucherzentrum zum Heiligtum ist ein Erlebnis, denn die Betreuer der Anlage haben einen Lehrpfad mit Hinweisen zu den am Wegesrand wachsenden Pflanzen angelegt. An dem kleinen Tempel herrscht meist andächtige Stille. Die Präzision, mit der die prähistorischen Bauleute die sorgfältig behauenen Trachytblöcke zu einem immerhin 3,50 Meter hohen Bau aufschichteten, erregt bis heute Erstaunen und Bewunderung. Die nach oben spitz zulaufenden Seitenwände des nach vorne offenen Heiligtums bilden eine dreieckige Nische, in der vier Stufen in die Brunnenkammer führen. Bis heute plätschert hier das Wasser der Quelle und rinnt dann durch einen Kanal auf den ummauerten Vorplatz des Heiligtums. Rund 8,5 Kilometer nordwestlich von Bitti findet sich zwischen Korkeichen versteckt **Su Romanzesu**, eine der größten Nuraghensiedlung Sardiniens. Auf dem sieben Hektar großen Areal liegen die Überreste von Rundhütten und Tempeln weit verstreut. Herzstück des ganzen Komplexes bildet auch hier ein Brunnenheiligtum, in dem man Wasser von einem heute versiegten Quellbrunnen durch eine 42 Meter lange Rinne zu einem ovalen Becken leitete, das gleich einem Amphitheater von gestuften Sitzreihen umgeben ist.

Museo Multimediale del Canto a Tenore: Via Goffredo Mameli | Bitti
Tel. 0784 41 43 14 | Di. – So. 9.30 – 12.30 u. 15.30 – 18.30 Uhr
Eintritt: 5 € | www.comune.bitti.nu.it
Su Tempiesu: Cooperativa L.A.R.Co. Loc. Sa Costa ,e Sa Binca Orune
mobil 328 75 65 148 | Mai – Sept. 9 – 19, Okt. – April 9 – 17 Uhr
Eintritt: 3 € | www.sutempiesu.it
Su Romanzesu: Loc. Romanzesu | Bitti | Tel. 0784 41 43 14
April – Sept. Mo. – Sa. 9 – 13 u. 15 – 19 u. So. 9.30 – 13 u. 14.30 – 19,
Okt. – März Mo. – Sa. 8.30 – 13 u. 14.30 – 18 u. So. 9 – 17 Uhr | stündliche Führungen | Eintritt: 4€ | www.romanzesu.sardegna.it

★ OLBIA

Provinz: Sassari | **Höhe:** 5 m ü. d. M. | **Einwohnerzahl:** 60 000

Türkisfarbenes Meer, ein paar weiße Segelboote und kleine, aus dem Wasser ragende Felsen: Bevor das Flugzeug zur Landung auf dem Costa Smeralda-Flughafen ansetzt, überfliegt es meist die nördliche Küstenregion. »Benvenuti in Sardinien«, heißt es auf dem geschäftigen und florierenden Aeropuerto, der wesentlich größer und moderner als der der Inselhauptstadt Cagliari ist.

M/N 4

Olbia ist die viertgrößte Stadt Sardiniens und dank des Airports, des Hafens und des Bahnhofs ein wichtiger Verkehrsknotenpunkt. Bis zur Erschließung der Costa Smeralda war der Ort ein eher verschlafenes Provinzstädtchen, heute präsentiert er sich als moderne, kleine Metropole. Während der Sommermonate herrscht am Hafen bereits morgens in aller Frühe hektische Betriebsamkeit, denn dann laufen die großen Autofähren aus Genua, Civitavecchia, Piombino und Livorno ein. Die meisten Neuankömmlinge halten sich allerdings nicht lange in Olbia auf, sondern steuern sofort die Badeorte nördlich und südlich der Stadt an. Eigentlich schade, denn im chamrnaten Centro storico gibt es einige schöne Winkel und Ecken.

Mehr als nur ein Durchgangsort

Obwohl der Ortsname (die »Glückliche«) griechischen Ursprungs ist, wurde Olbia vermutlich im 6. Jh. v. Chr. von den Puniern gegründet. In römischer Zeit war es ein **bedeutendes Handelszentrum** und eine blühende, wohlhabende Stadt, wie noch heute die **Reste der Thermen und des Aquädukts** bezeugen. Mit dem Niedergang des Römischen Reichs verfiel die Stadt und lebte erst um das Jahr 1000 dank häufiger Kontakte mit den Pisanern und Genuesen wieder auf. Unter dem Namen »Civita« wurde sie Hauptort des Judikats Gallura. Nach dessen Auflösung fiel die Stadt an Pisa und erhielt den Namen »Terranova«. In der Zeit der spanischen Herrschaft verlor sie aber schnell an Bedeutung, wozu die Malaria und die Pest sowie die häufigen Überfälle der Sarazenen beitrugen. Seit 1939 trägt die Stadt wieder den Namen »Olbia«.

▌ Wohin in Olbia?

Shopping-Paradies der Gallura

Olbia kann zwar nicht mit touristischen Sehenswürdigkeiten punkten, dafür aber mit fantastischen Einkaufsmöglichkeiten und viel mediterranem Flair. Als Ausgangspunkt für einen Stadtbummel bietet sich die Piazza di Gallura an der Hafenpromenade an. Hier beginnt nämlich der verkehrsberuhigte Corso Umberto I., die Shopping- und

Corso
Umberto I.

OLBIA ERLEBEN

A.A.S.T.
Via Catello Piro 1
Olbia
Tel. 0789 70 95 70
www.olbiaturismo.it

SPIAGGIA LE SALINE
Der Strand ist lang, flach, feinsandig und für einen Spaziergang am Meer außerhalb der Saison oder einen Badetag im Sommer wie gemacht.

AUCHAN
Das riesige Einkaufszentrum liegt in Flughafennähe an der Sarda Orientale SS 125 Richtung San Teodoro. Vom kleinen Eis-Café über Modeboutiquen bis zum Handyshop und Schnellimbiss: Die Auswahl an Geschäften und Gastronomie lässt fast keine Wünsche offen. Auchan ist eine französische Warenhauskette, die überdies mit einem großen Angebot kulinarischer Spezialitäten aus Sardinien und Frankreich lockt.
SS 125, Loc. Sa Marinedda
tgl. 8.30 – 22 Uhr
www.auchan.it

❶ ANTICA TRATTORIA €€€-€€€€
Das Restaurant in Hafennähe wartet mit einem eleganten und zugleich rustikalen Ambiente auf. Die Autorin empfiehlt die wechselnden »menù turistici«, die es in drei Preiskategorien gibt. Für den kleinen Hunger zwischendurch bietet sich das reichhaltige Vorspeisenbuffet an.

Via delle Terme 1
Tgl. 12.30 – 15.30, 19.30 – 23 Uhr
Tel. 0789 2 40 53
www.anticatrattoriaolbia.com

❷ SAPORI DI MARE €€€
Sapori di Mare – der Geschmack des Meeres: Das Restaurant macht seinem Namen alle Ehre, denn es bietet Seafood in allen Variationen. Muschelgerichte, Pasta mit Meeresfrüchten und gegrillter Thunfisch sind Spezialiäten des Hauses.
Viale Aldo Moro 418
Di. – So. 12.30 – 14.30, 19.30 – 22.30 Uhr
Tel. 0789 60 20 09
www.saporidimareolbia.com

❸ DA PAOLO €€€
Ziegelsteinwände und Holzbalkendecken prägen das Ambiente des Restaurants. Gerade auch italienische Gourmets wissen die Spezialitäten der sardisch-mediterranen Küche, die hier auf der Speisekarte stehen, zu schätzen.
Via Giuseppe Garibaldi 18
Mo. – Sa. 12 – 15, 19 – 23 Uhr
Tel. 0789 2 16 27

❹ IL GAMBERO €€€
In dieser kleinen Trattoria in einer Seitenstraße des Corso Umberto I. speisen Sie in familiärer Atmosphäre entweder am offenen Kamin oder im lauschigen Außenbereich. Das täglich wechselnden Seafood ist immer fangfrisch, die Spezialitäten der sardischen Landküche ein Genuss.
Via La Marmora 6
Tgl. 12.30 – 14.30, 19.30 – 22.30 Uhr
Tel. 0789 2 38 74

❺ LA LANTERNA €€-€€€
Das schicke Kellerestaurant liegt etwas versteckt in einer Seitenstraße des Corso Umberto I. Auf der Speis-

karte stehen u. a. Seafood-Köstlich-keiten wie gratinierte Miesmuscheln oder Fischfilet in Mandelkruste. Die Pizza-Klassiker kommen direkt aus dem Holzofen.
Via Olbia 13
Tgl. 18 – 24 Uhr
Tel. 789 2 30 82

❶ DOUBLE TREE BY HILTON €€€€

Edel und modern: Das Hotel residiert in einem weißen Hochhaus und bietet luxuriöse Zimmer mit Boxspring-betten und großen Bädern, dazu Hafenblick, Pool und ein Frühstücks-buffet im schicken Restaurant.
124 Zi.
Via Isarco 5 – 7
Tel. 0789 55 61
www.doubletree3.hilton.com

❷ JAZZ HOTEL €€€

In diesem Haus an der Zufahrtsstraße zum Airport können die Gäste Costa Semeralda-Atmosphäre tanken. Die Zimmer sind stylish und modern. Es gibt einen Pool und ein Spezialitäten-restaurant. 75 Zi.
Via degli Austronauti 2
Tel. 0789 65 10 00
www.jazzhotel.it

❸ PANORAMA €€€

Vom Dachgarten des Hauses reicht der Blick über die Dächer des alten Olbia und den Hafen. Schwere Gardi-nen und Decken sowie antike Möbel prägen die geräumigen Zimmer, Lounge und Restaurant. Das Spa und Wellness Center wird ergänzt durch einen kleinen Fitnessraum. Zum Früh-stück gibt's frische Säfte, ofenwarme Brioches und starken italienischen Kaffee. 34 Zi.
Via Giuseppe Mazzini 7
Tel. 0789 2 66 65
www.hotelpanoramaolbia.it

❹ HOTEL MODERNO €€

Das sympathische Mittelklasse-Hotel liegt nahe der Hauptstraße Viale Aldo Moro. Die Zimmer sind recht einfach, doch behaglich eingerichtet. 32 Zi.
Via Giovanni Buon 30
Tel. 0789 5 05 50
www.hotelmoderno.org

❺ B & B ROGE €

Die kleine und günstige Frühstücks-pension im Stadtzentrum von Olbia bietet zwei helle Balkonzimmer und ein Vierbettzimmer, dazu die Benutzung der Gemeinschaftsküche sowie einen kostenlosen Airport Shuttle. 3 Zi.
Via Monte Pasulio 1
Tel. 340 648 67 53
www.bbroge.weebly.com

Flaniermeile Olbias, die schnurgerade Richtung Westen durch das Zentrum führt. Wer es italienisch chic und elegant mag, ist hier rich-tig. Nicht wenige bekannte Designerlabels haben in den zweistöcki-gen historischen Bürgerhäusern und altehrwürdigen Palazzi, die die Straße säumen, eine Dependance eröffnet. Aber auch entzückende kleine Läden für dies und das residieren hier und in den Seitengassen. Allenthalben laden eine Bar, ein Restaurant oder eine Trattoria zur Einkehr unter Sonnenschirmen ein. In den Sommermonaten treffen sich dort ab dem späten Nachmittag Einheimische und Touristen, um die laue Abendluft zu genießen. Der Corso Umberto I. führt auf die Piazza **Regina Margherita**, dem eigentlichen Herz des alten Olbia. Hier sieht man tagsüber Müßiggänger auf schmiedeeisernen Bänken unter schattenspendenden Bäumen sitzen.

Die Karte zeigt den Stadtplan von Olbia mit folgenden Beschriftungen:

Costa Smeralda

Via L. Galvani · Via L. Galvani · Via dei Lidi

Stadio · Zozò · Canale

Porto Romano · Lungomare

200 m · ©BAEDEKER

S. J. Escrivà de Balaguer

Via A. Udine · Via A. Doria · Via Gemmangerti · Via S. Palestro · Via Savona · Via S. Fera · Via M. Mora, T. Cossu

Via Fausto Noce · Via Plave · Via Flume · Via S. Simplicio · Via A. Diaz · Via Brig. Sassari · Via V. E. Totti

S. Simplicio

Via Porto Romano · Via G. d'Annunzio · OLBIA · Via Arci Romano · A. Nanni

Stazione FS · Piazza Risorgimento · Piazza Reg. · Via delle Terme · S. Paolo · Municipio · Viale Brin, Umberto I · Museo Archeologico · Viale Isola Bianca

Corso · Corso Vittorio Veneto · Via la Marmora · Via Margherita · Via Romana · Piazza Matteotti · Via Cavour · Via Garibaldi · Via de Filippi · Capitaneria di Porto · Molo B. Brin

Via Tavolara · Via Gallura · Via Acquedotto · Via Goffredo Manci · Via Acquedotto · Via Vittori · Piazza Mercato · Via Regina · Porto Turistico

Via Anglona · Via Oglastra · Via Campidano · Via Torino · Via Roma · Via Saparo · Via Nuoro · V. Trento · V. Firenze · Piazza Crispi · Via Crispi · Golfo di Olbia · Isola di Mezzo

Via Sarcidano · Via Roma · Redipuglia

Aeroporto, S. Teodoro, Nuoro

Legende

🍴
① Antica Trattoria
② Sapori di Mare
③ Da Paolo
④ Il Gambero
⑤ La Lanterna

⌂
① Double Tree by Hilton
② Jazz Hotel
③ Panorama
④ Hotel Moderno
⑤ B&B RoGe

★
San Simplicio

Kleinod der Romanik

Die dreischiffige, romanische Basilika ist das bedeutendste Baudenkmal der Stadt Sie wurde Ende des 11. Jahrhunderts errichtet und blieb bis 1503 Kathedrale der Diözese Civita. Der Bau zeigt, vor allem an der Fassade, die Verschmelzung toskanischer und lombardischer Elemente. Das Innere wirkt schlicht, die Atmosphäre ist dennoch ergreifend. An den Wänden sind einige **Meilensteine der Römerstraße** nach Tertium (Telti) zu sehen. Die Kirche ist Simplicio di Olbia geweiht, dem Schutzpatron und erstem Bischof der Stadt. In ganz Sardinien wird der Heilige, der um 304 starb, als Märtyrer verehrt. Alljährlich findet am 15. Mai eine große Prozession ihm zu Ehren statt. Die Kirche liegt vom Corso aus gesehen auf der anderen Seite der Bahngleise in Bahnhofsnähe.

Via Fausto Noce 8 | tgl. 7.30 – 13.00 u. 15.30 – 20 Uhr

Ein Erbe der Vandalen?

Ende der 1990er-Jahre machten Bauarbeiter bei der Aushebung des Tunnels, der heute die vom Hafen kommenden Verkehrsströme aufnimmt, eine sensationelle Entdeckung. Sie stießen auf die Überreste einer ganzen **Flotte von römischen Handelsschiffen**, die um 450 im Hafen von Olbia zusammen gesunken waren. Da die Schiffe, wie archäologische Untersuchungen ergaben, vorsätzlich in Brand gesetzt wurden, stellte sich die Frage, wer denn nun das Feuer gelegt haben könnte. Viele Wissenschaftler vermuten, dass es die berühmt-berüchtigten Vandalen waren, die im Zuge der Völkerwanderung über Spanien bis nach Nordafrika vorgedrungen waren und von dort aus just um 450 Sardinien erobert hatten. Vielleicht – so eine andere These – waren es aber auch die Römer selbst, die verhindern wollten, dass ihre Schiffe den Eindringlingen in die Hände fielen. Eine letzte Gewissheit darüber wird es wohl nie geben. Heute sind die Überreste der Schiffe im archäologischen Museum von Olbia ausgestellt. Eine Multimedia-Präsentation führt überdies in die Zeit zurück, als die Katastrophe geschah. Das Museum residiert seit 2004 in einem modernen, lichten Bau des Architekten Vanni Macciocco auf dem Isolotto di Peddone im Hafen. Die Besucher können hier die Geschichte Sardiniens von der Nuraghenzeit über die Antike bis zum Mittelalter Revue passieren lassen.

Museo Archeologico Olbia

Isolotto di Peddone | Tel. 0789 2 82 90 | Mi – So 10 – 13 und 17 – 20 Uhr | Eintritt: frei | www.olbiaturismo.it/Museo-1.html

▌ Rund um Olbia

Sonne, Strand und Delfine

Einst war das rund 2500-Einwohner-Städtchen zwölf Kilometer nordöstlich von Olbia ein geschäftiger **Fährhafen**. Eisenbahnfähren verbanden das sardische Schienennetz von hier aus mit dem des italienischen Festlands. Heute legen im Hafen von Golfo Aranci nur noch zweimal täglich Fähren aus Livorno an. Dank der Hotels und Ferienanlagen, die in den letzten Jahren entstanden sind, hat sich Golfo Aranci aber zu einem beliebten Badeort entwickelt. Die **»Cinque Spiagge«**, die fünf Strände, mit ihrem nahezu weißen Sand fallen ganz sanft zum Meer ab und sind daher bei Familien mit Kindern besonders beliebt. Seafood-Restaurants, einige stimmungsvolle Bars und Cafés bieten sich als Treffpunkt für ausgedehnte Tafelrunden oder einen Sundowner nach einem Urlaubstag am Strand an. Ein besonderes Highlight in Golfo Aranci sind sicherlich die Delfine, die sich in den Gewässern südlich des Hafens tummeln und ursprünglich von einer dort angesiedelten Fischfarm angelockt worden sind. Mit etwas Glück kann man von dem Strandabschnitt südlich des Hafens aus beobachten, wie sie durchs Wasser pflügen. Mehrere Veranstalter bie-

Golfo Aranci

BAEDEKER ÜBERRASCHENDES

6x

EINFACH UNBEZAHLBAR

Erlebnisse, die für Geld nicht zu bekommen sind

1.
GALERIE IM FREIEN
Ein ganzes Dorf als Museum! Die berühmten **Murales**, die die Hausfassaden von Orgosolo schmücken, riefen auf zum Widerstand. Hinschauen und Inspiration sind hier kostenlos.
(▶ **S. 141**)

2.
MUSIK UND MEHR
Den Sommer über verwandeln sich die **Piazzas von Pula** in eine Freilichtbühne für Musiker und andere Künstler. Allein die Atmosphäre, wenn man auf und ab flaniert, ins Gespräch kommt, ist grandios.
(▶ **S. 160**)

3.
EIN MUSEUM FÜR DELFINE
Auf dem winzigen Eiland Caprera liegt das kleine, kostenlos zu besuchende Centro di Educazione Ambientale, ein Museum, in dem sich alles um **Delfine** und andere faszinierende Meeresbewohner dreht.
(▶ **S. 116**)

4.
DIE KIRCHE IM PROMI-ORT
Porto Rotondo besitzt zahlreiche versteckte Piazzettas und Aussichtsorte zum Meer. Ein Muss ist jedoch die Besichtigung der modernen **Chiesa di San Lorenzo**. Ein Hingucker ist der Glockenturm, den Künstler aus Tiroler Holz fertigten.
(▶ **S. 131**)

5.
AUSSICHTSORT ÜBER DEM MEER
Die alte Festung in umwerfend schöner Lage hoch über dem Hafen von Palau steht ganzjährig offen für Besucher. Auf großen Schildern erfährt man einiges über die Geschichte der **Fortezza di Monte Altura**. (▶ **S. 57**)

6.
TRACHTEN, PFERDE UND DELIKATESSEN
Jedes Jahr im Juli und August zeigt man an den Sonntagen im Badeort **Porto San Paolo**, was Sardinien so unverwechselbar macht: Ein Umzug mit Pferden, ein Fiat 500er-Oldtimertreffen oder ein toller Markt mit inseltypischen Gourmet-Freuden. (▶ **S. 132**)

ten aber auch Bootsausflüge zu der Delfinschule an. Dabei kann man die Tiere hautnah erleben.

Delfin – Beobachtung: Sardegna Escursioni | Via G. Da Verrazzano 3 | Tel. 393 38 82 673 | www.sardegna – escursioni.it

Hier ist die Schickeria zuhaus!

Der mondäne Ferienort südlich der Costa Smeralda ist wie das nahe Porto Cervo am Reißbrett entstanden und wie dieses ein Treffpunkt des italienischen und internationalen Jetset. Nicht nur die Sprößlinge des Barilla- und des Bulgari-Clans, auch der italienische Ex-Premier Silvio Berlusconi besitzen in Porto Rotondo herrschaftliche Anwesen.

Die aus Venedig stammenden Grafen Nicolò und Luigu Donà dalle Rosa entdeckten die Bucht von Porto Rotondo 1964 für sich und beauftragten die Architekten Andrea Cascella und Mario Ceroli, dort eine Marina zu errichten, deren Charme dem alter italienischer Fischereihäfen in nichts nachstehen sollte. Es entstand ein Dorf aus Granitsteinhäusern mit schiefen Dächern und kleinen Fenstern, das so aussieht, als sei es viele hundert Jahre alt. Natürlich verbergen sich hinter den jung-alten Gemäuern, die von üppig grünenden Gärten umgeben sind, komfortable Feriendomizile, die allerhöchsten Ansprüchen genügen. Viele der gut betuchten Italiener, die in den Anfangsjahren von Port Rotondo eine Immobilie zum Schnäppchenpreis erwarben, sind dem Ort bis heute treu geblieben und verbringen die Augustwochen dort. Im Sommer wächst das 1000-Seelen-Dorf, das im Winter wie ausgestorben wirkt, auf 40 000 Bewohner an. Mittelpunkt von Porto Rotondo ist die **Piazza San Marco**, ein von Boutiquen, Cafés und Restaurants umgebener, kleiner Platz, von dem aus er nur ein paar Schritte bis zum Hafen mit fast 700 Liegeplätzen sind. Speziell im Sommer lassen sich bei einem Spaziergang entlang der **Passeggiate del Porto** gigantische Luxusyachten bestaunen. Die um die Marina herumführende Flaniermeile wird immer wieder von entzückenden kleinen Piazettas mit Einkehrmöglichkeiten unterbrochen.

Zwar hat Porto Rotondo keine herausragenden Sehenswürdigkeiten zu bieten, doch die moderne **Chiesa di San Lorenzo** sollte man sich bei einem Besuch nicht entgehen lassen. Ihr weithin sichtbarer Glockenturm ragt 22 Meter in den Himmel empor. Eine Wendeltreppe führt in dem gerüstartigen Bau aus Pinienholz nach oben und verbindet gut sichtbar vier Glocken. Nach Einbruch der Dämmerung wird der Turm stimmungsvoll illuminiert. Innen besticht das Gotteshaus durch eine Holzbalkendecke, die an den umgedrehten Rumpf eines Schiffes erinnert. Wenn man etwas genauer hinschaut, kann man skurrile Holzfiguren zwischen den Balken entdecken.

Die Strände von Porto Rotondo liegen etwas entfernt! An der **Punta di Volpe** anderthalb Kilometer nördlich des Orts herrscht in der

Porto
Rotondo

Hauptsaison Hochbetrieb, doch bis in den Juni und dann wieder im September ist es dort angenehm ruhig und oft menschenleer. Die **Spiaggia di Marinella** am gleichnamigen Golf einen Kilometer südlich von Porto Rotondo lockt mit ihren Cafés und Restaurants, Boots- und Liegestuhlverleihen viele Sonnenanbeter an.

Wo die Italiener urlauben

Porto San Paolo

Der Ferienort rund 13 Kilometer südlich von Olbia ist bei Festlandsitalienern besonders beliebt. Hier gibt es alles, was man für einen gelungenen Sommerurlaub braucht: Feine Strände und Badebuchten in der Umgebung sowie eine ausgezeichnete touristische Infrastruktur mit Hotels, Ferienanlagen, Geschäften, Bars und Restaurants. Auf der Piazzetta in Hafennähe findet zwischen Mai und Oktober jeden Sonntagvormittag ein weit über Porto San Paolo bekannter Markt statt. Händler aus allen Teilen Sardiniens bieten dann landwirtschaftliche Produkte wie Pecorino-Käse, Honig oder Wildschweinwürste, aber auch Silberschmuck, Korallenketten und feinste italienische Leinenmode sowie sardische Teppiche und bestickte Tücher an. Handeln und Feilschen ist ausdrücklich erwünscht! Der kleine Sandstrand am Hafen bietet einen einzigartigen Blick auf die der Küste vorgelagerte Isola de Tavolara. Der steil aufragende Felsen erinnert an einen Drachenrücken und ist oft von einem Kranz weißer Wölkchen umgeben. Einfach zauberhaft!

Ein Königreich und seine Geschichte

Isola Tavolara

Der fünf Kilometer vor der Küste von Porto San Paolo bis zur einer Höhe von 565 Metern aufragende **Kalksteinfelsen** ist Heimat von Seevögeln und Falken, die Gewässer um ihn herum dank einer facettenreichen Unterwasserwelt ein Taucherrevier. Die meisten Tagesbesucher, die in den Sommermonaten von Porto San Paolo in Ausflugsbooten zur Insel übersetzen, wollen aber einzig dem »Königreich von Tavolara« ihre Reverenz erweisen. Bis heute ruft die Geschichte dieses winzigen »Staates« Neugier, Kopfschütteln oder Schmunzeln hervor. Ihr Beginn fällt in das Jahr 1807, als der aus Korsika stammende Giuseppe Bertoleoni die bis dahin unbewohnte Insel in Besitz nahm und sich mit seiner Familie dort niederließ. Als König Carlo Alberto von Sardinien Tavolara 1836 besuchte, begrüßte ihn Guiseppes Sohn Paolo keck mit Worten: »Der König von Tavolara begrüßt den König von Sardinien.« Seine Majestät nahm die Bemerkung mit Humor und schenkte den Bertoleonis die Insel. Paolo aber rief sich, nachdem er eine schriftliche Bestätigung der Schenkung erhalten hatte, zum »König von Tavolara« aus. Auch seine Söhne und Enkel führten den Titel, als »Könige von Tavolara« liegen sie auf dem kleinen Inselfriedhof begraben. Heute bewirtschaften ihre Nachfahren auf der flachen **Landzunge Spalmatore di Terra** im Westen Tavolaras die Restaurants »La Corona« und »Da Tonino«. Sie servieren ih-

Über 500 Meter reckt sich die majestätische Isola Tavolara in Richtung Himmel.

ren Gästen nicht nur beste Seafood- und Pasta-Spezialitäten, sondern auf Nachfrage auch die Fortsetzung der Geschichte. 1962 »besetzte« nämlich die NATO nahezu die Hälfte Tavolaras und erklärte sie zum militärischen Sperrgebiet.

Ristorante da Tonino: Tel. 0789 58 57 0 | Mai – Okt. tgl. 12.30 – 16 u. 19.30 – 22.30 Uhr | www.ristorantereditavolara.it

Ristorante La Corona: Tel. 0789 36 744 | www.lacoronatavolara.it

Urlaubsparadies mit Traumstrand

Das einstige Fischdorf 27 Kilometer südlich von Olbia verdankt seine große Popularität als Ferienort dem Dünenstrand **La Cinta**, dessen breites, blendend weißes Sandband sich nördlich von San Teodoro in einem sanften Bogen rund drei Kilometer die Küste entlangzieht. Das nur ganz langsam an Tiefe gewinnende Meer scheint hier noch klarer und leuchtender als anderswo an den Küsten Sardiniens. Hinter dem Dünenband, das im Frühling mit handtellergroßen, rosafarbenen Strandastern überzogen ist, breitet sich die Lagune des Stagno di

San Teodoro

Teodoro aus, ein einzigartiges Gewässer, das vielen Vogelarten einen Lebensraum bietet und dank seiner Verbindung mit dem Meer besonders fischreich ist. Rosaflamingos und Kormorane überwintern hier. Trotz des alljährlichen Urlauberansturms hat San Teodoro einiges von seiner Ländlichkeit bewahrt. Bettenburgen und große internationale Hotels sucht man hier vergebens. Stattdessen dominieren Ferienhäuser im sardischen Stil, kleine Hotels und Pensionen, oft in mediterranen Gärten versteckt, die Hotelleriesszene und auch das Stadtbild. Das Angebot an Restaurants und Trattorias mit sardischer Küche, an Bars und Cafés ist naturgemäß riesengroß, das Nachtleben dank einiger angesagter Clubs bunt und rege. Aber nicht nur Sonnenanbeter und Nachtschwärmer, auch Aktiv-Urlauber kommen in San Teodoro auf ihre Kosten. Die Spiaggia La Cinta ist ein Hotspot für Kitesurfer. Außerdem gibt es Tauch-, Segel- und Surfschulen sowie Radlverleihe und einen Reiterhof.

Ufficio Turistico: Piazza Mediterraneo 1 | Tel. 0784 86 57 67
Mo – Sa. 9 – 13 u. 15 – 18 Uhr | www.santeodoroturismo.it

★★ OLIENA

Provinz: Nuoro | **Höhe:** 388 m ü. d. M.| **Einwohnerzahl:** 7100

Eine Quelle, aus der pro Sekunde 300 Liter Wasser sprudeln: Auf Sardinien grenzt das nicht nur an heißen Sommertagen an ein kleines Wunder. Su Gologone, so heißt die Quelle, ist das eigentliche Highlight von Oliena. Das bezaubernde kleinen Landstädtchen im Supramonte ist aber auch dank edler Rotweine, exquisiten Kunsthandwerks, traditioneller Handarbeiten und Trachten immer eine Reise wert.

Oliena liegt 12 Kilometer südöstlich von Nuoro am Nordhang des Supramonte, des zweithöchsten Gebirges auf Sardinien, und wird von dessen höchsten Gipfeln, dem **Punta Sos Nidos** (1349 m) und dem **Monte Corrasi** (1463 m) überragt. Die sardischen Dolomiten, wie dieser Teil des gewaltigen Kalksteinmassivs auch genannt wird, sind landschaftlich äußerst reizvoll. An den Berghängen oberhalb von Oliena dehnen sich dichte, **immergrüne Steineichenwälder** aus. Die einsamen, stark verkarsteten Hochflächen jenseits der Baumgrenze hingegen sind oft mit Stechginster und Zistrosen bedeckt. Einst war die zur Barbagia gehörende, von tiefen Schluchten durchzogene Gebirgsregion ein Rückzugsgebiet für Banditen, heute durchstreifen Trekker die abgeschiedene Wildnis.

OBEN: In Oliena hegen und pflegen die Sarden die Kunst traditionellen Backens.

UNTEN: Und auch edel gereiften
Schinken weiß man auf dem Supramonte stets zu schätzen.

OLIENA ERLEBEN

PRO LOCO
Piazza Enrico Berlinguer
Tel. 346 6 61 29 92
www.prolocooliena.com

CANTINA OLIENA
Auf dem 1950 als Kooperative gegründeten Weingut steht die Qualität
und nicht der Profit im Vordergrund.
Der Nepente di Oliena, ein dunkel
schimmernder, vollmundiger Canno-
nau-Rotwein ist unter Weinkennern
längst kein Geheimtipp mehr und ein
schönes Souvenir. In der Vinothek
der Kooperative kann man ihn natürlich auch verkosten.
Via Nuoro 112
Mo. – Fr. 9 – 13 u. 15.30 – 19,
Sa. 9 – 12 Uhr
Tel. 0784 28 75 09
www.cantinasocialeoliena.it

SU GOLOGONE €€€
Ein uralter Kamin, Kupfergeschirr und
handbestickte Decken: Das Restaurant wirkt rustikal, hier wird die traditionelle sardische Gastlichkeit gepflegt. Auch auf der Speisekarte
stehen sardische Spezialitäten. Alles
ist frisch und mit Produkten aus der
Region zubereitet. Das zum Espresso
servierte Konfekt aus heimischen
Mandeln und Orangen bildet dann
das Tüpfelchen auf dem i.
Hotel Su Gologone
Loc. Su Gologone
Tgl. 12 – 23 Uhr
Tel. 0784 28 75 12
www.sugologone.it

MASILOGHI €€
Vom dünnen, zur Begrüßung gereich-
ten Carasau-Brot über die handge-
machten sardischen Nudeln und Ravioli mit Schafskäse oder Ricotta bis
hin zu den würzigen Salsiccias aus
Schweinfleisch und Speck: Hier bereitet man die Spezialitäten der traditionellen sardischen Küche mit Hingabe
zu. Ein Myrthenlikör oder ein Filu
e'ferru, ein Aquavit aus der eigenen
Brennerei, runden jede Mahlzeit ab
und gehen auf Kosten des Hauses.
Via Galiani 70
Tgl. 12 – 22.30 Uhr
Tel. 0784 28 56 96
www.masiloghi.it

SU GOLOGONE €€€€
Nicht nur die Lage dieses bekannten
und äußerst charmanten Landhotels
am Fuß des Supramonte ist fantas-
tisch. Das Haus verteilt sich auf mehrere im sardischen Stil errichtete Bauten, die in einem weitläufigen, von
alten Eichen und Olivenbäumen bestandenen Park liegen. Die behaglichen Zimmer und Suiten sind individuell eingerichtet. Ein großer
Außenpool sowie ein bestens ausge-
stattetes Wellness- und Fitnesscenter
gehören zum Angebot dazu. 67 Zi.
Loc. Su Gologone
Tel. 0784 28 75 12
www.sugologone.it

CICAPPA €€€
Das moderne Haus ist das einzige Hotel direkt am Ort. Die Zimmer sind hell,
komfortabel und mit Kiefernmöbeln
ausgestattet. Das Restaurant lockt
auch einheimische Gorumets an. 7 Zi.
Corso Martin Luther King
Tel. 0784 28 80 84
www.cappa.it

MONTE MACCIONE €€

Die von der Cooperativa Turistica Enis gegründete und betriebene Herberge residiert in einem ehemaligen Forsthaus inmitten des Steineichenwalds am Supramonte. Es bietet saubere Ein- und Mehrbettzimmer mit Bad sowie ein Restaurant mit bodenständiger Küche und eine Bar. Die Kooperative verkauft auch sardische Wurst- und Käsespezialitäten. Zum Haus gehört ein kleiner Campingplatz. 17 Zi.

Loc. Maccione
Tel. 0784 28 83 63
www.coopenis.it

Rund um Oliena

Ein Geschenk der Natur

Die **ergiebigste Quelle Sardiniens** liegt rund acht Kilometer östlich von Oliena zwischen hoch aufragenden Felswänden und üppigem Grün versteckt. Im Durchschnitt rund 300 Liter Wasser in der Sekunde sprudeln hier aus einer Spalte im Karstgestein und bilden einen blaugrünen Quelltopf, der von einem Eukalyptuswäldchen umgeben ist. Der kleine Bach, der dort entspringt, mündet schon bald in den Fiume Cedrino, der zum Tyrrhenischen Meer fließt. Su Gologone gilt als ein Geschenk der Natur, für das sich die Sarden mit dem Bau der auf einem Felsvorsprung über der Quelle thronenden **Kapelle Nostra Signora della Pietà** bedankt haben. Sie können sie von Oliena aus über einen Abzweig der Strada Provinciale Richtung Dorsali erreichen. Die Straße führt an dem bekannten Hotel Su Gologone vorbei und endet an einem kleinen Parkplatz mit Ticketschalter. Von dort geht es auf einem Spazierweg durch den Eukalyptuswald zur Quelle. Auch an heißen Sommertagen ist es hier angenehm kühl. Nahe der Quelle hat zumindest in der Saison eine kleines SB-Restaurant mit Picknickplätzen geöffnet.

★
Su Gologone

Loc. Su Gologone | mobil 329 56 49 983 | tgl. geöffnet | Eintritt: 2 €
www.sorgentisugologone.it

Zufluchtsort der Nuraghier?

Der »nur« 518 Meter hohe Berg südlich der Quelle Su Gologone scheint für geübte Trekker zunächst alles andere als eine Herausforderung zu sein. Doch sollte man ihn nicht ohne ortskundige Begleitung zu erklimmen versuchen, denn die Route auf den Gipfel ist nur sparsam ausgeschildert, und es geht steil bergan über Stock und Stein. Der wohl meist begangene Weg führt vom Rifugio Lanaitho, einem Rastplatz mit Bar, Restaurant und sanitären Anlagen im **Valle di Lanaittu,** in rund 30 Minuten über Geröll und Felsgestein nach oben. Die Mühen der Kraxelei werden nicht nur mit atemberaubenden Fernsichten belohnt, sondern auch mit dem Blick in eine **Doline**, die beim Einsturz einer Karsthöhle entstanden ist und die einen archäologischen Schatz birgt: Im Schutz überhängender Fels-

★★
Monte Tiscali

wände und knorriger Bäume liegen die Überreste der rund 2500 Jahre alten **Nuraghensiedlung Sa Curtigia de Tiscali** (etwa Grünland inmitten der Einöde) versteckt. Archäologen vermuten, dass die Nuraghier, die hier lebten, Schutz vor Eindringlingen, die über das Meer gekommen waren, suchten. Über einige Stufen geht es, ein Seilgeländer entlang, hinab in die Doline, in der man dann gegen ein Eintrittsgeld die noch vorhandenen Mauerreste des Nur-aghendorfs bestaunen kann. Das Valle di Lanaittu erreichen Sie von Oliena aus, wenn Sie auf der Strada Provinciale Richtung Dorsali zunächst den Abzweig Richtung Su Gologone nehmen. Hinter dem Hotel Su Gologone zweigt rechterhand die schmale Strada per Valle di Lanaittu ab und führt in vielen Kurven hinauf in das abgelegene Hochtal.

April – Sept. tgl. 9 – 19 Uhr, übrige Zeit 9 – 17 Uhr | Eintritt: 5 €

★★ ORGOSOLO

Provinz: Nuoro | **Höhe:** 620 m ü. d. M. | **Einwohnerzahl:** 4200

Banditentum, Blutrache und wilde Malereien mit Kampfparolen an jedem Haus: Das kleine Orgosolo im Zentrum des Supramonte ist als Dorf der Widerständigen und Gesetzlosen weit über Sardinien hinaus berühmt und berüchtigt. Manch empfindsamer Seele unter den Touristen, die tagtäglich nach Orgosolo strömen, laufen auch heute kalte Schauer über den Rücken, wenn sie den Erzählungen über die Banditen lauschen.

2000 Jahre Rebellion

Schon römische Quellen berichten, dass die Bewohner der unzugänglichen Bergregion im Herzen Sardiniens immer wieder Raubzüge an die Küste unternahmen und sich auf diese Weise auch gegen die Überfälle der fremden Eroberer wehrten. Ihre Nachfahren taten es ihnen über viele Generationen hinweg nach. So entwickelte sich eine Art Selbstjustiz, die bis weit in das 20. Jh. Bestand hatte. Plünderungen und Viehdiebstähle waren an der Tagesordnung und die Blutrache gültiges Gesetz. Bekannt ist die durch einen Erbstreit ausgelöste Fehde zwischen den Orogoleser Familien Cossu und Corraine, der von 1903 bis 1917 dauerte und 50 Tote forderte. Die Präsenz der Carabinieri in dem Konflikt und ihre mehr oder weniger offene Parteinahme für die Cossu brachte die Corraine und ihre Anhänger im Dorf gegen die italienische Staatsmacht auf und trieb sie in die Berge, wo sie zu Banditen wurden. Orgosolo avancierte zur **»Zentrale der Gesetzlosen«**, wie italienische Zeitungen schrieben. 1969 sorgte

ORGOSOLO ERLEBEN

CONSORZIO TURISTIVO SUPRAMONTE
Corso Republicca 276
Tel. 0784 40 33 10
www.comune.orgosolo.it

AI MONTI DEL GENNARGENTU €€

In diesem behaglich-rustikalen Landhaus in bester Lage auf dem Pratobello kommen die herzhaften Gaumenfreuden der Barbagia auf den Tisch. Auf der Speise stehen u. a. geröstetes Spanferkel, geräucherter Wildschweinschinken, Schafs- und Ziegenkäse, aber auch hausgemachte Pastagerichte. Buon appetito! Sie erreichen das Restaurant über eine Nebenstraße, die 6 km südlich von Orgosolo von der Strada Provinciale 48 abzweigt.
Loc Settiles
Ostern bis 30. Sept. tgl.
12.30 – 15.30 u. 19.30 – 22.30 Uhr
Tel. 0784 40 23 74
www.aimontidelgennargentu.it

IL PORTICO €-€€

Die bei Einheimischen wie Touristen beliebte Trattoria in der Altstadt bietet wechselnde »Menus turisti-co«, gute vegetarische Menüs und Pizzas.
Via Giovanni XXIII 34
Tgl. 12 – 15 u. 19.30 – 22 Uhr
Tel. 0784 40 29 29
www.ristoranteorgosolo.it

B & B JANNAS €€

Das Haus liegt 7 km nördlich von Orgosolo an der SP 22 Richtung Oliena mitten im Supramonte und bietet schöne Aussichten auf die bewaldeten Berghänge. In den rustikalen Gästezimmern schläft es sich herrlich ruhig, und das Frühstück, das man am Buffet auswählt, lässt sich auf der sonnigen Terrasse genießen.
Loc. Sorasi
Tel. 333 8 42 98 01
www.jannasorgosolo.it/en

SA' E JANA €

Hier schläft man günstig und freundlich umsorgt. Was dem neueren Bauwerk an Charme und Ambiente fehlt, machen die Betreiber mit Herzlichkeit und Hilfsbereitschaft (u. a. beim Organisieren von Touren und dem Verleih von Fahrrädern) wieder wett. Wer ein Balkonzimmer nimmt, kann sich an der Aussicht auf die Bergwelt des Supramonte laben. 35 Zi.
Via E. Lussu 17
Tel. 0784 40 24 37

das Dorf für Schlagzeilen, weil es sich dem Versuch der italienischen Regierung entgegenstellte, auf der dorfeigenen Weide **Pratobello** einen Truppenübungsplatz einzurichten. Alt und Jung waren auf den Beinen und errichteten Blockaden. Das Militär musste aus Orgosolo abziehen. In den Jahren danach entstanden auch die ersten **Murales**, jene das Unrecht in der Welt anprangernden3 farbenfrohen Wandmalereien an Orgolos Hausfassaden, die heute Scharen von Touristen anlocken.

▌ Rund um Orgosolo

Im Dorf der Aufmüpfigen

Mehrere Hundert Meter schlängelt sich der **Corso Repubblica** durch das kleine Dorf. Den ganzen Sommer flanieren hier Touristen, die die Graffiti an den Häuserwänden bestaunen und studieren. Von der Kolonisierung Afrikas über den Vietnamkrieg bis hin zu den Anschlägen vom 11. September und den Irakkrieg: Auf einem Spaziergang entlang des Korsos werden sie mit einschneidenden Ereignissen der jüngeren Geschichte konfrontiert. Ein Graffito prangert sogar die Rolle Helmut Schmidts im sogenannten »Deutschen Herbst« des Jahres 1977 an. Am Anfang der Murales stand aber ein Bild, das bis heute die Fassade des Rathauses von Orgosolo schmückt. Es preist den friedlichen Widerstand gegen die Einrichtung des Truppenübungsplatzes 1969 und zitiert dabei auch Forderungen der Dörfler wie »Dünger statt Geschosse« oder »Sardinien will Wirtschaftsaufschwung, keine Militärbasen«. 1975 dann begannen der aus der Toskana stammende Kunstlehrer **Francesco Del Casino** und seine Schüler, inspiriert von dem großen mexikanischen Muralisten Diego Rivera, die Hausfassaden als Medium zur Verbreitung politischer Botschaften zu nutzen. Mittlerweile schmücken rund 150 Murales den Corso und seine Seitengassen. Sie sind so verschieden wie die Künstler, die sie geschaffen haben. Die Spannbreite reicht von raffinierter Illusionsmalerei über grellbunte Graffiti bis zu Politiker-Karikaturen. Gemeinsam ist ihnen allerdings eine Haltung des Protests gegen Ausbeutung, Unterdrückung und jede Form von Fremdherrschaft.

Murales

Urwüchsige Wildnis

Größter Schatz des riesigen Waldgebiets südlich von Orgosolo sind die oft **Jahrhunderte alten Steineichen,** die an vielen Stellen zusammen mit verschiedenen Nadelhölzern einen dichten Dschungel bilden. Mufflons und Wildschweine sind hier ebenso zuhaus wie der majestätische Königsadler, den man mit etwas Glück auf einer Wanderung am Himmel seine Kreise ziehen sieht. Ein guter Ausgangspunkt für eine Tour auf den mit 1316 Metern höchsten Gipfel der Region, den **Monte Nuovo San Giovanni,** ist das auffallend rot gestrichene **Centro Servizi/Forsthaus**, das rund 17 Kilometer südlich von Orgosolo direkt an der Strada Provinciale 48 liegt. Der Aufstieg ist auch mit Kindern zu bewerkstelligen und dauert rund eine Stunde. Von dort oben übersieht man einen großen Teil des mittleren Sardiniens. Nur etwas mehr als drei Kilometer hinter Orgosolo zweigt eine Straße von der SP 48 zum Restaurant Supra-

Foresta di Montes

Orgosolos Häuserfassaden sind ein bildgewordenes Plädoyer gegen Gewalt – der Bezug zu Charlie Chaplins Kriegssatire »Shoulder Arms« ist also naheliegend …

monte ab. Hier bietet das **Exkursionszentrum Cultura e Ambiente** Trekking- und Mountainbiketouren sowie Ausfahrten mit dem Geländewagen in den Foresta di Montes an.

Cultura e Ambiente: Loc. Sarthu Thittu | Tel. 0784 40 10 15
www.supramonte.it
Centro Servizi/Forsthaus: Tel. 0784 22 800

★★ ORISTANO

Provinz: Oristano | **Höhe:** 5 m ü. d. M. | **Einwohnerzahl:** 32 000

G 10

Hunderte von Flamingos stehen im seichten Wasser. Die blassrosa Farbe ihres Gefieders stammt von den kleinen Krebsen, die sie als Nahrung bevorzugen. »Gent'arrubia«, rotes Volk, nennen die Sarden ihre langbeinigen Gäste. Das Brackwasser der Lagunen bei Oristano bietet den Vögeln einen idealen Lebensraum. Die fast 1000 Jahre alte Stadt im Nordwesten der Campidano-Tiefebene lockt aber nicht nur mit einer landschaftlich reizvollen Umgebung, auch ihre beschauliche Altstadt ist ein echtes Schmuckstück.

Geschichtsträchtiger Ort

Als Wirkungsstätte der **Eleonora d'Arborea** (1350 – 1404) ist Oristano für die Sarden ein ganz besonderer Ort. Die legendäre Richterin, die 1383 für ihren noch minderjährigen Sohn die Führung des Judikats von Arborea übernahm, wird bis heute als Heldin des Widerstands gegen fremde Eroberer verehrt. Ihr gelang es, große Teile der Inselbewohner gegen die Truppen Aragóns in Stellung zu bringen und unter ihrer Führung zu einen. Mit der **»Carta de Logu«** erließ sie überdies ein epochemachendes Gesetzeswerk, das bis zur späteren Gründung Italiens 1861 auf Sardinien uneingeschränkte Gültigkeit hatte. Als Eleonara d'Arborea 1404 starb, begann die von ihr geschaffene Front wieder zu bröckeln, und 1409 fiel Arborea als letztes der sardischen Judikate an die Aragonier. Oristano, seit 1070 Hauptstadt des Judikats, verlor in den folgenden Jahrhunderten beträchtlich an Bedeutung. Heute ist die Stadt Hauptort der 1974 neu gegründeten und nach ihr benannten Provinz. Sie hat zwar kaum herausragende Sehenswürdigkeiten zu bieten, dafür lockt die Altstadt aber umso nachdringlicher mit überaus schmucken Palazzi und einer tiefentspannten Atmosphäre. Die allermeisten Touristen zieht es allerdings eher in die antike Ruinenstadt Tharros auf der Halbinsel Sinis, ungefähr 20 Kilometer westlich von Oristano.

Wohin in Oristano?

Dolce far niente unterm Eleonora-Denkmal

Vom In-der-Sonne-Dösen in einem Straßencafé des centro storico bis zum abendlichen Glas Cannonau in einer der Bars der Stadt: In Oristano kann man den ganzen Tag über genießen und ungestört dem Müßiggang frönen. Anstrengende Sighseeing-Touren? Morgen ist schließlich auch noch ein Tag! Den Mittelpunkt der Altstadt bildet die langgestreckte **Piazza Eleonora d'Arborea**, die eine überlebensgroße Statue der sardischen Volksheldin schmückt. Hier lassen sich aber auch einige der schönsten alten Palazzi Oristanos wie der **Palazzo Comunale** an der Südseite oder der gegenüberliegende **Palazzo degli Scolopi** bestaunen. Obwohl sich auf der Piazza Eleonora d'Arborea an manchen Tagen halb Oristano zu treffen scheint, herrscht auch hier immer heitere Gelassenheit. Kleine Grünflächen, Palmen und um die Statue der Eleonora aufgestellte Sitzbänke tragen viel zur entspannten Atmosphäre bei. Von der Piazza führt die belebte, autofreie Flanier- und Shoppingmeile **Corso Umberto I.** schnurgerade Richtung Norden zur **Piazza Roma**. Hier zieht die Porta Manna, auch »Torre San Cristofero« oder »Porta Maggiore« genannt, alle Blicke auf sich. Der mächtige, mehrstöckige Wehrturm ist eines der wenigen erhaltenen Überreste der Stadtmauer, die Maranus II. 1291 erbauen ließ.

In der Altstadt

Oristanos Schatzkästlein

Das kleine **Stadtmuseum** ist eine Fundgrube für archäologisch und historisch Interessierte. Es informiert anhand zahlreicher Exponate über die Geschichte Oristanos von der Antike über die Richterzeit bis hin zur spanischen Epoche. Einzigartig sind die **punischen Masken und Terrakotta-Urnen,** die Archäologen bei Ausgrabungen in Tharros fanden. Die Sala Retabli wartet mit Tafelbildern des 15. und 16. Jh.s auf. **Modelle des richterzeitlichen Oristano und der antiken Stadt Tharros** komplettieren die Sammlungen. Der Museumsshop bietet eine gute Auswahl auch deutschsprachiger Kunstbücher sowie Nachbildungen antiker Fundstücke aus Tharros.

Antiquarium Arborense

Piazza Corrias | Mo. – Fr. 9 – 20, Sa u. So. 9 – 14 u. 15 – 20, Juli u. Aug. Mo. – Fr. 9 – 14.30 u. 15.30 – 21, Sa. u. So. 9 – 14 u. 16 – 21 Uhr
Eintritt: 5 € | www.antiquariumarborense.it.

Barocke Pracht und ein Juwel der gotischen Kunst

Weithin sichtbar ragt der achteckige Glockenturm des Doms am südlichen Rand der Altstadt auf. Die barocke, mit bunten Majolikaziegeln gedeckte Zwiebelhaube aus dem 18. Jh. ist sein Erkennungszeichen. Die Anfänge des Gotteshauses gehen auf das 13. Jh. zurück. Im Laufe seiner Geschichte wurde es allerdings mehrfach umgebaut, sodass von der ursprünglich gotischen Architektur und Ausstattung nur der

Cattedrale di Santa Maria Assunta

ORISTANO ERLEBEN

OFICINA DE TURISMO
Piazza Eleonora d'Arborea 18
Tel. 0783 368 32 10
www.gooristano.com

SA SARTIGLIA
Ein Fest mit schnaubenden Rössern, blitzenden Degen und prächtigen Kostüme: Das inselweit berühmte Reiterturnier geht auf das 15. Jh. zurück und findet traditionell am Faschingssonntag und -dienstag statt.

SINIS-HALBINSEL
S. 147

FLOHMARKT
Jeden ersten Samstag im Monat bauen auf der Piazza Eleonora d'Arborea Händler in den frühen Morgenstunden Stände mit Antiquitäten, Kunsthandwerk und Nippes auf.

❶ BLAO €€€
Stilvoll unter einem rustikalen Backsteingewölbe dinieren: Das Restaurant ist auf die Klassiker der sardischen und italienischen Küche wie hausgemachte, wechselnde Pastaspezialitäten und traditionelle Fleisch- und Fischgerichte spezialisiert.
Via G. Mazzini 114
Tel. 0783 03 06 03
www.blao.it

❷ COCCO & DESSI €€€
Von Spaghetti mit Venusmuscheln über Linguini mit frischen Frutti di Mare bis zu hauchdünnen knusprigen Pizzas mit üppigem Belag: Hier schmeckt es auch einheimischen Genießern. Das traditionsreiche Lokal zählt zu den beliebtesten der Stadt. Zum Abschluss jeder Mahlzeit – das ist Ehrensache – kommt ein Grappa oder ein Limoncello als Digestif auf den Tisch.
Via Tirso 31
Tel. 0783 25 26 48
www.coccoedessi.it

❸ CRAF DA BANANA €€
Tavernenstühle und ein niedriges Backsteingewölbe sorgen in diesem Altstadtlokal für ein rustikales Ambiente. Die Küche ist bodenständig und lokal orientiert.
Via De Castro 34
Tel. 0783 7 06 69
www.ristorantedabananaoristano.com

❹ TRATTORIA DA GINO €€-€
Die Trattoria liegt etwas versteckt in der Nähe der Piazza Roma und wartet mit den Spezialitäten der sardischen Küche auf. Die Fischgerichte wie gebratene Seezunge mit Auberginen zergehen auf der Zunge. Während der Wintermonate und in der Jagdsaison serviert man mitunter Wildschwein (Cinghiale)-Ragout, würzig in Tomaten, Rotwein sowie Thymian geschmort und mit Makkaroni serviert.
Via Tirso 13
Tel. 0783 714 28

❶ REGINA D'ARBOREA €€€

Das Hotel residiert in einem Palazzo von 1874 und ist von den gemütlichen Gästezimmern bis zum Frühstückssalon und der Rezeption mit Antiquitäten möbliert. 7 Zi.
Piazza Eleonora d'Arborea 4
Tel. 0783 30 21 01
www.hotelreginadarborea.com

❷ AGRITURISMO
   IL GIGLIO €€-€

Dieses stilvolle ländliche Anwesen wartet mit großen behaglichen Gästezimmern auf. Die Küche des hoteleigenen Restaurants verwendet bevorzugt Produkte aus eigener Herstellung. Wein, Honig und Olivenöl werden auch zum Kauf angeboten. 19 Zi.
Massama
Strada Provinciale 9 (SP 9)
5 km nördlich von Oristano
Tel. 349 144 79 55
www.agriturismoilgiglio.com

❸ GUESTHOUSE IRIDE €

Für Selbstversorger: Die schönen Zimmer des Apartmenthotels sind mit einer Küchenzeile ausgestattet und sind sauber und zweckmäßig. Einige haben einen Balkon. 6 Zi.
Via Vincenzo Bellini 29
Tel. 0783 7 04 35
www.guesthouseiride.com

---

❶ Blao
❷ Cocco & Dessi
❸ Craf da Banana
❹ Trattoria da Gino

❶ Regina d'Arborea
❷ Agriturismo Il Giglio
❸ Guesthouse Iride

Auf ein Pläuschchen vor dem Palazzo Comunale

untere Bereich des Glockenturms und die **Capella di Rimedio** des rechten Querschiffs erhalten sind. Innen überrascht der Dom durch eine üppige barocke Ausstattung. Dabei fällt besonders das himmelblaue, dem Sternenhimmel nachempfundene Deckengewölbe der achteckigen Vierungskuppel auf. Die **Chorschranken der Capella di Rimedio** sind mit von Eleonora d'Arborea in Auftrag gegebenen Marmorreliefs geschmückt.

Die Besichtigung des Doms lässt sich gut mit einem Besuch in der nur einen Steinwurf weit entfernten **Chiesa San Francesco** verbinden. Die klassizistische Kirche hütet eine kunsthistorische Kostbarkeit: Das sog. **Nikodemus-Kruzifix** aus dem 14. Jh. versinnbildlicht die Leiden Jesu am Kreuz auf besonders eindringliche Weise. Es wird einem unbekannten katalanischen Künstler zugeschrieben und gilt als bedeutendstes Werk der gotischen Plastik auf Sardinien.

Ein Abstecher, der sich lohnt!

Basilica di San Giusta

Nicht wenige Kunsthistoriker preisen das Gotteshaus, das auf einem Hügel in der Ortschaft Santa Guista drei Kilometer südlich von Oristano thront, als **schönsten romanisch-pisanischen Kirchenbau Sardiniens.** Sein eher schlichtes Äußeres besticht durch klare Formen, die eine ungemeine Harmonie ausstrahlen. Völlig unterschiedliche Säulen, deren Kapitelle vermutlich aus dem antiken Tharros stammen, gliedern das dreischiffige Kircheninnere. Das Mittelschiff ist mit Holzbalken gedeckt. Die Basilika wurde 1145 geweiht und war bis zu dessen Eingliederung in die Diözese Oristano 1504 die Kathedrale des Bistums Santa Giusta.

Rund um Oristano

Paradies für Naturfreunde und Genießer

Sinis-Halbinsel

Es ist noch gar nicht so lange her, da kamen die Rosaflamingos nur zum Überwintern nach Sardinien. Mittlerweile brüten sie in vielen Sumpfgebieten an den Küsten der Insel. Die Lagunen auf der Halbinsel nördlich von Oristano sind ein wahres Paradies für die eleganten Vögel. Im Frühjahr sieht man ganze Kolonien durch die flachen Gewässer staksen und nach Nahrung für ihre Jungen suchen. Insgesamt 100 Vogelarten, darunter Purpurhühner, Seidenreiher und Kormorane, bieten die Lagunen und die sie umgebenden Schilfe einen Lebensraum. Auch für Menschen sind sie eine wichtige Nahrungsquelle. Im **Stagno di Cabras**, der größten Lagune, gibt es **Meeräschen und Aale** in Hülle und Fülle. In dem Fischerdorf **Cabras** am Südostufer des Sees serviert man sie gern über dem Holzfeuer gegrillt. Der Rogen der Meeräsche, **Bottarga di Muggine**, ist ein ganz besonderer Gaumenkitzel, der allerdings nicht jedem gefällt. Bis Ende der 1970er-Jahre war der Stagno di Cabras in Privatbesitz, und die Fischer von Cabras durften nur unter sehr strengen Auflagen raus auf den See. 1978 kaufte die sardische Regierung das Gewässer auf und gab es für den Fischfang frei. Die Lagunen sind als Lebensraum für Wasser- und Watvögel gemäß der **Ramsar-Konvention unter Schutz** gestellt. Die naturbelassenen Strände von **San Giovanni di Sinis, Is Aruttas und Marie Ermi** an der Westküste der Sinis sind vom Tourismus noch weitgehend unberührt. Hier lassen sich im Sommer wie im Winter einsame Spaziergänge unternehmen. Wenn die Sonne scheint, schimmert der grobkörnige Quarzsand in diversen Pastellfarben. Manchmal treiben die starken Küstenwinde dunkle Wolken vor sich her und sorgen für eine dramatisch-schöne Szenerie.

Die Landzunge **Capo Mannu** im Norden der Halbinsel ist ein Surfertreffpunkt, denn das Meer westlich von Sardinien bietet den Wellen genügend Raum, um sich aufzubauen. Sobald der Mistral einige Tage weht und für schönste Wellen sorgt, tummeln sich die absoluten Cracks des Sports am Kap.

Ruinenstadt am Meer

Tharros

Von den Resten eines Nuraghendorfes über phönizische und römische Bauten bis hin zu Relikten aus christlicher sowie byzantischer Zeit: Auf dem Ruinenfeld von Tharros finden sich Zeugnisse aus den verschiedenen Epochen der sardischen Geschichte auf engstem Raum. Obwohl seit dem Beginn der systematischen Ausgrabungen in den 1950er-Jahren noch nicht einmal die Hälfte der antiken Stadt freigelegt werden konnte, gibt es hier unendlich viel zu entdecken und zu sehen. Tharros wurde im 8. Jh. v. Chr. von Phöniziern gegründet und entwickelte sich schnell zu einer florienden Hafenstadt, die – wie archäologische Funde belegen – Handelsbeziehungen bis nach Ägypten unterhielt. Die Römer, die Sardinien gegen Ende des 3. Jh. v. Chr. eroberten, bauten den Ort zu einer prachtvollen Metropole aus. Mit der Übernahme durch die Byzantiner sank Tharros' Stern. Andauernde Sarazenenüberfälle machten den Einwohnern zu schaffen. 1070 gaben sie die Stadt auf und gründeten 20 Kilometer weiter östlich das heutige Oristano. Der neue Ort wurde aus den Steinen des antiken Tharros erbaut. Viel mehr als die Grundmauern der antiken Stadt ist daher nicht zu sehen. Dank der traumhaft schönen Lage von Tharros im Osten der schmalen, nicht mehr als 100 Meter breiten Landzunge an der Spitze der Sinis-Halbinsel, lohnt sich ein Besuch aber allemal.

Als weithin sichtbare Landmarke überwacht der **Torre di San Giovanni** aus dem 16. Jh. das eingezäunte Ausgrabungsgelände. Vom Eingangsbereich aus gelangt man zunächst zu einer großen römischen Zisterne (Castellum Aquae). Gleich dahinter zieht sich linker Hand der Cardo Maximus, die Flaniermeile der römischen Stadt, den Hügel **Su Murru Mannu** hinauf. In der Mitte der mit schwarzem Basaltstein gepflasterten Straße verläuft eine Rinne, durch die die Römer Wasser leiteten. Archäologen legten auf der Anhöhe die Reste eines Nuraghendorfs und einer **phönizischen Kultstätte** frei. Außerdem sind hier die Reste einer phönizischen Verteidigungsmauer und eines römischen Demetertempels zu sehen. Folgt man dem Weg vom Eingang weiter Richtung Küste stößt man schon rechter Hand auf das Fundament eines punischen Tempels des 4. – 3. Jh. v. Chr., das aus einem Felsblock gemeißelt wurde. Das Material der Aufbauten nutzten die Römer später zum Bau eines neuen Tempels. Die Reste eines Amphitheaters und zweier in Strandnähe errichteten Thermen zeugen von einem dem Genuss zugewandten Lebensstil der römischen Stadtbewohner. Später wurde die eine Therme in ein **christliches Baptisterium** und die andere in ein Kloster umgewandelt. Aus dem Ruinenfeld ragen zwei schlanke, hohe Säulen auf. Sie wirken antik, sind aber – bis auf das Kapitell der einen Säule – Repliken aus Beton, die im 19. Jh. aufgestellt wurden.

Auf dem 1,5 Kilometer langen Weg vom Ausgrabungsgelände zum **Cap Marco** an der Südspitze der Landzunge kommt man noch an einem phönizisch-punischen Felskammergrab, an der Nuraghe Baboe Cabitza und einer phönizisch-punischen Befestigungsanlage vorbei. Die Südspitze der Landzunge selbst ist militärisches Sperrgebiet.

April, Mai, Okt. tgl. 9 – 18, Juni, Juli, Sept. 9 – 19, Aug. 9 – 20 Nov. – März Di. – So. 9 –17 Uhr | Eintritt: 8 € www.tharros.sardegna.it

SAN GIOVANNI
DI SINIS

Alte Fischer-
hütten

Alte Fischer-
hütten

Punische
Verteidigungs-
mauern

Collina su
murru manu
Nuragh. Dorf, Tophet,
Demeter-Tempel

THARROS

Eingang

Römische Hauptstraße
(Cardo maximus)

Versunkene
Hafenanlage

Eingang

Zisterne
(Castellum aquae)

Akropolis

Frühchristl.
Baptisterium

Thermen
I

Punischer
Tempel

Torre di
San Giovanni

Kleiner
Tempel

Thermen
II

Mare di
Sardegna

Phönizisch-
punische
Nekropole

Torre
Vecchia

Golfo di
Oristano

Nuraghe Baboe Cabitza
Punische Akropolis

Archaischer
Tempel

Punische
Befestigung

200 m

©BAEDEKER

Capo
San Marco

Nuraghische und christliche Kultstätte

Hypogäum von San Salvatore

Von Außen erscheint die Kirche an der Straße von Cabras nach Tharros nicht sonderlich interessant. Dennoch birgt sie eine ganz besondere Sehenswürdigkeit, denn sie wurde im 18. Jh. über einem Hypogäum, einem unterirdischen, vorchristlichen Grabbau, errichtet, den auch die Christen als Kultstätte nutzten. Er besteht aus einem zentralen Raum mit einem Scheingewölbe, um den herum sich mehrere Kammern mit aus dem Fels geschlagenen Tonnengewölben anordnen. Den kleinen Steinaltar stellten vermutlich frühe Christen auf, der Brunnen davor wurde aber bereits von den Nuraghiern gegraben. Alljährlich am ersten Sonntag des September kommen gläubige Christen an der Kirche zu einem Fest zusammen, dessen Höhepunkt das »Rennen der Barfüßigen« bildet. In weiße Pilgergewänder gekleidete junge Männer laufen dann barfüßig über die Sinis-Halbinsel und tragen dabei ein geweihtes Jesus-Bild vor sich her. Die Pilgerhütten neben der Kirche bieten allen eine Unterkunft.

Wellness einst und jetzt

Fordongianus

Aus den Becken der **Terme Romane** am Ufer des Flusses Tirso steigt auch heute noch Dampf auf, denn die schwefelhaltigen, 54 Grad heißen Quellen, die die Therme schon in der Römerzeit mit Wasser versorgten, sind nach wie vor aktiv. Manch ein Besucher der archäologischen Stätte ist deshalb versucht, sofort ein Bad zu nehmen und die wohlige Wärme zu spüren.Doch das ist seit geraumer Zeit nicht mehr erlaubt. Stattdessen laden aber die **Bagni Termali Comunale von Fordongianus**, die einige Schritte flussabwärts liegen, zu Entspannungsbädern ein. Die Römer entdeckten die Quellen im 1. Jh. n. Chr. für ihre Wellnessanwendungen und errichteten ein erstes Thermalbad aus rotem Trachytgestein, das im zweiten Jahrhundert luxuriös ausgebaut wurde. Das malerische 800-Seelen-Dorf Fordongianus liegt 30 Kilometer nordöstlich von Oristano an der SS 388 Richtung Lago Omedeo. Die **Casa Aragonese**, ein aus rotem Trachyt erbauter Adelspalast des 16. Jh.s, ist neben den Thermen die Hauptattraktion des Orts und ein architektonisches Juwel, das seinen Namen den gotisch-katalanischen Stilelementen verdankt, die Türen und Fenster zieren. Er wird wie die Terme Romane und die Bagni Termale Comunale von der Cooperativa Forum Traiani betreut.
Terme Romane/Bagni Termali Comunale/Cas Aragonese: tgl. 9.30 bis 13 u. 15.30 – 18.30 Uhr | Eintritt: 5 € | www.forumtraiani.it

Ein Ort für vorchristliche und christliche Feste

Parco Archeologico Naturalistico Santa Cristina

Bis heute ist die Stätte, an der die Nuraghier ein grandioses **Brunnenheiligtum** errichteten, ein Ort für sakrale Feiern. Denn seit dem Mittelalter pilgern gläubige Christen alljährlich am zweiten Sonntag im Mai zu der im 12. Jh. errichteten Wallfahrtskirche auf dem Gelände, um das Fest der **Hl. Cristina von Bolsena** zu feiern. Im Oktober dann gedenken sie des Erzengels Raphael. Die niedrigen mittelalterlichen **Pilgerhütten** bieten immer Unterkunft.

Das nuraghische Brunnenheiligtum liegt östlich der Kirche. Auf dem Weg dorthin bemerkt man es kaum, denn der aufregendste Teil liegt unter der Erde verborgen. Doch wenn man vor dem Einlass steht, kommt man aus dem Staunen nicht mehr heraus. Dieses **Wunderwerk an baulicher Präzision** soll in der Bronzezeit entstanden sein? 25 exakt gehauene Stufen führen hinunter zum Brunnen. Die glatt geschliffenen Steinquader der Seitenwände sind präzise aneinandergesetzt. Der Raum über dem Brunnen ist wie die Kragkuppel einer Nuraghe konstruiert und verjüngt sich nach oben. Durch eine kleine Öffnung dringt Licht in den Schacht. Dass die Nuraghier nicht nur ausgezeichnete Baumeister, sondern auch gute Himmelsbeobachter waren, zeigt sich während der Tages- und Nachtgleichen zu Frühlings- und Herbstbeginn. Dann fallen die Strahlen der Sonne nämlich genau um 12 Uhr mittags auf die Treppe und bis hinunter zum Quellgrund. Wie die anderen Brunnenheiligtümer Sardiniens diente dem nuraghischen Wasserkult. Östlich der Kirche liegen, zwischen Olivenbäumen versteckt, die **Ruinen eines Nuraghendorfes.** Von den steinzeitlichen Hütten sind wenig mehr als die Grundmauern geblieben, aber die sieben Meter hohe Nuraghe selbst ist gut erhalten. Mit etwas Glück stört niemand die Stille, die Sie umgibt, und man kann in ihrem Inneren für einen Moment innehalten. Der Parco Ar-

Antike Stadt an der Küste: Tharros auf der Sinis-Halbinsel lädt ein zum inspirierenden Lustwandeln.

cheologico Naturalistico liegt direkt an der Strada SS 131 Carlo Felice, die von Oristano Richtung Norden führt. Er wird von einer Kooperative geleitet, die am Eingang auch ein stimmungsvolles Café-Restaurant sowie einen Shop für Souvenirs und kunsthistorische Literatur betreibt.

Tgl. 8.30 Uhr bis Sonnenuntergang | Tel. 0785 55 438 | Eintritt: 5 € www.archeotour.net

Eine nuraghische Fliehburg?

Nuraghe Losa

Das Leben verlief für die frühen Bewohner Sardiniens offensichtlich nicht immer friedlich: Die Nuraghe Losa an der SS 131, wenige Kilometer nördlich von Paulilatino, eines der imposantesten baulichen Zeugnisse aus der Frühgeschichte der Insel, zeigt auf beeindruckende Weise, dass sie in der ständigen Gefahr vor feindlichen Angriffen lebten. Der gewaltige, im 14. Jh. v. Chr. aus rötlich-braunen Basaltblöcken errichtete Zentralturm der Nuraghe wurde um 1000 v. Chr. massiv erweitert und zu einer **mächtigen Bastion mit drei Ecktürmen** ausgebaut. Vor dieser Festung errichteten die Nuraghier zudem eine Vormauer mit zwei Ecktürmen, in die Schießscharten eingelassen waren. Der Rundbau, dessen Ruine vor dem Haupteingang zur Nuraghe zu sehen ist, diente als Versammlungshalle für die Bewohner des Hüttendorfs, dessen spärliche Überreste Archäologen in der Umgebung fanden. Im Inneren des 13 Meter hohen Zentralturms führt eine Wendeltreppe ins Obergeschoss. Hier sind noch Teile des Kraggewölbes erhalten.

Coop Paleotur: Tgl. bis eine Stunde vor Sonnenuntergang | Tel. 0785 523 02 | Eintritt: 5 € | www.nuraghelosa.net

OROSEI

Provinz: Nuoro | **Höhe:** 19 m ü. d. M. | **Einwohnerzahl:** 7000

Städtebauliche Entdeckungen zwischen traumhaften Badebuchten: Das kleine Orosei am gleichnamigen Golf wartet mit einer geschlossenen Altstadt auf. Meterdick sind die Mauern der alten Bruchsteinhäuser und schlichten Palazzi. Dazwischen tauchen Freitreppen, barocke Kirchen und zauberhafte kleine Kapellen auf.

Fluch und Segen

Orosei liegt im Mündungsgebiet des Cedrino, der 2,5 Kilometer östlich des Orts ins Meer mündet und lange wie ein Fluch wirkte. Denn bis in das 20. Jh. war der eigentlich fruchtbare Landstrich aufgrund regelmäßiger Überschwemmungen malariaverseucht. Erst nach der Regulierung des Flusses entwickelte sich Orosei zu einer blühenden kleinen

OROSEI ERLEBEN

PRO LOCO
Piazza del Popolo 12
Tel. 0784 99 83 67
www.orosei-proloco.com

MARINA DI OROSEI
S. 156

CALA DI LIBEROTTO

VILLA FUMOSA €€€
Das Restaurant residiert in einem üppig grünenden Garten an der Straße zum Meer und ist auf sardische wie mediterrane Küche spezialisiert.
Via del Mare | Tel.0784 99 10 44
www.villafumosa.it

SU BARCHILE €€€-€€
Das Restaurant im Zentrum von Orosei ist für seine Seafoodspezialitäten bekannt. Die davon getrennte Pizzeria serviert knusprige Pizza-Klassiker.
Via Mannu 5 | Tel. 0784 98 879
www.subarchile.it

CLUB HOTEL MARINA BEACH €€€€
Die Luxusherberge liegt inmitten einer großen Parkanlage und bietet ihren Gästen allen Komfort einschließlich sportlicher Aktivitäten wie Yoga und Bogenschießen. Ein Kinderclub sorgt für die Unterhaltung der jüngsten Gäste. Der Pool ist riesengroß, aber auch bis zum Strand von Marina di Orosei sind es nur ein paar Schritte. 428 Zi.
Loc. Marina di Orosei | Via del Mare
Tel. 0784 99 99 00
www.marinabeach.it

ANTICOS PALATHOS €€€
Das Haus residiert in einem restaurierten 300 Jahre alten Palazzo nahe der Piazza del Popolo in der Altstadt. Dank der Bruchsteinwände und des bäuerlich-rustikalen Mobiliars in der Lounge fühlt man sich hier sogleich wie in einem sardischen Landhaus. Jede der Suiten sieht anders aus, und doch sind alle behaglich und freundlich. Gefrühstückt wird meist in einem wunderbar behaglichen Innenhof. 12 Zi.
Via Nazionale 51
Tel 0784 98604
www.anticospalathos.com

ALBERGO DIFFUSO MANNOIS €€
Das Hotel ist auf vier nahe beieinanderstehende Häuser der Oroseier Altstadt verteilt. Die Einrichtung der behaglichen Zimmer ist durch den sardischen Landhausstil inspiriert. Das Frühstück gibt's im Innenhof des Haupthauses. Ein Shuttle fährt die Gäste zum hoteleigenen Strandabschnitt. 19 Zi.
Via G. Anjoy 32
Tel. 0784 99 10 40
www.mannois.it

Stadt und zum Zentrum eines Obst- und Weinbaugebietes. Mittlerweile haben auch Touristen den Ort für sich entdeckt. Die auf Gemeindegebiet liegenden Traumstrände der **Cala Liborotto** und der **Cala Ginepro** liegen nur rund zwölf Kilometer nördlich von Orosei. Die

schönen Palazzi und Kirchen der Altstadt verdankt Orosei allerdings den Baronen von Guiso, die von der Mitte des 15. bis ins 18. Jh. als Feudalherren über die Baronie von Orosei herrschten.

| Wohin in Orosei ?

Stadt der Kirchen, Stadt der Paläste

An der Piazza del Popolo, einem weiten, palmenbestandenen Platz, schlägt das Herz des alten Orosei. An seiner Nordseite bilden die barocke **Chiesa di San Giacomo** und die benachbarte Kapelle Santa Croce, die man über eine ausladende Freitreppe gelangt, einen unübersehbaren Blickfang. Die Piazza del Popolo ist Startpunkt des »**Itinerario storico**«, eines ausgeschilderten Rundwegs, der durch die schmalen Altstadtgassen an oft blumen- oder pflanzengeschmückten Hauseingängen vorbei zu den herausragenden Sehenswürdigkeiten von Orosei führt. Zunächst geht es an der barocken Chiesa del Rosario vorbei zur kleinen **Chiesa di San Sebastiano**, ein aus Bruchstein errichteter Sakralbau des 8. Jh.s, der innen mit einer Reetdecke aufwarten kann. Die Gasse rechterhand der Kirche führt zur Casa Rurale, der Weg linkerhand zur **Casa Rettorale**, dem einstigen Lehrerhaus, das heute für Ausstellungen genutzt wird. Nach nur wenigen Schritten ist der Kirchplatz mit **Sant' Antonio Abate** erreicht, ein Juwel sardischer Sakralbaukunst des 14./15. Jh.s, dessen vornehme Schlichtheit geradezu anrührend ist. Wie bei vielen sardischen Landkirchen liegt der Eingang unter einem Arkadengang an der linken Seite. Eine vermutlich aus dem 15. Jh. stammende Holzstatue der Heiligen Antonius schmückt den Hochaltar. An der Südseite des Kirchhofs fällt ein pisanischer Wachturm auf. Niedrige Pilgerhütten, die heute als Wohnungen genutzt werden, säumen die Westseite. Von Sant'Antonio Abate führt der Rundweg ein paar Schritte zurück und dann durch die Via Brefotrofio zur **Piazza Sas Animas** mit dem mittelalterlichen Castello und der **Kirche Sant'Ignacio**. Nahe der Piazza stehen die **Pallathos Vezzos**, ein Ensemble repräsentativer alter Palazzi, die mittlerweile zumindest teilweise restauriert wurden. In der Caserma Vezza ist das **Museo Guiso** untergebracht, das eine Sammlung von Gemälden und Büchern eines Sprößlings der Guiso-Dynastie zeigt. Dabei verdient die Puppentheater-Sammlung besondere Aufmerksamkeit. Von der Piazza Sas Animas sind es nur wenige Schritte bis zur Piazza del Popolo, dem Ausgangspunkt des Rundwegs. Die Tourist-Info Pro Loco bietet geführte Spaziergänge über den Rundweg an.

Museo Guiso: Via G. Musio | im Winter Sa. u. So. 16 – 19, sonst tgl. 10 – 12 u. 19 – 22 Uhr | Tel. 0784 99 70 84 | Eintritt: 2,50 €

In der Altstadt

In warmes Licht getaucht: Abendstimmung auf der Via al Marmora

▌ Rund um Orosei

An Oroseis Hausstrand

Marina di
Orosei

Ein herrlicher, kilometerlanger Sandstrand zieht sich südlich der Mündung des Cedrino an der Küste entlang. Er fällt flach zum Meer ab und ist daher auch für Kinder geeignet. Das kristallklare Wasser macht das Baden zu einem Vergnügen. Es gibt Bars sowie Liegestuhl- und Sonnenschirmverleihe. Das Gewässer hinter dem Pinienwäldchen, das den Strand begrenzt, ist ein Paradies selbst für anspruchsvolle Wasservögel. Man erreicht Marina di Orosei über die Via del Mare, die von der Hauptstraße von Orosei geradewegs zum Meer führt.

Typisch Sardinien!

Cala
Liberotto

Die gekonnt angelegte Feriensiedlung zwölf Kilometer nördlich von Orosei glänzt mit herrlichen, von rötlich schimmernden Granitfelsen eingerahmten Badebuchten. Das Wasser ist kristallklar, und die breiten Sandstrände fallen angenehm flach zum Meer ab – für Kinder natürlich ideal! Die touristische Infrastruktur ist zudem gut ausgebaut und wartet mit Bars, Duschen sowie Sonnenschirm- und Liegenverleih auf.

Auf den Spuren von Grazia Deleddas Romanhelden

Galtelli

Das malerische, urwüchsige Dorf am Fuß des Monte Tuttavista zehn Kilometer westlich von Orosei ist Schauplatz des Romans »Schilf im Wind«, für den Grazia Deledda 1926 den Literaturnobelpreis erhielt. Der **Parco Culturale Grazia Deledda** entführt in die Welt ihrer Protagonisten und gewährt Einblicke in die archaische Gesellschaft des ländlichen Sardinien zu Beginn des 20. Jahrhunderts. Archäologische Funde belegen, dass das Gebiet schon in der Vornuraghen-Zeit besiedelt war. Vom 10. bis zum 15. Jh. und dann noch einmal von 1779 bis 1928 war der Galtelli Bischofssitz.

Die einstige **Kathedrale San Pietro** wartet mit gut erhaltenen romanischen Wandmalereien auf. In einem Herrenhaus des 18. Jh. ist das **volkskundliche Museum Sa Domo de Marras** untergebracht, in dem man historische Werkstätten besichtigen kann. Der etwas mehr als 800 Meter hohe **Monte Tuttavista** ist ein beliebtes Ausflugsziel. Sein Erkennungszeichen, ein immerhin 30 Meter hoher Rundbogen, den die unzähmbaren Kräfte der Erosion unsanft aus dem Karstgestein geschliffen haben, lässt sich sehr leicht über eine Straße erreichen. Der tolle »Ausguck« bietet eine weitreichende Sicht über das Land.

Parco Culturale Grazia Deledda: www.parcograziadeleddagaltelli.it
Museo Etnografico Sa Domo de Marras: Via Garibaldi 12 |
Tel. 0784 90 742 | Mai/Sept./Okt. – April Di. – So. 10 – 12 u. 16 – 18,
Juni – Aug. Di. – So. 9.30 – 12.30 u. 16.30 – 19.30 Uhr | Eintritt: 3 €

6x
UNTERSCHÄTZT

Genau hinsehen, nicht daran vorbeigehen, einfach probieren!

1.

UNA CARAFFA DI PIU

Sardinien besitzt hervorragende und teure Weine. Doch oftmals erlebt man eine Überraschung, wenn man den preiswerten **vino de la casa**, den Hauswein, ordert. Der schmeckt so gut, dass man schnell nachbestellt.

2.

IM SCHATTEN

Andere Städte auf Sardinien sind bekannter und ziehen mehr Besucher an. Doch gerade deshalb ist das kleine, provinzielle **Orosei** auch so lohnend: Tolle alte Gebäude gibt es hier zuhauf. (▶ S. 152)

3.

DER BERG RUFT

Auf die Mittelmeerinsel zum Kraxeln? Im kleinen Dorf **Fonni** bricht man auf, zünftig gekleidet, zu Touren in die umliegenden Berge. Und im Winter kommen gar Skifahrer und Snowboarder, für die mehrere Pisten auf dem verschneiten Hängen des Bruncu Spina angelegt wurden. (▶ S. 102)

4.

ZEUGEN DER VERGANGENHEIT

Es gibt sie überall auf der Insel: Jahrtausende alte Nuraghen und Megalithgräber, Überbleibsel einer Epoche, die uns noch immer voller Rätsel ist. Die aus roten Basaltblöcken erbaute **Nuraghe Losa** ist besonders beeindruckend. (▶ S. 152)

5.

INSEL MIT SCHUTZPATRON

Während die kleinen Eilande im Norden Sardiniens viele Touristen anziehen, gilt die **Isola Sant'Antioco** im Süden als Geheimtipp: Hier erwarten Sie eine große Historie, einsame Strände, zudem ein stimmungsvolles Städtchen. (▶ S. 171)

6.

DIE EWIGE ZWEITE

Sassari, die alte Universitätsstadt, wird von Besuchern meist links liegen gelassen, denn das nahe Alghero lockt. Dabei lohnt sich Sardiniens zweitgrößte Stadt: Die Altstadt hat Museen, Märkte und eine beeindruckende Piazza zu bieten. (▶ S. 178)

★ POSADA

Provinz: Nuoro | **Höhe:** 37 m ü. d. M. | **Einwohnerzahl:** 3000

Weithin sichtbar ragt der Turm des Castello della Fava auf dem mit Macchia bewachsenen Felsmassiv auf, das einsam in der Schwemmlandebene des Riu Posada steht. Unter ihm winden sich Reihen von oft windschiefen Häusern und Häuschen den Hang hinauf. Posada präsentiert sich als sardisches Bilderbuchdorf, das aber nicht nur aus der Ferne wie ein Postkartenidyll wirkt, sondern auch bei näherer Betrachtung einige malerische Winkel zeigt.

Das mittelalterliche Posada entstand an der Stelle einer römischen Siedlung, die infolge von Piratenüberfällen aufgegeben und zerstört wurde. Im 12. Jh. ließen die Richter von Gallura das mächtige Castello della Fava erbauen, dem in den Kriegen zwischen den Judikaten und dem Hause Aragón eine wichtige strategische Bedeutung zukam. Nach der Eroberung Sardiniens durch die Katalanen wurde es Sitz der Barone von Posada, deren Lehen formell erst 1856 aufgelöst und vom Haus Savoyen aufgekauft wurde. Über Jahrhunderte war die Ebene um Posada versumpft und malariaverseucht. Im Zuge von Flussregulierungen ist hier fruchtbares Acker- und Weideland entstanden. Die ganze Ebene wirkt wie ein Garten Eden, in dem Obst- und Gemüse, Wein und Zitrusgewächse gedeihen. Südlich der Mündung des Riu Posada in das Thyrrenische Meer ziehen sich kilometerlange Sandstrände hin.

Garten Eden

❘ Wohin in Posada und Umgebung?

Ausflug ins mittelalterliche Sardinien

★
Altstadt

Wer durch das centro storico von Posada streift, wähnt sich leicht in einer untergegangenen Welt. Heute wie im Mittelalter führen krumme, enge Gassen, in denen man oft nicht nebeneinander spazierengehen kann, an dicht aneinander geduckten Häusern vorbei und durch verwitterte Torbögen hindurch. Vom Trubel und dem Lärm der Moderne ist hier nicht viel zu spüren. In dem Dorf scheint die Zeit stehengeblieben zu sein. Doch dieser Eindruck täuscht. Seitdem die Verantwortlichen in Posada vor einigen Jahren in die Restaurierung der Altstadt investiert haben, gilt es sogar als schick, im centro historico eine Adresse zu haben. Mittlerweile beleben zudem einige sympathische Straßencafés und Restaurants die Szene. Über steile Treppengassen geht es hinauf zur **Ruine des Castello della Fava,** die tolle Ausblicke über die weite Ebene und das Meer gewährt. Seinen kuriosen Namen »Saubohnenburg« verdankt das Kastell übrigens einer fabelhaften Geschichte, derzufolge sarazenische Piraten in dem Ver-

POSADA ERLEBEN

UFFICIO TURISTICO COMUNALE
c/o CEAS Casa delle Dame
Via Eleonora D'Arborea
Tel. 0784 19 49 588

SPIAGGIA DI SU TIRIARZU
Der Hausstrand Posadas zieht sich mehrere Kilometer die Küste entlang. Von der Stadt aus ist er gut über eine Zufahrsstraße zu erreichen. Den Sommer über haben mehrere Strandbars geöffnet. Eine Surfschule bietet Surf- und Kiteequipment an.

SPIAGGIA DI SAN GIOVANNI
Der Strand erstreckt sich südlich der Spiaggia di Su Teriarzu vor einer Ferienhaussiedlung und wird auch gern von Einheimischen genutzt.

SA ROCCA €€
Das 3-Sterne-Haus bietet Logis hoch über der Altstadt von Posada. Die Zimmer sind klein, aber behaglich. Das Restaurant wartet mit Spezialitäten der italienischen und internationalen Küche auf. 15 Zi.
Piazza Eleonora d'Arborea
Tel. 0784 85 41 39
www.hotelsarocca.com

CARPE DIEM €
Das kleine Restaurant hat die Klassiker der italienischen Küche auf der Speisekarte stehen.
Via Melchiore Dore 3
Tel. 0784 85 41 27
Di. – So. 12 – 14.30 u. 19 – 22 Uhr

CORALLO €€–€
Das sympathische Hotel liegt in einem mediterranen Garten versteckt. Die Zimmer sind hell und freundlich. 10 Zi.
Via Londra 1 | Loc. Montelongu
Tel. 0784 81 02 92
www.corallohotelposada.it

such, die Bevölkerung auszuhungern, Posada über Wochen belagert haben sollen. In ihrer Verzweiflung griffen die Bewohner, die auf der Burg Zuflucht gefunden hatten, zu einer List und verfütterten ihren letzten Vorrat an Saubohnen an eine Brieftaube, die sie, gemästet und dick, mit einer Nachricht für ein nicht existentes Heer losschickten. Als die Piraten das Tier abfingen und sahen, wie gut ernährt es war, mussten sie annehmen, dass die Bewohner über genügend Vorräte für eine lange Belagerung verfügten, und zogen ab.
Castello della Fava: Dez. – Oktober 9 – 13 u. 15 – 18, im Sommer durchgehend ab 9 Uhr bis eine Stunde vor Sonnenuntergang | Eintritt: 3 €

Unterwegs in einer abgeschiedenen Bergregion
Von der Stadt Siniscola rund 18 Kilometer südlich von Posada führt die SP 3 in eine der faszinierendsten Gebirgslandschaften Sardiniens. In vielen Serpentinen schraubt sich die Straße immer höher hinauf in

Monte Albo

die **einsam schroffe Bergwelt** und gewährt dabei spektakuläre Aussichten auf die tief unten liegende Ebene von Siniscola. Während der Fahrt tauchen hier und da die kahlen Gipfel des Monte Albo auf, der sich rund 20 Kilometer von Nordosten nach Südwesten hinzieht und bis auf über 1000 Meter ansteigt. Dem hellen Grau ihres Kalksteins verdankt der Gebirgskamm seinen Namen. Kurz vor dem winzigen Dorf Sant'Anna teilt sich die Straße, und die SP 3 zweigt nach links Richtung Lula ab. Die Fahrt führt nun unterhalb der Gipfel die Ostseite des Monte Albo entlang. Immer wieder ergeben sich spektakuläre Ausblicke auf das Land. An der Strecke lädt die Locanda Ammentos zur Einkehr und deftigen sardischen Spezialitäten ein. Eine große Tafel am Parkplatz informiert über die einzigartige Flora und Fauna des Monte Albo, der Rückzugsort seltene Tierarten wie Mufflons, Wildkatzen und Marder ist. Manchmal sieht man am Himmel einen Steinadler seine Kreise ziehen. Die Kooperative, die die Locanda Ammentos führt, bietet auch Wanderungen und Mountainbike-Touren an. Das **Hirtendorf Lula** ist ein bekannter Wallfahrtsort. Anfang Mai ziehen Pilger zur Chiesa di San Francesco nahe des Ortes hinauf und begehen dort die neuntägige **Sagra di San Francesco**. Die sakralen Feierlichkeiten rahmen profane Wettbewerbe, Tanzveranstaltungen und Festessen ein.

Locanda Ammentos: mobil 349 67 23 863 | www.montalboescursioni.it

 PULA

Provinz: Cagliari | **Höhe:** 10 m ü. d. M. | **Einwohnerzahl:** 7400

So stellt man sich einen Urlaubsort am Mittelmeer gerne vor: eine verwinkelte Altstadt, deren Gassen auf kleine, mit Blumen geschmückte Piazzas führen, Restaurants, in denen man bis spät in die Nacht zusammensitzt, dazu herrliche, nicht überfüllte Sandstrände und ein Meer, so klar, dass es jeden zum Schwimmen verführt. Santa Margarita di Pula, von den Fans nur »Pula« genannt, garantiert abwechslungsreiche und entspannte Ferien. Und mit dem antiken Nora ganz in der Nähe gibt es obendrein noch ein kulturelles Highlight.

Quirlig und unverstellt

Pula liegt 38 Kilometer südlich von Cagliari an einem besonders reizvollen Küstenabschnitt und hat sich wohl auch deshalb zu einem der bekanntesten Urlaubsorte Sardiniens entwickelt. Als **gewachsene**

Neueste Kritiken aus dem Feuilleton? – Vielleicht aber auch bloß der Sportteil …

61

PULA ERLEBEN

PULA PRO LOCO
Centro Culturale Casa Frau
Piazza del Popolo 55
Tel. 070 924 52 50
www.proloco.it

SPIAGGIA DI NORA
Der feinsandige Strand beginnt gleich hinter der Chiesa di Sant'Efiso und erstreckt sich vor einem Palmenhain. Eine Bar und ein Restaurant sorgen für das leibliche Wohl.

LA NOTTE DEI POETI
Alljährlich im Juli und August finden im römischen Theater der Ruinenstadt Nora abends Konzerte, Theater- und Tanzaufführungen statt. Für viele das Kulturereignis des Jahres! Auch bekannte Stars treten dort auf.
www.lanottedeipoeti.it

SU FURRIADROXU €€
Rot-karierte Tischdecken, ein hoher Raum unter einer Gewölbedecke und ein großer Kamin: Das wunderschön im traditionellen Landhausstil restaurierte Gasthaus bietet viel Atmosphäre und – natürlich – die deftig-rustikalen Speisen der sardischen Küche wie Spanferkel oder Ziege. An Sommerabenden lockt ein baumbestandener, schattiger Innenhof.
Via XXIV Maggio 11
Tgl. (außer mittwochs) 10 – 12.30 u. 20 – 22.15 Uhr
Tel. 070 9 24 61 48
www.sufurriadroxu.it

ZIA LEUNORA €€
Die recht edle, familiengeführte Trattoria ist für ihre auf mannigfache Weise zubereiteten Seafood-Spezialitäten bekannt. Ob Fisch oder Meeresfrüchte: Alles kommt fangfrisch auf den Grill, in die Pfanne oder den Kochtopf. Für Vegetarier gibt es eine Auswahl an Salaten und gegrillten Gemüsen sowie zahlreiche Pasta-Gerichte. Der Service ist aufmerksam und zuvorkommend, die Weinauswahl hervorragend.
Via Trieste 19
Tgl. (außer mittwochs) 19 – 24 Uhr
Tel. 070 9 20 95 59
www.ristorantezialeunorapula.com

FORTE VILLAGE RESORT €€€€
Das Ferienresort gehört zur Allianz der Leading Hotels of the World und ist eine kleine Welt für sich. Es liegt in einem 21 Hektar großen, subtropischen Landschaftspark, in dem halbwilde Papageien und Flamingos leben. Die acht Häuser der Anlage sind ganz individuell eingerichtet und bieten Luxus pur. Renommierte Spitzenköche zeichnen für die Speisekarte der hoteleigenen Nobelrestaurants verantwortlich. Es gibt Tennis- und Fußballplätze, Go-Cart- und Bowlingbahnen, Spa und Thalassotherapie sowie diverse Einkaufsmöglichkeiten und für die jüngsten Gäste eine Kinderstadt. Für Teenager werden Zumba-Parties und für die Eltern Konzerte und Opernabende arrangiert. Die hervorragend gepflegten hoteleigenen Strandabschnitte sind selbstverständlich den Gästen vorbehalten.

Santa Margherita di Pula
Tel. 070 9 21 88 18
www.fortevillageresort.com

BAIA DI NORA €€€
Die Anlage liegt nördlich der antiken Stadt. Der hoteleigene Strandabschnitt ist in wenigen Minuten erreicht. Die Zimmer bieten einen hohen Komfort und bestechen durch

ihre Eleganz. Zum Angebot des Hauses gehören verschiedenste Wellness-Anwendungen und ein netter Außenpool. Das ansprechende Restaurant serviert bodenständige sardische Küche. 121 Zi.
Loc. Su Guventeddu
Tel. 070 9 24 55 51
www.hotelbaiadinora.com

---

sardische Kleinstadt unterscheidet es sich dennoch von am Reißbrett entworfenen Ferienzentren wie Porto Cervo oder Porto Rotondo. In der Altstadt kann man immer noch dem Leben der »gewöhnlichen« Sarden nachspüren. Mittelpunkt des Ortes ist die quirlige Piazza del Popolo. Während der Saison treffen sich hier Einheimische mit Touristen zu den regelmäßig stattfindenden Open Air-Konzerten, auf Flohmärkten und bei traditionellen Tanzveranstaltungen.
Auf den Besuch der Ausgrabungsstätte von Nora bereitet in idealer Weise das kleine **Archäologische Museum** vor. Es zeigt Keramiken, Stelen und Votivgaben, die Archäologen in der punischen Nekropole fanden, sowie Grabbeigaben aus der Römerzeit.
Civico Museo Archeologico Giovanni Patroni: Corso Vittorio Emanuelle 67 | Sommer Di. – So. 9 – 20, Winter Di. – So. 9 – 17.30 Uhr | Eintritt inkl. Besuch in Nora: 5,50 €

Rund um Pula

Spaziergänge in der Ruinenstadt am Meer
Erst im Jahr 1889 spülte eine Springflut die Überreste der vermutlich ältesten Stadt Sardiniens frei. Bis heute sind Teile von ihr im Meer versunken. Nora liegt auf der schmalen Landzunge **Capo di Pula** rund vier Kilometer südlich des Orts und lohnt allein wegen der schönen Lage einen Besuch. Nördlich der Ausgrabungsstätte lockt ein herrlicher Sandstrand. Eine Besichtigung des Ruinenfeldes ist seit einiger Zeit nur im Rahmen von Führungen möglich. Auf dem Rundgang erfährt man viel Wissenswertes über das urbane Leben in der antiken Stadt. Die Phönizier gründeten Nora um 1000 v. Chr. als Handelsniederlassung, die rund 500 Jahre später von den Karthagern übernommen wurde. Während der ersten Jahre der römischen Herrschaft, die 238 v. Chr. begann, war Nora vermutlich Sitz eines Statthalters. Die meisten Bauten, deren Reste heute auf dem Ruinenfeld zu sehen sind, stammen allerdings aus dem 2./3. Jh. n. Chr. Bis heute zeugen das römische Theater und die Überbleibsel von Thermen, Tempeln und Wohngebäuden von dem Wohlstand, der damals in

Nora

NORA

Pula

Eingang

Thermen

Kleine
Thermen

Hafen-
anlagen

Marktviertel

»Tanittempel«

Punisches
Wohnviertel

Römischer
Tempel

Thermen
am Meer

Nuraghischer
Brunnen

Peristyl

Zentral-
thermen

Römisches
Theater

Forum

Haus des
viersäuligen Atriums

Brunnen und
Zisternen

Römisches
Gebäude

Äskulap-
Tempel

Capo di Pula, Akropolis,
Torre di Coltellazzo

50 m

©BAEDEKER

Punta 'e su Coloru

Nora herrschte. Die Vandalen und immer wiederkehrende Piratenüberfälle zwangen die Bewohner im frühen Mittelalter zur Aufgabe
der Stadt. In der Nähe der Ausgrabungsstätte wurde bereits 1773 die
berühmte Stele von Nora gefunden, die heute im Archäologischen
Museum von Cagliari zu sehen ist.

Vom Eingang aus geht es zunächst eine Anhöhe hinauf, die einen guten Überblick über das Ruinenfeld bietet. Bis heute ist nicht eindeutig
geklärt, welche Funktion das Bauwerk hatte, dessen Mauerzüge dort
zu sehen sind. Als man Anfang des 20. Jh.s in den Ruinen ein Abbild
der punischen **Fruchtbarkeitsgöttin Tanis** fand, lag natürlich die
Vermutung nahe, dass der Hügel Standort eines der Göttin geweih-

ten Tempels war. Doch der ganze, noch heute sichtbare Grundriss der Anlage steht dieser Annahme entgegen. Archäologen vermuten auch aufgrund der exponierten Lage, dass das Gebäude eine militärische Funktion hatte. Am Westhang der Anhöhe liegt das eng bebaute **punische Wohnviertel,** dessen Häuser in punischer Rahmenbauweise errichtet wurden. Bei dieser in Sardinien bis in das 3. Jh. n. Chr. praktizierten Mauertechnik wurden kleine, unregelmäßige Steine zwischen große und behauene Steinpfeiler eingefügt. An die Glanzzeit des römischen Nora erinnern die Überreste einer Säulenhalle (Peristyl), deren fein gearbeiteter Mosaikboden vollständig erhalten ist. Vom punischen Viertel führt die Straße über eine Kreuzung aus Andesitpflaster Richtung Westen. Jenseits der Kreuzung liegen rechts der Straße die Ruinen des **Marktviertels,** in dem einst Ladengeschäfte residierten. Linkerhand ragen die Reste der sog. »**Thermen am Meer**« auf. Von dem Bogengang, der die Anlage einst vollständig umgab, sind nur die Ost- und Nordseite erhalten. Schlendert man die Ostseite der Thermen entlang Richtung Süden, so gelangt man zum »**Haus des viersäuligen Atriums**«, ein römischer Patrizierpalast, dessen vier Säulen allerdings moderne Nachbildungen sind. Von der großen Kreuzung führt eine Straße Richtung Süden zu den Ruinen eines Tempels, der vermutlich **Äskulap**, dem griechischen wie römischen Gott der Heilkunst geweiht war. Archäologen fanden bei Ausgrabungsarbeiten die Tonfigur eines Jünglings, der – gleich dem Äskulapstab – von einer Schlange umschlungen ist. Im Innenhof des Tempels fällt ein Mosaikboden auf, der ein Schachbrettmuster aus schwarzen und ockergelben Quadraten zeigt. Vom Äskulaptempel geht es vorbei an den Ruinen von weiteren Thermen zu dem kleinen **römischen Theater**, in dem noch heute Freilichtaufführungen stattfinden. Östlich des Theaters liegt das römische Forum und in seinem Norden römische Tempelbauten.
Den wohl schönsten Blick auf die Ausgrabungsstätte, den Capo di Pula und das Meer hat man vom **Torre del Coltelazzo**, einem Sarazenenturm des 16. Jh.s, der auf dem östlichen Ausläufer der Landzunge steht und der auf den nicht ausgegrabenen Resten Akropolis errichtet wurde.

Area Archeologica di Nora: im Sommer tgl. 9 – 20, im Winter tgl. 9 – 17.30 Uhr | Eintritt inkl. Museo Archeologico Pula: 5,50 €

Hinrichtungsstätte und Wallfahrtsort

Bei gläubigen Sarden ist der Name »Nora« mehr als mit der antiken Stadt mit dem heiligen Ephysius verbunden. Der Legende nach soll der Schutzpatron von Cagliari am Strand von Nora enthauptet worden sein, nachdem er als Soldat in der Leibwache Kaiser Diokletians um 303 n. Chr. zum Christentum konvertiert war und zu missionieren begann. Am Ort der Hinrichtung ließen französische Viktorinermönche gegen Ende des 11. Jahrhunderts eine kleine Kirche errichten,

Sant'Efisio

Nora vorgelagert: der Sarazenenturm Torre del Coltellazzo

die jedes Jahr Anfang Mai zur **Sagra di Sant'Efioso** ist das Ziel einer aus Cagliari kommenden großen Wallfahrt zu Ehren des Märtyrers ist. In der Kirche lohnt sich ein Blick in die Krypta, die Überreste eines tiefer gelegenen byzantinischen Vorgängerbaus mit kreuzförmigem Grundriss aufweist.

Lands' End

Costa del Sud Sardiniens südlichste Küste geizt nicht mit landschaftlichen Reizen: Das Hügelland zwischen dem **Capo Spartivento** im Osten und dem **Capo di Teulada** im Westen ist mit üppig sprießender Macchia bedeckt. Hier und da tritt der nackte Fels hervor. Dutzende von kleinen und größeren Buchten, die oft tief ins Land schneiden, prägen den Küstenverlauf. Die feinsandigen, hellen Strände, die sie einrahmen, fallen sanft zum türkisblauen Meer ab. Da die Costa del Sud unter Naturschutz steht und ein genereller Baustopp gilt, ist sie weitgehend unberührt. Auch wenn die Bewohner des nahen Cagliari hier gern Sonnentage verbringen, ist die Region touristisch so gut wie nicht erschlossen. Gleich hinter dem Capo Spartivento lässt man die Ferienanlagen und die moderne Zivilisation hinter sich. Die **Panoramastraße SP 71** führt in vielen Kurven die Küste entlang durch ein

Stück urwüchsiges Sardinien. Im Frühjahr, wenn die weiß-gelben oder rosafarbenen Zistrosen blühen und der Stechginster gelb in der Sonne leuchtet, ist es hier besonders schön. Sobald das verschlafene Städtchen **Porto di Teulada** erreicht ist, nähert man sich wieder der modernen Zivilisation, denn das Gebiet um den etwas weiter südlich gelegenen Capo Teulada, den südlichsten Punkt Sardiniens, ist militärisches Sperrgebiet und darf nicht betreten werden. Die **Baia Chia** östlich des Capo Spartivento lockt mit Traumstränden, die fast nahtlos ineinander übergehen und, nur an einer Stelle von einer sanft bis auf 60 Meter ansteigenden Felskuppe unterbrochen, ein kilometerlanges Band aus feinem, hellem Sand bilden. Bis zu 30 Meter hohe Dünen rahmen die Strände ein. Die Brackwasserseen dahinter sind ein Paradies für Wasservögel und unter Naturschutz gestellt. Das kleine Dorf Chia, das der Bucht den Namen gab, gehört zur Gemeinde Domus de Maria. Obwohl es dort Unterkünfte und Ferienhäuser zu mieten gibt, hat es seine beschauliche Atmosphäre bewahrt.

★ SAN PIETRO (ISOLA DI SAN PIETRO)

Provinz: Sud Sardegna | **Fläche:** 50 km² | **Einwohnerzahl:** 6400

Einsame Buchten, eine mitunter dramatische Steilküste und der Salzgeruch des Meeres: Mehr braucht es auf der kleineren der Sulcis-Inseln vor der Südwestküste Sardiniens nicht, um tief durchzuatmen und den Alltag zu vergessen. San Pietro ist etwas für Individualisten. Touristen verschlägt es eher selten hierher.

Zwar wissen wir durch einige wenige archäologische Funde und antike Quellen, dass Phönizier und Karthager auf San Pietro lebten. Dennoch war die Insel über viele Jahrhunderte unbewohnt. Erst 1738 siedelten sich mit Unterstützung König Carlo Emanuele II. von Savoyen ligurische Fischerfamilien dort an, die seit dem 15. Jh. auf Tabarka vor der tunesischen Küste gelebt hatten und dort unter zunehmenden Piratenüberfällen litten. Aus Dank für die Unterstützung des Königs nannten die Neuankömmlinge den von ihnen gegründeten Ort Carloforte. Dass die Vorfahren der Inselbewohner ursprünglich aus Ligurien stammten, zeigt sich bis heute im Brauchtum, in der Architektur und im Inseldialekt, der starke Ähnlichkeiten mit dem Ligurischen hat.

Ligurische Wurzeln

SAN PIETRO ERLEBEN

PRO LOCO
Corso Tagliafico 2
(Hafenpromenade)
09014 Carloforte
Tel. 0781 85 40 09
www.carloforteturismo.it

FÄHREN
Zwischen Carloforte und Porto Vesme sowie zwischen Carloforte und Sant'Antioco pendeln den ganzen Tag über die Fähren der Reederei Delcomar. Die Fahrzeit beträgt rund 40 Minuten.
www.delcomar.it

RISTORANTE DA ANDREA – OSTERIA DELLA TONNARA €€€€
Ob als Carpaccio, ob gegrillt, gebraten oder als Sashimi: Bei Andrea Rosso und seinem Sohn Cristiano dreht sich alles um den Thun. Mit einfachen Zutaten zaubern die beiden aus den natürlich fangfrischen Fischen erlesene Leckerbissen. Das im übrigen behagliche Restaurant residiert in einer alten Tonnara – einer Thunfisch-verabeitungsanlage.

Corso die Battellieri
Carloforte
Tgl. (außer mittwochs) 12.30 bis 14.30 u. 20 – 22.30 Uhr
Tel. 0781 85 57 34
www.ristorantedaandrea.it

DA NICOLO €€€-€€
In dem hellen, lichten Restaurant werden bereits in dritter Generation köstliche, inseltypische Gerichte serviert. Sogar dem Guide-Michelin waren sie eine Empfehlung wert. Top-Spezialitäten sind u. a.
Thunfisch-Carpaccio und ein »casca« genanntes Couscous-Gericht.
Corso C. Cavour 32
Carloforte
Tgl. (außer dienstags) 13 – 15 u. 20 – 23 Uhr
Tel. 0781 85 40 48
www.ristorantedanicolo.com

NICHOTEL €€
Einfach zum Wohfühlen: Das Haus unweit des Fähranlegers wartet mit komfortablen, ausgesprochen geschmackvoll und elegant eingerichteten Zimmern auf. 17 Zi.
Via Garibaldi
Carloforte
Tel. 0782 85 56 74
www.nichotel.it

San Pietro ist nicht mehr als 50 Quadratkilometer groß und doch weist die Landschaft viele Facetten auf. Zwischen dichter Macchia, die das Hügelland des Inselinnern bedeckt, tauchen vereinzelt Weingärten, Olivenhaine und Ackerflächen auf. Im Hinterland der Südküste wird Getreide angebaut. Den wild zerfurchten Steilküsten im Westen der Insel nähert man sich am besten vom Boot aus. Schroffe Felsen ragen hier bis zu 100 Meter auf. Südlich von Carloforte wird die Küste flacher. Hier gibt es auch einige Sandstrände.

San Pietro ist für die **»Mattanza del Tonno«**, eine traditionelle, allerdings grausame Art des Thunfischfangs, bekannt. Dabei werden die Fische, die im Frühjahr in großen Schwärmen die Westküste Sardiniens entlangziehen, zunächst in großen Netzen gefangen und dann in kleinere Netzkammern gedrängt, um schließlich in der »camera de la morte« von den Fischern ins Boot gezogen und erschlagen zu werden. Anlässlich der »Mattanza del Tonno« begehen die Insulaner alljährlich Ende Mai die Sagra del Tonno, ein großes, folkloristisches Spektakel, bei dem sich alles um den Thunfisch dreht.

▌ Wohin auf San Pietro?

Mehr Ligurien als Sardinien

Schon bei der Einfahrt in den Hafen bietet San Pietros Hauptstadt ein bezauberndes Bild: Hinter der palmenbestandenen, breiten Uferpromenade ziehen sich Reihen von in hellen Pastelltönen leuchtenden Häusern einen sanft ansteigenden Hang hinauf. Alles strahlt mediterrane Leichtigkeit aus. Im Ort dann führen enge Gassen über Treppenstufen zu beschaulichen Piazettas hin. Hier und da laden Bars und Restaurants zur Einkehr ein. Bis heute flattert an den schmiedeeisernen Balkonen Wäsche im Wind. In Carloforte scheint **das ländliche Ligurien** auf einmal ganz nah. Dass der Ort auch andere Zeiten erlebt hat und die von der Insel Tabarka geflohenen ersten Siedler auf San Pietro in der Furcht vor Piratenüberfällen lebten, daran erinnern die Reste der Befestigungsanlagen im Castello-Viertel. 1798 überfielen Seeräuber den Ort und verschleppten 830 Einwohner als Sklaven nach Tunis. Erst fünf Jahre später gelang ihnen die Rückkehr. Das Marienbildnis, das sie aus der Gefangenschaft mitbrachten, wird bis heute als »Madonna dello Schiavo«, als »Madonna der Sklaven« verehrt.

Carloforte

Auf San Pietro unterwegs

Von Carloforte führen gut ausgebaute Straßen zu einigen fantastischen Aussichtspunkten an der Küste. Die **Landzunge »La Punta«** bildet den nördlichsten Punkt der Insel. Zwar ist der einsame Ort zum Baden völlig ungeeignet, doch kann man dort ungestört den Blick auf das tiefblaue Meer genießen. Die schwarzen Felsen, die hier aus dem Wasser ragen, bezeugen übrigens den vulkanischen Ursprung San Pietros. Vor der Landzunge findet alljährlich von Ende Mai bis Anfang Juni die **Manzetta del Tonno** statt. Im Osten der Landzunge steht eine stillgelegte Anlage für die Verarbeitung von Thunfisch.

Highlights an der Küste

An der Westküste bietet das **Capo Sandalo** traumhafte Ausblicke über die bis zu 100 m steil zum Meer abfallenden Felsen. Die Straße aus Carloforte endet an einem Leuchtturm, der einsam über die Küste wacht. In den frühen Morgen- und späten Abendstunden, wenn die Felsen in allen Kupfertönen zu leuchten beginnen, ist es hier besonders schön.

OBEN: Generationenverbinden-
der Treffpunkt in Carloforte:
die Piazza Repubblica

UNTEN: An der Punta delle
Colonne stehen die Felsen wie
abgebrochene Säulen in der
Brandung.

Die markante Landzunge **Punta delle Colonne** an der Südküste San Pietros ist nach den steilen, an gemeißelte Säulen erinnernde Felsnadeln aus Trachyt benannt, die dort aus dem Meer ragen. Sie ist über kleine Pfade zu Fuß von der Straße aus (direkt ab Bushaltestelle FMS) zu erreichen. Man geht bis zum Tor eines Bauernhofs, biegt dort links zum schönen Strand Bobba ab und wendet sich an der Küste wieder nach rechts.

★ SANT'ANTIOCO (ISOLA DI SANT'ANTIOCO)

Provinz: Sud Sardegna | **Fläche:** 109 km² | **Einwohner:** 11 700

Ein schon in der Antike von den Karthagern angelegter, drei Kilometer langer Damm führt hinüber auf die größte Insel vor Sardinens Küste. Trotz einiger bezaubernder Sandstrände im Osten und Westen spricht der herb-mediterrane Charme Sant'Antiocos bislang hauptsächlich Individualreisende an. Hier gehen die Uhren langsamer, hier sind die Menschen bodenständiger als anderswo auf Sardinien.

F 15/16

Die meisten Besucher kommen wegen des antiken Sulci nach Sant'Antioco. Der heutige Hauptort entstand auf den Ruinen der im 8. Jh. v. Chr. von Phöniziern gegründeten Stadt. In der Römerzeit zählte der Hafen zu den bedeutendsten Sardiniens. Seit dem 13. Jh. machten immer wiederkehrende Sarazenenüberfälle der Bevölkerung zu schaffen und zwangen sie, die Insel zu verlassen. Für Jahrhunderte war Sant'Antioco nahezu unbewohnt. Erst in der Ära Mussolini gewann die Insel wieder an Bedeutung, denn von dem dafür massiv ausgebauten Hafen wurden die im Sulcis und Iglesiente abgebauten Erze verschifft. Heute ankern hier Sport- und Fischerboote sowie Fährschiffe.

Erz sei Dank!

❚ Wohin in Sant'Antioco-Stadt?

Katakomben und eine Flaniermeile mit Blätterdach

Einzigartig für Sardinien ist das antike Tunnelsystem mit Grabkammern, das unter dem kleinen centro storico der Inselhauptstadt verläuft. Bis vor einigen Jahren nutzten die Bewohner des Orts Teile da-

Altstadt

von als Keller. Die meisten Gänge des Labyrinths sind zwar nicht zugänglich, doch die **Katakomben** unter der **Chiesa Sant'Antioco Martire**, die sich an der Piazza de Gasperi erhebt, können besichtigt werden. Frühe Christen haben hier punische Kammergräber durch Gänge miteinander verbunden und auch als Zufluchtsort genutzt. Der Legende nach soll der heilige Antiochos von Sulci, der auf der Insel den Märtyrertod fand, in den Katakomben bestattet worden sein. Die Kirche wurde zu Beginn des 12. Jh.s von Viktoriner-Mönchen an der Stelle eines frühchristlichen Gotteshauses errichtet. Nicht weniger einmalig als die Katakomben ist allerdings auch der **Corso Vittorio Emanuele** im Zentrum der Stadt. Die Reihen von Platanen, die Sant'Antiocos Flaniermeile beiderseits säumen, bilden ein dichtes Blätterdach. Auch an heißesten Sommertagen ist es hier angenehm kühl, und die Plätze vor den Restaurants und Bars sind vom frühen Morgen bis in die späten Abendstunden belegt.

Katakomben: Mo. – Fr. 9 – 12 u. 15.30 – 17.30, Sommer auch 19 – 20, Sa. 9 – 12, 15.30 – 18, So., Fei. 15.30 – 18 Uhr
www.basilicasantantiocomartire.blogspot.de

Totenstadt und Kultplatz

★

Phönizisch-
punische
Ausgrabun-
gen

Hauptattraktion von Sant'Antioco sind zweifellos die Überreste einer Nekropole des antiken Sulci am nördlichen Stadtrand. Um ihre Toten zu bestatten, hatten bereits die Phönizier dort zahllose und durch Gänge miteinander verbundene Kammergräber in das weiche Trachytgestein gegraben. Später nutzten Römer und Christen die Katakomben als Begräbnisstätte. Einige Schritte von der Nekropole entfernt, legten Archäologen die Überreste eines phönizisch-punischen Kultplatzes (**Tophet**) frei, an dem man den phönizischen Gottheiten Baal und Tanit opferte. Die Wissenschaftler gruben nicht weniger als 1500 kleine Stelen und 3000 Urnen aus, in denen sie Asche und Knochenreste von Kindern und Tieren fanden. Lange nahm man an, dass die Punier ihren Göttern Menschenopfer darbrachten. Doch heute geht man davon aus, dass auf dem Tophet Kinder bestattet wurden, die eines natürlichen Todes starben. Bei den Urnen, die auf dem Gräberfeld zu sehen sind, handelt es sich allerdings um Nachbildungen. Die meisten der antiken Originale stehen ebenso wie die Stelen im Nationalmuseum in Cagliari. Einige Ausgrabungsfunde lassen sich aber auch im anregend gestalteten **Museo Archeologico** gleich am Eingang zum Tophet bestaunen.

Oberhalb der Ausgrabungsstätte ragt auf der Anhöhe die Ruine des **Forte Sabaudo** auf, das 1812 erbaut, aber schon wenige Jahre später von Piraten wieder zerstört wurde. Von dort lassen sich tolle Rundblicke über die Insel genießen.

Museo Archeologico/Tophet/Forte Sabaudo: Apr. – Sept. tgl. 9 – 20 Okt. – März tgl. 9.30 – 13 u. 15 – 18 Uhr | Eintritt: 13 €
www.archeotur.it/santantioco/

SANT'ANTIOCO ERLEBEN

SANT'ANTIOCO PRO LOCO
Piazza Repubblica 41
Tel. 0781 84 05 92
www.prolocosantantioco.it

DA PASQUALINO €€
Die kleine, sympathische und famili-
engeführte Trattoria ist seit Jahren
eine Institution innerhalb der Insel-
gastronomie. Die Autorin empfiehlt
»Frittura Mista« – frittierte Garnelen,
Sardinen und Tintenfischringe.
Via Regina Margherita 85
Calasetta
Tel. 0781 88 473

ZEFIRO €€
Hier kommen bestes Seafood wie Oktopussalat oder zu einer Roulade ge-
formter und mit Zucchini und Radic-
chio gefüllter Schwertfisch auf den

Tisch. Das sardische Nationalgericht
Burrida, eine Fischsuppe mit Pinien-
kernen, Walnüssen, Weinessig und
Knoblauch, ist eine Spezialität des
Hauses. Das Restaurant liegt in einem
üppigen Garten versteckt und bietet
eine Panoramasicht auf das Meer und
die sardische Küste.
Via Carducci 15
Sant'Antioco
Di. – So. 12.45 – 14.30 u. 20 – 23 Uhr
Tel. 0781 82 80 14
www.ristorantezefiro.com

DEL CORSO €
Das sympathische kleine Mittelklasse-
Hotel bietet seinen Gästen besondere
Services wie Ausflugsberatung oder
Kofferaufbewahrung nach dem Aus-
checken. Die Ausstattung der Zimmer
entspricht modernem Standard.
Corso Vittorio Emanuele 32
Sant'Antioco
Tel. 0781 82 02 65

Wohin auf der Insel Sant'Antioco?

Am Reißbrett entworfen
Das kleine, nette Fischerdorf an der Nordwestküste von Sant'Antioco   Calasetta
ist dank einiger schöner Badestrände wie der **Spiaggia Sottotorre**
und der **Spiaggia Salina** das **touristische Zentrum der Insel**. Von
hier aus setzen regelmäßig Fähren nach Carloforte auf San Pietro
über. Wie die Schwesterstadt auf der Nachbarinsel wurde Calasetta
von ligurischen Fischerfamilien gegründet, die, durch Piraten von Tabarka vor der tunesischen Küste vertrieben, auf Sant'Antioco mit Unterstützung von Carlo Emanuele III. eine neue Heimstatt fanden.
Calasetta ist als **geplante Idealstadt** entstanden, deren schach-
brettartiges Straßennetz sich im Ortskern bis heute erhalten hat.
Ebenso wie im nahen Carloforte erinnern Dialekt, Brauchtum und
Küche daran, dass die Vorfahren der meisten Einwohner ursprünglich aus Ligurien stammten.

Einsame Buchten und faszinierende Aussichtspunkte

Inselrund-fahrt

Mittlerweile führen mehr oder weniger gut ausgebaute Straßen meist nahe der Küste um Sant'Antioco herum und zu einladenden Aussichtspunkten hin. Auf Höhe der **Klippen von Mangiabarche di Terra** südlich von Calasetta etwa ragt auf einem winzigen Inselchen draußen vor der Küste ein einsamer Leuchtturm auf und weist den Schiffen den Weg. Besonders in den frühen Abendstunden, wenn die Sonne hinter ihm im Meer versinkt, ist das ein unvergesslicher Anblick. Einige Kilometer weiter südlich führt die Straße unmittelbar an der **Cala Sapone** vorbei. Der Strand ist zwar recht schmal und der Sand grobkörnig, doch dafür ist das Wasser glasklar, und außerdem gibt es ein Strandrestaurant. Vom Parkplatz oberhalb der Cala Sapone führt ein Weg hinunter zur **Cala della Signora**, einer felsigen Bucht, in der Wind und Wetter zauberhafte Gebilde aus dem weichen Vulkangestein geschnitten haben. Rund zehn Kilometer hinter der Cala Sapone ist die Südspitze Sant'Antiocos, der **Capo Sperone**, erreicht. Die weit aufs Meer hinausragende Landzunge besticht durch ihre zerklüfteten Klippen. Vom Capo Sperone geht es die Ostküste hinauf und an dem kleinen Badeort **Maladroxia** vorbei nach Sant'Antioco-Stadt.

★★ SANTA TERESA GALLURA

Provinz: Sassari | **Höhe:** 40 m ü. d. M. | **Einwohnerzahl:** 5200

Der Ort an der Straße von Bonifacio ist die nördlichste Stadt Sardiniens. Kein Wunder also, dass dort der kalte Mistral aus Frankreich oft durch die Gassen pfeift. Und in den ohnehin heißen Sommermonaten heizt der aus Westen kommende Poniente die Luft zusätzlich auf. Der Scirocco, der dann häufig aus der Sahara herüberweht, führt feinsten Wüstensand mit, der sich über alles legt. Doch Einwohner wie Feriengäste stört das nicht, denn Santa Teresa bietet Urlaubsatmosphäre pur.

Königliche Planung

Santa Teresa Gallura ist ein vergleichsweise junger Ort, der erst 1808 gegründet wurde. Kein geringerer als König Vittorio Emanuele I. von Sardinien (1759 – 1824) entwarf den Plan für die neue Siedlung und benannte sie nach seiner Gemahlin. Der Herrscher hoffte, durch die Stadtgründung den Schmuggel zwischen Korsika und Sardinien eindämmen zu können. Heute setzen mehrmals täglich Fähren nach San

Bonifacio auf Korsika über. Dank einiger Traumstrände und der herben Schönheit der landschaftlichen Umgebung hat sich Santa Teresa di Gallura seit den 1960er-Jahren zu einem beliebten Urlaubsort entwickelt. In der Sommermonaten Juli und August verdreifacht sich die Einwohnerzahl regelmäßig.

Wohin in Santa Teresa Gallura?

Viel Trubel und viel Heiterkeit

Wer durch die Altstadt von Santa Teresa di Gallura spaziert, dem zeigt sich auf Schritt und Tritt, dass die Stadt am Reißbrett entstanden ist. Die schnurgeraden Straßen, die den Ortskern durchziehen, laufen rechtwinkelig aufeinander zu. Die strenge Geometrie schadet der **beschwingten Urlaubsatmosphäre**, die den Sommer über herrscht, allerdings nicht. Allerorten locken Bars, Kneipen, Restaurants, und allerorten laden Geschäfte für dies und das zum Stöbern ein. Die zentrale **Piazza Vittorio Emanuele** wirkt sogar wie ein einziges großes Straßenlokal. Besonders in den Abendstunden treten hier Straßenmusikanten, Akrobaten und andere Künstler auf. Von der Piazza führt die **Via XX. Settembre** zur Aussichtsterrasse der Stadt, der **Piazza Libertà**. Jetzt sind es nur noch ein paar Schritte bis zum Torre Longosardo, der hoch über dem Meer auf einem Felsen thront. Richtung Westen zieht sich tief unter ihm das helle Sandband

In der Altstadt

Fantasieanregende Granitformen auf der Halbinsel Capo Testa

SANTA TERESA GALLURA ERLEBEN

UFFICIO TURISTICO
Piazza Vittorio Emanuele I
Tel. 0789 74 81 28
www.santateresagalluraturismo.
com

SPIAGGIA RENA BIANCA
Der kleine, halbmondförmige Hausstrand liegt nur wenige Minuten vom Zentrum Santa Teresa di Galluras entfernt. Er fällt flach zum Meer ab und ist daher für Familien mit Kindern ideal. Wie überall auf Sardinien ist das Meer nahe des Strandes kristallklar und schimmert je nach Lichteinfall in Türkis- und Aquamarintönen. Der Sand ist hell und feinkörnig. In der Saison gibt es einen Liegstuhl- und Sonnenschirmverleih und einen einfachen Strandkiosk.

SPIAGGIA DI RENA MAJORE
Für viele ist der helle, feinsandige Strand nahe des Feriendorfes Rena Majore 8 km südlich von Santa Teresa di Gallura einer der schönsten Sardiniens. Dünen, Macchia, Pinien und bizarre Felsen rahmen ihn ein. Eine einfache Strandbar ist vorhanden. Sie erreichen den Strand von Santa Teresa di Gallura über die SP 90.

FÄHREN
Von Santa Teresa fährt Moby Lines viermal täglich nach Bonifacio auf Korsika. Die Überfahrt dauert keine Stunde – ein idealer Tagesausflug.
www.mobylines.de

RISTORANTE L'OSTERIA €€€
Das vom Guide Michelin empfohlene Seafoodrestaurant lockt mit köstlichen Fisch- und Meeresfrüchtespezialitäten wie Muschelgerichten oder Dorade in Salzkruste und seiner Lage am Yachthafen.
Viale la Marina
Loc. Porto Turistico
Tel. 0789 75 52 16

RISTORANTE DA THOMAS €€€-€€
Das Restaurant liegt am Rand der Altstadt. Es verwöhnt seine Gäste mit köstlichen Häppchen aus dem Meer wie Muschelgerichte und fangfrischem Pescato del giorno als Tagesgericht.
Via Val D'Aosta 22
Tgl. 12 – 15 u. 19 – 23 Uhr
Tel. 07689 75 51 33
www.ristorantedathomas.it

TRATTORIA DA GIANNI €€
Für den kleinen Hunger nach einem Stadtbummel: Die Trattoria nahe der Piazza Vittorio Emanuele I im Zentrum ist auch bei Einheimischen sehr beliebt und bietet täglich wechselnde Pasta-Gerichte.
Via XX Settembre 6
Tel. 0789 75 52 53

RESORT VALLE DELL'ERICA €€€€
Eines der schönsten Ferienresorts im Norden Sardiniens: Die mittlerweile zwei Fünf-Sterne-Hotels liegen östlich von Santa Teresa di Gallura gegenüber der Isola Spargi in einem 28 ha großen, üppig mit Palmen und Bougainvilleen bepflanzten Park. Nicht weniger als 7 Restaurants und 3 Bars

sorgen für das leibliche Wohl der Gäste. Highlight der Anlage ist der hoteleigene 1400 Meter lange Strandabschnitt. Das renommierte Thalasso & Spa Center »Le Thermae« verbindet sardische Natur mit einem Hauch von Luxus. 136 u. 116 Zi.
Loc. Valle dell'Erica, 12 km östlich von Santa Teresa
Tel. 0789 79 03 40
www.hotelvalledellerica.com

LA FUNTANA €€€
Das moderne Mittelklasse-Hotel liegt südlich der Altstadt, das Zentrum von Santa Teresa Gallura und der Hafen sind bequem zu Fuß zu erreichen. Die Zimmer sind hell und geschmackvoll

im sardischen Stil eingerichtet. Es gibt einen großen Pool und auch einen kleinen Kinderspielplatz im Garten. Das Restaurant serviert sardische Spezialitäten. 53 Zi.
Via Nazionale 69
Tel. 0789 74 10 25
www.hotellafuntana.com/de

HOTEL MODERNO €€-€
Einfach, preiswert, doch sehr sympathisch: Das B & B-Haus liegt in der Altstadt ganz in der Nähe der zentralen Piazza Vittorio Emanuele I, bis zum Strand sind es nur 350 m. 16 Zi.
Via Umberto 39
Tel. 0789 75 42 33
www.modernohotel.eu

---

des Hausstrandes von Santa Teresa, die **Rena Bianca**, die Küste entlang. Im Osten fallen die Klippen zur fjordartigen **Hafenbucht** ab. Um zur Marina und zum Fähranleger zu gelangen, muss man allerdings zurück durch fast die ganze Stadt, denn sie liegen am Ende der langen, engen Bucht.

Rund um Santa Teresa

Stimulans für die Phantasie
Drei Hexen oder Feen, die auf einen Plausch zusammenstehen, ein gigantischer Pilz, ein Jaguar im Sprung und die Flosse eines Walfischs: Die Felsen des Capo Testa entzünden und befeuern die Phantasie. Die ganze Macht von Wind und Wasser hat hier in Millionen von Jahren aus gewaltigen Granitsteinblöcken einen ganzen Park skurriler Figuren geschaffen, die wie die aufeinander getürmten Bauklötze eines Riesen wirken. Die Granitfelsen, die voller Leben und Dynamik zu sein scheinen, stacheln aber nicht nur die Imagination an, sondern reizen auch zum Klettern und Kraxeln. Deshalb sollte man Turnschuhe immer dabei haben.

Capo Testa

Der Capo Testa ist nur durch eine schmale, rund zwei Kilometer lange Landbrücke mit der Nordküste Sardiniens verbunden. Beiderseits des Isthmus liegen einige schöne und beliebte Strände: Die mit wilden Granitformationen durchsetzte **Rena di Levante** und **Rena di Ponente** sind allerdings häufig starken Winden ausgesetzt. Wenn der Wind sich dreht und aus einer anderen Richtung pfeift, wechseln Sonnenanbeter und Wasserratten einfach den Badeplatz.
Für eine Umrundung des Kaps muss man mehrere Stunden einpla-

nen. Der anstrengende Fußmarsch auf einem staubigen Trampelpfad wird aber mit immer neuen Aussichten auf das Meer und die Gesteinsformationen belohnt. Reizvolle Fotomotive ergeben sich auf Schritt und Tritt. Der alte, stillgelegte **Leuchtturm an der Cala Spinosa** im Norden der Halbinsel etwa scheint von seiner Farbe her fast schon mit den Felsen verwachsen zu sein. Auch aus dem Gestrüpp der Macchia, das Teile des Capo Testa bedeckt, ragen wie poliert wirkende Felsblöcke hervor. Manche sind mit braunen Flechten bewachsen. Die Spalten und Ritzen in dem Gestein bieten Geckos und Salamandern ein optimales Versteck. Während die ockerfarben leuchtenden Granitfelsen zu Klettereien verlocken, jagen vom Wind angetriebene Wolken über den Himmel. Aber auch das im Sonnenlicht glitzernde, türkisfarbene Meer trägt zur unwirklichen Schönheit der Landschaft bei.

In den 1970er-Jahren entdeckten Hippies den Capo Testa für sich. Sie schlugen ihre Zelte im versteckten **Valle della Luna** im Westen des Kaps auf und durchtanzten die mondhellen Nächte zum Klang der Trommeln. Das Tal ist nicht leicht zu finden, nur ein Pfad, der sich durch dichte, niedrige Macchia windet, führt vom Parkplatz am Ende des Isthmus dorthin. Hinweisschilder gibt es nicht.

★★ SASSARI

Provinz: Sassari | **Höhe:** 225 m ü. d. M. | **Einwohnerzahl:** 127 600

In der zweitgrößten Stadt Sardiniens prägen die Studenten der altehrwürdigen Universität das Alltagsleben. Während des Semesters sieht man sie in den Cafés der Stadt zusammensitzen und eifrig diskutieren. In den Buchhandlungen springen die Fachbücher vieler wissenschaftlicher Disziplinen ins Auge. Sassari, das im Wettstreit um die Gunst der Touristen dem nahen Alghero meist unterlegen ist, lockt allerdings zweimal im Jahr Tausende von Besuchern an: Zur Cavalcata Sarda, einem alljährlich im Mai stattfindenden Volksfest, und der Lichterprozession im August kommen Menschen aus allen Teilen Sardiniens in die Stadt.

Stadt freiheits-liebender Bürger

Sassari liegt, eingebettet zwischen Olivenhainen und Weinbergen, rund zehn Kilometer von der Nordostküste Sardiniens entfernt. Die Gründung der Stadt geht auf Bewohner der nahen Hafenstadt Porto Torres zurück, die im 12. Jh. vor Piratenüberfällen in das Landesinnere flüchteten. Mit Beginn des 13. Jh.s entwickelte sich der Ort zu einem bedeutendenden Handelszentrum, das bereits um 1250 von

OBEN: Den Frühling begrüßen,
den Frühling auf den Lippen:
ausgelassene Stimmung auf der
Cavalcata Sarda.

UNTEN: Jedes Dorf präsentiert
dazu stolz seine eigene, unver-
wechselbare Tracht.

SASSARI ERLEBEN

UFFICIO TURISTO
Via Sebastiano Satta 13
Tel. 079 20 08 072
www.comune.sassari.it

MARKT AUF DER PIAZZA TOLA
Hier decken sich die Bewohner Sassaris mit frischem Obst und Gemüse, Fleisch, Fisch, Schafs- und Ziegenkäse ein.
Piazza Tola
Mo – Fr. vormittags

BOTTEGA SARDA
Handgewebte sardische Teppiche und bestickte Decken sowie Keramik aus den besten Töpferateliers Sardiniens: Seit bald drei Jahrzehnten ist das Geschäft eine erste Adresse für hochwertiges Kunsthandwerk.
Via Cavour 50
Mo. – Sa. 9 – 13 u. 16.30 – 20 Uhr
Tel. – 079 23 52 68
www.artigianatobottegasarda sassari.it

I CANDELIERI
Am Vorabend von Ferragosto, dem Fest Maria Himmelfahrt am 15. August, treffen sich Alt und Jung, Einheimische wie Touristen zur Lichterprozession an der Piazza d'Italia. Angehörige der neun Bauern- und Handwerkszünfte tragen dann gigantische Kerzenleuchter durch die Stadt. Von der Piazza d'Italia geht es über den Piazza Cavello und den Corso Vittorio Emanuele II. zur Kirche Santa Maria de Betlem, wo die Leuchter dann bis zum nächsten Jahr aufbewahrt werden

CAVALCATA SARDA
S. 184

❷ L'ANTICA HOSTARIA €€€
Eine der Top-Adressen von Sassari: Küchenchef Sabino Cangialosi zaubert hier feinste Leckerbissen, die doch in den Traditionen der bodenständigen sardischen Küche verwurzelt sind.
Via Cavour 55
Tgl. 13 – 23 Uhr
Tel. 079 20 00 66
www.lanticahostaria.eu

❶ IL VECCHIO MULINO €€
Hier kommen in rustikalem Ambiente sardische Klassiker und hausgemachte Pasta auf den Tisch. Die »alte Mühle«, die in einer kleinen Altstadtgasse versteckt liegt, ist die richtige Adresse für einen netten und zudem recht günstigen Abend.
Via Frigaglia 5
Tgl. 20 – 23 Uhr
Tel. 079 492 0324

❸ LA VOLPE E L'UVA €€
Hier können die Fans knuspriger Pizza ganz besondere Spezialitäten wie die Pizza Tiu Barore mit sardischer Wurst und Pecorino kosten. Das Restaurant residiert in einem rustikalen Gewölbekeller und bietet zudem eine Riesenauswahl an sündhaften Dolci und umwerfend leckeren Desserts.
Via Giorgio Asproni 24
Tgl. 12.30 – 15, 20 – 23 Uhr
Tel. 079 27 27 11
www.lavolpeeluvasassari.it

❶ LEONARDO DA VINCI €€
Das sympathische Drei-Sterne-Hotel

wartet mit typisch italienischem Ambiente auf. Das Foyer ist mit üppigen Sofas ausgestattet und in den Zimmern hängen schwere Vorhänge an den Fenstern. Die kleine Hotelbar bietet sich als Treffpunkt für einen Sundowner an. 119 Zi.
Via Roma 79
Tel. 079 28 07 44
www.leonardodavincihotel.it

② VITTORIO EMANUELE €€

Hinter der altehrwüdigen Fassade des Hotels an Sassaris Shopping- und Flaniermeile verbergen sich kontrastierend sehr elegant und modern eingerichtete Gästezimmer, die zum Verweilen einladen. 45 Zi.
Corso Vittorio Emanuele 100/102
Tel. 079 235538
www.hotelvittorioemanuele.ss.it

❶ Il Vecchio Mulino
❷ L'Antica Hostaria

❸ La Volpe e L'Uva

❶ Leonardo da Vinci
❷ Vittorio Emanuele

181

einer gewaltigen, heute nur noch in wenigen Resten erhaltenen Mauer mit nicht weniger als 37 Türmen und vier Toren umgeben war. Nachdem die Genueser Sassari gegen Ende des 13. Jh.s das Stadtrecht verliehen hatten, riefen die Bürger prompt die Republik aus und gaben sich eine eigene Rechtsordnung, die bis in das 18. Jh. gültigen **Statuti Sassaresi**. Diesen **Drang nach Unabhängigkeit** bekamen später die aragonischen sowie die spanischen Herrscher über Sardinien und zuletzt die Savoyer zu spüren: 1796 zog **Giovanni Maria Angioy**, der große Held der »sardischen Revolution«, von Sassari aus mit einem Heer gen Cagliari, um den Statthalter des Königs zu vertreiben. Der Zug wurde jedoch gestoppt, und Angioy musste ins revolutionäre Frankreich fliehen. Im 19. Jh. entwickelte sich Sassari zum **industriellen Zentrum Nordsardiniens** und wuchs über die Grenzen der bereits 1836 geschliffenen mittelalterlichen Stadtmauer hinaus. Die rechtwinkelig aufeinander zulaufenden Straßenzüge, die damals rund um das Gewirr der Altstadtgassen entstanden, künden von der neuen Zeit. Bis heute dominieren außerhalb des centro historico Gewerbe- und Industriegebiete sowie recht schäbig anmutende Hochhäuser das Stadtbild. Doch in der Altstadt gibt es noch einige schöne Plätze zu entdecken.

▎ Wohin in Sassari?

Die gute Stube der Stadt
Die 1872 angelegte Piazza verbindet das Gassengwirr des centro historico mit den rechtwinkelig aufeinander zulaufenden Straßenzügen der im 19. Jh. entstandenen neuen Stadtviertel. Hier ist immer allerhand los, denn der Platz ist zentraler Treffpunkt von Jung und Alt. Er dehnt sich über eine Fläche von nicht weniger als einem Hektar aus und ist von beeindruckenden Gebäuden umgeben. Schönster Hintergrund für eine Selfie dürfte der zwischen 1873 und 1880 erbaute **Palazzo della Provincia** sein, dessen langgestreckte neoklassizistische Fassade an ein gewaltiges Schloss erinnert. Gleich gegenüber nimmt, an der westlichen Seite der Piazza, der **Palazzo Giordano** von 1878 den Blick gefangen. Hinter seiner auffälligen neugotischen Fassade wickelt heute der Banco di Credito Sardo Geldgeschäfte ab. In der Mitte des Platzes steht, inmitten einer palmenbestandenen Grünanlage, eine **Statue Vittorio Emanueles II.** (1820 – 1878), des ersten Königs des vereinigten Italien. Als König Umberto I. (1844 – 1900) und seine Gemahlin Königin Margarethe im April 1899 anläßlich der Einweihung des Denkmals sich die Ehre gaben und in die Stadt kamen, bedankten sich die Einwohner Sassaris mit einem prachtvollen Fest für den Besuch. Mehrere hundert Reiter in historischen Kostü-

Piazza d'Italia

Beste Freundinnen teilen (fast) alles – auch die Stufen hinauf zum Dom San Nicola

men und Trachtengruppen nahmen daran teil. Die **Cavalcata Sarda**, die sich zuem glanzvollsten Trachtenfest Sardiniens entwickelte, war geboren.

Schnurgerade Flaniermeile in verwinkelten Altstadtgassen

Corso Vittorio Emanuele II., Duomo San Nicola

An der Westseite der Piazza d'Italia führt eine schmale, von Arkaden gesäumte Gasse auf die **Piazza Castello**. Nur der Name erinnert daran, dass hier ein aragonisches Kastell stand, das 1878 der Kaserne La Marmora weichen musste. Von dort geht es über den Largo Cavalotti und die Piazza Azuni zum **Corso Vittorio Emanuele**, der Shopping- und Flaniermeile der Stadt, die das Gassengewirr des centro storico schnurgerade durchzieht. Die schmale, im übrigen verkehrsberuhigte Straße wird von Bürgerhäusern des 15. und 16. Jh.s gesäumt. Auf Höhe des Teatro Civico, eines klassizistischen Baus von 1839, zweigt die Via di Duomo vom Corso ab. Sie führt geradewegs zum **Dom San Nicola**, einer ursprünglich romanischen Basilika des 13. Jh.s, deren Fassade um 1700 im Stil des Barock neu gestaltet wurde. Seitdem schmücken verschnörkelte Friese, Ranken und Putten das Mauerwerk. In den Nischen über dem Portikus sind Statuen der Schutzpatrone von Sassari und des hl. Nikolaus aufgestellt. Innen sind besonders das barocke Chorgestühl und auf dem Hauptaltar das Bild »Madonna del Bosco« von 1400 sehenswert.

Schätze der Vergangenheit

Museo Archeologico Giovanni Antonio Sanna

Das nach dem aus Sassari stammenden Unternehmer und Mäzen G. A. Sanna benannte Museum lädt zu einer Zeitreise durch die Geschichte Sardiniens ein. Während des Rundgangs durch die Säle des Hauses lassen sich die verschiedenen Phasen der sardischen Kulturentwicklung von der Altsteinzeit bis zu Spätanike und Mittelalter anhand einer ganzen Fülle von archäologischen Funden studieren. Die Ausstellung in Saal 5 gleich hinter der Eingangshalle geht sogar noch weiter in der Erdgeschichte zurück, denn sie ist dem sog. **versteinerten Wald von Martis** gewidmet. Die fossilen Baumstämme, die auf einer Wiese nahe des 500-Seelen-Dorfs 44 Kilometer östlich von Sassari liegen, versanken vor vielen Millionen Jahren in einem See und vermoderten nicht etwa, sondern wurden in Siliciumdioxid umgewandelt. In Saal 6 dann sind Funde zu sehen, die Archäologen bei Ausgrabungen um den prähistorischen Altar am **Monte d'Accoddi** nördlich von Sassari freilegten. Manche sind 6000 Jahre alt. Die Räume 7 und 8 zeigen **Grabbeigaben aus den Domus de Janas und den Gigantengräbern** der Kupfer- und der frühen Bronzezeit. Von Raum 8 geht es über eine Treppe in den Saal 9 im Obergeschoss. Hier erfährt man viel Wissenswertes über die nuraghische Kultur. **Rekonstruktionen der beiden wichtigsten Nuraghentypen**, der sogenannten Kuppelnuraghe und der Korridornur-

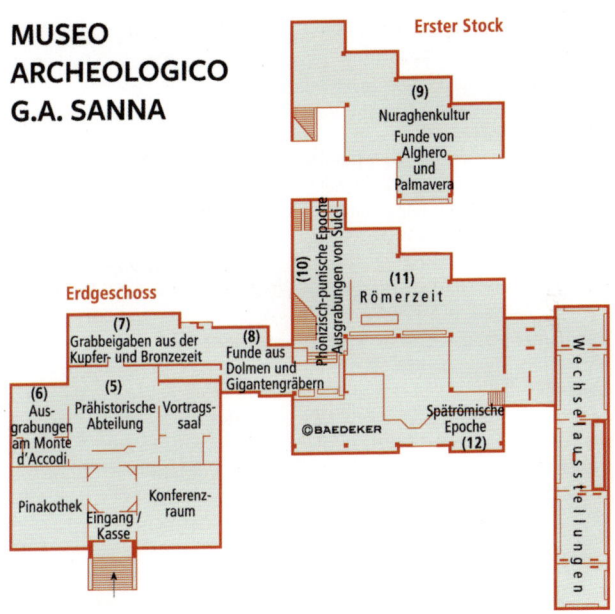

MUSEO
ARCHEOLOGICO
G.A. SANNA

Erster Stock

(9)
Nuraghenkultur
Funde von
Alghero
und
Palmavera

Erdgeschoss

(7)
Grabbeigaben aus der
Kupfer- und Bronzezeit

(8)
Funde aus
Dolmen und
Gigantengräbern

(10)
Phönizisch-punische Epoche
Ausgrabungen von Sulci

(11)
Römerzeit

(6)
Ausgrabungen
am Monte
d'Accodi

(5)
Prähistorische
Abteilung

Vortrags-
saal

Spätrömische
Epoche
(12)

Wechselausstellungen

Pinakothek

Eingang /
Kasse

Konferenz-
raum

© BAEDEKER

aghe, veranschaulichen die Bauprinzipien der Epoche. Auch die fein gearbeiteten Schmuckstücke, Bronzestatuetten und Gebrauchsgegenstände bringen den Besuchern die Menschen der Nuraghenzeit näher. Danach geht es wieder hinunter ins Erdgeschoss. Saal 10 entführt in die **Welt der phönizisch-punischen Seefahrer** und Saal 12 in die **Römerzeit**. Hier sind vor allen Dingen Gebrauchsgegenstände wie Öllampen, Geschirr, geblasenes Glas und Goldschmiedearbeiten zu sehen. In Saal 12 sind spätrömische Sarkophage, Skulpturen, Mosaike und Amphoren aus Turris Libyssonis, dem heutigen Porto Torres, ausgestellt. Das Museum residiert in einem frühklassizistischen, in einem herrlichen Garten gelegenen palladianischen Gebäude, das durch moderne Anbauten eine Erweiterung erfuhr. Die Pinakothek links der Eingangshalle umfasst 250 Gemälde, die G. A. Sanna stiftete.

Via Roma 64 | Di – Sa 9 – 20 u. So 9 – 14 Uhr | Eintritt: 4 €
www.museosannasassari.it

Tempel der Gelehrsamkeit

Die etwa 20 000 Studenten Sassaris eint der Stolz auf ihre bald 500 Jahre alte Universität. Die Hochschule, die älteste Sardiniens, wurde 1562 auf Initiative von Alessio Fontana, einem angesehenen Bürger

Università

Sassaris gegründet und zunächst von Jesuiten geleitet. Heute unterrichten an den mittlerweile elf Fakultäten rund 700 Dozenten. Das zwischen 1559 und 1566 errichtete Hauptgebäude der Universität erreicht man von der Piazza Castello aus am besten über die Via Arborea. Besonders der **Kreuzgang** des nördlichen Flügels, der einen kleinen Garten umgibt, ist sehenswert. Die im ersten Stock untergebrachte **Bibliothek** nennt rund 200 000 Bände ihr eigen und ist auch für die Bürger der Stadt zugänglich.

Hinter der Universität erstreckt sich der weitläufige Stadtpark (Giardini Publici). Hier lockt der **Padiglione dell'Artigianato** mit einer ständigen Ausstellung zu sardischem Kunsthandwerk.

Sardische Volksmusik in alten Filmaufnahmen

Museo
Etnografico
Francesco
Bande

Ein reich verziertes Akkordeon und einfühlsame, schwermütige Lieder waren die Markenzeichen des nicht nur in Sassari und Umgebung berühmten Volksmusikers Francesco Bande (1930 – 1988). Das ihm gewidmete Museum zeigt zahlreiche kostbare sardische **Trachten** und natürlich eine Reihe von **traditionellen Musikinstrumenten**, die Bande noch spielen konnte, die heute aber fast verschwunden sind. Ein ganz besonderes Bonbon sind die historischen Filmaufnahmen, die den Meister des Akkordeons in Aktion zeigen. Alljährlich im August veranstaltet die Stadt das Festival »Francesco Bande«, auf dem Volkstanzgruppen, die sich den auch von Bande gepflegten musikalischen Traditionen Sardiniens verpflichtet fühlen, ihre Kunst darbieten. Das Museum liegt nur einen Steinwurf weit vom Stadtgarten entfernt.

Via Francesco Muroni 44 | Tel. 079 23 65 72 | Mo. – Fr. 10 – 12 Uhr
www.museobande.it

▌ Rund um Sassari

Juwel toskanischer Architektur

Santissima
Trinità di
Saccargia

Sardiniens berühmteste Kirche ragt einsam wie ein Solitär in einer Talmulde des Logudoro etwa 18 Kilometer südöstlich von Sassari an der SS 597 Richtung Oschiri auf. Dank des 41 Meter hohen Glockenturms und des hell-dunkel gestreiften Mauerwerks ist sie schon von Weitem sichtbar und auch unverkennbar. Der Legende nach – daher wohl der Name »sa acca argia« – »die gefleckte Kuh« – soll die Kirche genau an der Stelle errichtet worden sein, an der sich eine Kuh zum Gebet niederließ. Wahrscheinlicher ist allerdings, dass die Mönche des Kamaldulenser-Ordens einen sehr viel bescheideneren Vorgängerbau, den ihnen der Richter von Torres geschenkt hatte, von Baumeistern aus der Toskana erweitern und zu ihrer Abteikirche ausbauen ließen. Der Campanile und die Westfassade mit ihren Blendarkaden und Rosetten tragen ebenso wie natürlich das Mauerwerk unverkennbar die Handschrift **pisanischer Architekten**. Ja, die friedlich ruhenden Kühe am linken Eckpfeiler der Vorhalle ähneln den Tierdarstellungen über der Gründungsinschrift des Schiefen Turms von Pisa. Anrührend ist ein Besuch im Inneren der Kirche. Das Halbdunkel des schlichten, schmucklosen Raums bildet einen reizvollen Konstrast zur üppig gestalteten Außenfassade und lädt zu innerer Einkehr ein. Dies gilt besonders für die ergreifenden Fresken in der mittleren Apsis, die Christus als Weltenrichter, die Jungfrau Maria mit den – einschließlich des Paulus – dreizehn Aposteln sowie Szenen aus dem Leben Jesu zeigen. Sie wurden im 13. Jh. von einem pisanischen Künstler geschaffen und zählen zu den **wenigen noch erhaltenen Zeugnissen romanischer Wandmalerei in Italien.** Die Weihe der Kirche selbst fand 1116 statt. Als die Kamaldulenser die Abtei 1384 aufgaben, schien sie dem Verfall preisgegeben. Erst im 19. Jh. wurde sie wiederentdeckt und umfassend restauriert. Von den übrigen Klostergebäuden sind nur Mauerreste erhalten. Am Ausgang des Gotteshauses wartet ein kleiner Laden mit einer schönen Auswahl an Kunstbüchern, Keramiken und sardischem Schmuck auf. In den Sommermonaten hat gegenüber der Kirche ein kleines Café geöffnet.

April – Okt. tgl. 9 – 18.30 Uhr, Nov. – März nach Vereinbarung mit Coop Aretè | mobil: 347 00 78 82

Imposante Trutzburg

Santu Antine

Ca. 40 Kilometer südlich von Sassari liegt das sogenannte **Valle dei Nuraghi**, eine weite, von erloschenen Vulkankegeln und Tafelbergen umgebene fruchtbare Hochebene, in der bereits die Menschen der Nuraghenzeit Schutz fanden. Nicht weniger als zehn prähistorische Grabanlagen und mehrere Dutzend Nuraghen liegen in dem Gebiet verstreut. Das gewaltigste dieser Bauten ist zweifellos die **Nuraghe Santu Antine** nahe des Dorfes Torralba, von den Sarden Sa »Dòmu de su Rèi« – »das Haus des Königs« – genannt. Majestätisch und erhaben ragt die mächtige Trutzburg in der weiten Landschaft auf. Der vermutlich im 16. Jh. v. Chr. errichtete Hauptturm, der es heute noch auf eine Höhe von 17,5 Meter bringt, muss einmal über 20 Meter hoch gewesen sein. Später errichteten die Nuraghier drei kleinere Ecktürme um diesen Turm herum, die durch **massive Wehrgänge mit Schießscharten** verbunden waren. Zwei Brunnen im Innenhof der Festung sicherten die Wasserversorgung. Rings um die Anlage legten Archäologen die Überreste eines nuraghischen Dorfes frei. Das Valle di Nuraghi ist von Sassari aus über die SS 131 zu erreichen.

April – Sept. tgl. 9 – 20, Okt. – März tgl. 9 – 17 Uhr | Eintritt: 6 €
www.nuraghesantuantine.it

SARDINIENS BERÜHMTESTE KIRCHE

Einsam in einer weiten Talmulde des Logudoro erhebt sich imposant die Santissima Trinità di Saccargia. Schlicht und doch beeindruckend ist ihr hell-dunkel gestreiftes Mauerwerk, das toskanische Einflüsse verrät. Will man der Legende glauben, so kniete an der Stelle, wo die Kirche gebaut wurde, eine Kuh zum Gebet nieder. Daher leitet sich womöglich auch ihr Name ab: »sa acca argia« (»die gefleckte Kuh«).

❶ Glockenturm
Der Turm, dessen Höhe noch durch die Lisenen (senkrechte, schwach hervortretende Mauerstreifen) optisch verstärkt wird, ist 41 m hoch und 8 x 8 m breit.

❷ Portikus
Die Vorhalle zeigt auf ihren Kapitellen und Bogenfriesen neben Pflanzen auch Darstellungen von Tieren und monsterhaften Wesen. Die friedlich ruhenden Kühe am linken Eckpfeiler ähneln den Tierdarstellungen über der Gründungsinschrift (1174) am Schiefen Turm von Pisa und nehmen eventuell Bezug auf den Namen der Kirche: »sa acca argia« heißt »die gefleckte Kuh«. Möglich wäre aber auch die Ableitung von »sa accargia« = die Kuhhirtin. Dieser Portikus ist der einzige an einer Kirche auf Sardinien.

❸ Fassade
Die Fassade ist mit zwei Reihen von Bögen geschmückt, die mit Rosetten und bunte Diamanten verziert sind. Im mittleren Bogen gibt es eine kreuzförmige Öffnung.

❹ Innenraum
Der mit einem Holzbalkendach versehene Innenraum der einschiffigen Kirche ist von strenger Schlichtheit. Er wurde nach der Apsis von 1116 erbaut.

❺ Fresken
Auf Sardinien einzigartig sind die byzantinisch beeinflussten Fresken in der Mittelapsis (13. Jh.), die wohl von einem pisanischen Künstler geschaffen wurden und zu den wenigen überdauerten Werken der romanischen Freskenmalerei Italiens gehören.

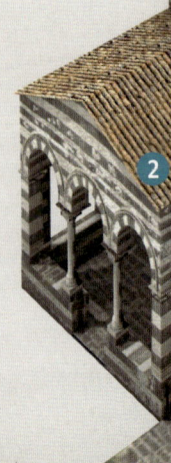

TEMPIO PAUSANIA

Provinz: Sassari | **Höhe:** 566 m ü. d. M. | **Einwohnerzahl:** 14 100

K 4

Sprudelnde Mineralquellen, Korkeichenwälder und dazu altehrwürdige Bürgerhäuser aus dunklem, unverputztem Granitstein: Kultur und Natur waren in Tempio noch nie Gegensätze. In den Gassen und auf den Plätzen des schönen Gallurastädtchens ist allenthalben der Wohlstand zu spüren, zu dem die Bewohner durch die Verarbeitung von Kork und den Abbau von Granit gelangten.

Schöner Kurort

Tempio, das historische und kulturelle Zentrum der Gallura, breitet sich auf einem Hochplateau am Fuße des dicht bewaldeten Monte Limbara aus. Die Stadt entstand vermutlich schon zur Römerzeit aus der Vereinigung zweier Ortschaften, die in antiken Quellen »Gmellae« und »Templum« genannt werden. Der Name »Tempio« taucht allerdings zuerst in einer Urkunde von 1123 auf. Dank kalter Mineralquellen, die schon die Römer nutzten, genießt die Stadt einen Ruf als Kurort.

▌ Wohin in Tempio Pausania?

Bunte Stadt aus grauem Granit

Altstadt

Tempios Centro storico besticht durch sein geschlossenes, harmonisches Ortsbild. Fast alles ist hier aus unverputztem Granitstein erbaut. In den schmalen Gassen setzen bunt gestrichene Fensterläden, Blumenschmuck sowie Markisen farbige Akzente und lockern die Monotonie des hellen Grau auf. Überdies laden entzückende kleine Läden zum Stöbern ein. Mittelpunkt der Altstadt ist die **Piazza Gallura**, an deren Südseite das Rathaus steht. Von hier aus führt die Hauptgeschäftsstraße **Via Roma** Richtung Süden zunächst zur **Piazza San Pietro**, an der sich die – natürlich aus Granitstein – errichtete **Kathedrale San Pietro Apostolo** aus dem 15. Jh. erhebt. Das barocke Innere wartet mit einem gotischen Chorgestühl auf. Das romanische Oratorio del Rosario gegenüber dem Dom wurde im 17. Jh. erneuert. Auch das restaurierte, **denkmalgeschützte Bahnhofsgebäude** südöstlich der Altstadt ist auf jeden Fall einen Besuch wert. Die Wartehalle schmücken Gemälde von Guiseppe Biasis, der das sardische Dorfleben zu seinem Thema machte. Allerdings halten hier nur noch die Züge des Trenino Verde, der den Sommer über zwischen Sassari und Palau verkehrt.

Gesundbrunnen im Pinienwald

Mineralquellen

Tempios mineralhaltige Quellen liegen am südlichen Stadtrand in Pinienwäldchen versteckt. Vom Largo Alcide de Gasperi führt der **Viale**

TEMPIO ERLEBEN

TEMPIO PAUSANIA PRO LOCO
Piazza Gallura 2
Tel. 079 63 12 73

TRENINO VERDE
Nicht nur für Eisenbahnfreunde ein besonderes Erlebnis: Im Sommer zuckelt die touristische Schmalspurbahn Trenino Verde auf der Strecke Palau-Tempio-Sassari durch die schöne Landschaft der Gallura. Zugtickets kann man in Touristenorten nahezu überall auf der Insel erwerben.
www.treninoverde.com

LA GALLURESE €€
Die kleine, sympathische Trattoria serviert beste galluresische, saisonale Küche. Die Pastagerichte (im Herbst u. a. mit Steinpilzen und Wildschweinragout) sind wie das geschmorte

Lammfleisch und die Grillspezialitäten ein Leckerbissen.
Via Novara 2 | Tel. 079 639 3012
tgl. 12 – 15 u. 19 – 22 Uhr

AL VECCHIO CORSO €€
Die mit viel Liebe zum Detail eingerichtete Pension residiert in einem restaurierten Altstadtpalast. Die modernen, luxuriösen Zimmer (auch Dreibettzimmer und eine Suite) tragen die Namen berühmter Sardinnen. Im stimmungsvollen Restaurant kommen Spezialitäten der galluresischen Küche auf den Tisch. 6 Zi.
Via Roma 26 | Tel. 079 639 30 12
www.alvecchiocorso.it

NEW PETIT HOTEL €€
Das erst jüngst renovierte Hotel wartet mit sehr geräumigen Zimmern auf. Das Restaurant serviert Spezialitäten der sardischen Küche und zählt zu den besten in Tempio. 40 Zi.
Largo A. de Gasperi 9/11
Tel. 079 63 11 34
www.petit-hotel.it

Fonte Nuova, eine herrliche, von Steineichen gesäumte Allee zur **Fonte Nuova**, deren Wasser sich über mehrere Stufen in ein monumentales Bassin ergießt. Hier wie an den etwas weiter südlich gelegenen, weitaus berühmteren **Fonti di Rinaggiu** treffen sich an den Wochenenden viele Ausflügler zum Picknick. Die meisten haben Kanister dabei, in die sie das Quellwasser abfüllen und mit nach Hause nehmen. Dem frischen Nass wird eine gesundheitsfördernde Wirkung nachgesagt.

Rund um Tempio Pausania

Im Banditendorf
Das Gallura-Dorf acht Kilometer nordwestlich von Tempio war bis weit in das 19. Jh. ein Zentrum des sardischen Banditentums. Heute

Aggius

erinnert nur noch das **Museo del Banditismo** mit einer interessanten Sammlung von alten Steckbriefen, Polizeiberichten und Waffen
an die bewegte Vergangenheit. Die Bewohner haben sich längst auf
die **Kunst des Teppichwebens** und die Verarbeitung von Kork verlegt. Aggius kann aber auch mit seiner überaus reizvollen landschaftlichen Lage am Rand zerklüfteter Granitberge und Felstürme punkten. Oberhalb des Ortes führt eine **Panoramastraße** durch diese
grandiose Wildnis. Im Ort selbst lockt außerdem das in einem alten
Gutshof residierende **Museo Etnografico Oliva Carta Cannas**, das
mittels einer Fülle von Exponaten über traditionelle Berufe der Gallura und lokales Brauchtum informiert.

Museo Etnografico Oliva Carta Cannas: Via Monti di Lizu | Mai –
15. Okt. Di. – So. 10 – 13 u.15 – 19, 16. Okt. – April 10 – 13.00 u.
15.30 – 19.30 Uhr, Jan. geschl. | Eintritt: 4 € | www.museodiaggius.it
Museo del Banditismo: Via Prettura | Nov. – März geschl., April
Di. – So. 10 – 13 u. 15.30 – 17.30, Mai – Okt. 10 – 13 u. 15.30 – 16.30 Uhr
| Eintritt: 4 € | www.museodiaggius.it

Der Hausberg Tempios

Monte
Limbara

Auf den höchsten Gipfel des Monte Limbara-Massivs, die 1362 Meter
hohe Punta Ballistreri, führen viele Wege. Die vielleicht schönsten,
vermutlich aber auch schweißtreibendsten, sind die mehr oder weni-

Wohlgenährte Hühner aus der ehemaligen Banditenhochburg Aggius,
mit Sicherheit kein Diebesgut

ger deutlich ausgeschilderten **Wanderwege**, die sich langsam, aber beständig durch dichten Wald nach oben schrauben. Wer einen von ihnen wählt, sollte auf jeden Fall Zeit und Muse, Freude am Unterwegssein und ein gewisses Durchhaltevermögen mitbringen. Schneller geht es natürlich mit dem Auto auf der in vielen Kehren ansteigenden Straße. Nach einer Viertelstunde ist die **Forststation von Vallicciola** in 1000 Metern Höhe erreicht. Hier weht ein kühles, frisches Lüftchen, und man atmet fast schon Hochgebirgsluft. Am Picknickplatz nahe der Forststation sitzen oft sardische Familien zusammen und lassen es sich bei Pecorino-Käse, Pane carasau, einem knusprigen, sardischen Fladenbrot, und Rotwein gutgehen. Es gibt aber auch ein Hotel mit Bar und ein Restaurant. Autofahrer haben in Vallicciola wieder die Qual der Wahl: Sie können entweder bis fast zum Gipfel fahren oder aber das letzte Stück in rund 90 Minuten zu Fuß zurücklegen. Die Bergkuppe selbst ist zwar mit Sendemasten vollgestellt. Doch vom Parkplatz kann man den Blick über die Landschaft der Gallura und an klaren Tagen über das Meer bis nach Korsika schweifen lassen. Vom Parkplatz führt ein Pfad zur **Statue der Madonna della Neve** und weiter in den Wald hinein zur Kapelle **Santa Maria della Neve**. Der Bergkamm des Monte Limbara liegt rund 10 Kilometer östlich von Tempio und ist über die SS 392 Richtung Oschiri erreichbar.

VILLASIMIUS

Provinz: Sud Sardegna | **Höhe:** 49 m ü. d. M. | **Einwohnerzahl:** 3700

Helle, feinsandige Strände, einsame Buchten, das türkisfarbene Meer und ein reges Nachtleben: Villasimius bietet alles, was man für kleine Fluchten braucht. Die Tage vergehen hier mit In-der-Sonne-Dösen, Schwimmen und Cocktails oder Wein schlürfen – kurz mit süßem Nichtstun.

N 15

Als Ernst Jünger 1954 das erste Mal nach Villasimius kam und dort das Reisetagebuch »Am Sarazenenturm« verfasste, war der Ort noch ein einfaches Hirtendorf. Im Gasthaus »Stella Oro« in dem der Schriftsteller logierte, gab es noch nicht einmal einen Stromanschluss. Heute ist Villasimius ein moderner Urlaubsort mit einer hoch entwickelten touristischen Infrastruktur. Den Sommer über vervielfacht sich die Einwohnerzahl, denn dann treffen sich hier Feriengäste aus ganz Europa, um zu relaxen, zu genießen und um sich zu amüsieren.

Wundersame Wandlung

VILLASIMIUS ERLEBEN

UFFICIO TURISTICO
Piazza Giovanni XXIII.
Tel. 070 7 93 02 71
www.villasimiusweb.com

SPIAGGIA SIMIUS
Der breite Hausstrand von Villasimius
liegt direkt vor der Stadt und ist mit
ihr durch die Via del Mare verbunden.
In der Saison geht es hier naturgemäß ziemlich trubelig zu. Die ausgezeichnete Infrastruktur bietet verschiedene Restaurants, diverse
ansprechende Bars sowie Sonnen-
schirm-, Liegestuhl- und Tretbootverleih.

COSTA REI
20 km nördlich von Villasimius zieht
sich ein helles, überaus feinkörniges
Sandband 8 km die Küste entlang.
Obwohl sich hinter dem Strand seit
den 1960er-Jahren eine Ferienhaussiedlung immer weiter in die Landschaft frisst, ist er immer noch einigermaßen naturbelassen. Außerhalb
der Saison ist es hier nach wie vor
sehr ruhig.

SEGELTÖRN
Roberto Murgia und Daniele Longoni
bietenTagesausflüge mit ihrem 22 m
langen Segelschoner Matilda II an. Die
Touren starten im Yachthafen von Villasimius und führen um den Capo
Carbonara herum zu den unbewohnten und unter Naturschutz stehenden
Inseln Cavoli und Serpentara.
Matildacharter
30. April – 1. Okt. tgl.von 10.30 bis
16.30 Uhr

Tel. 070 80 56 51
www.matildacharter.com

STELLA D'ORO €€€
Das traditionsreiche, familiengeführte Hotelrestaurant ist für seine Gastfreundschaft und seine gepflegte Atmosphäre bekannt. Die Speisekarte
wartet mit Klassikern der sardischen
Küche auf.
Via Vittorio Emanuele 25
Tel. 070 79 12 55
www.hotellastelladoro.com

CARBONARA €€
Das Restaurant an Villasimius' Hauptstraße wartet mit einer Riesenauswahl an leckeren Fischgerichten und
Meeresfrüchte-Spezialitäten auf. Alles
kommt fangfrisch in die Pfanne oder
in den Kochtopf. Die Atmosphäre ist
familiär.
Via Umberto I. 60
Tel. 070 79 12 70

MAKLAS €€-€
Ein heller, feinsandiger Strand, Sonnenschirme aus Palmblättern und
komfortable Liegestühle: Die Beach-
Bar des Maklas an der Cala Sinzias
nördlich von Villasimius bietet Urlaubsatmosphäre pur. Zum Lunch
trifft man sich im Restaurant bei gegrilltem Fisch und Pasta. Zum Son-
nenuntergangs-Cocktail ertönt Kla-
viermusik.
Castiadas | Cala Sinzias
Während der Saison tgl. 9 – 22 Uhr
Tel. 070 99 50 84
www.maklas.it

CALA CATERINA €€€
Das Luxushotel im sardischen Land-

hausstil liegt in einem traumhaft schönen Park mit altem Baumbestand an der Ostseite der Landzunge von Capo Carbonara direkt am Meer. Die Zimmer und Suiten, ebenfalls im sardischen Landhausstil, bestechen durch ihre lichte Eleganz. Alle haben entweder einen Balkon oder eine Terrasse. Zum Haus gehört ein kleines, aber feines Wellness-Center und ein Außenpool sowie ein eigener Strandabschnitt. Das Restaurant serviert Spezialitäten der sardischen und internationalen Küche. 48 Zi.

Via Lago Maggiore 32
Tel. 070 798029
www.hotelcalacaterina.it

STELLA D'ORO €€
Die Gäste schätzen vor allen Dingen die familiäre Atmosphäre des Hauses. Die Zimmer sind zwar nicht geräumig, aber behaglich und individuell eingerichtet. 17 Zi.
Via Vittorio Emanuele 25
Tel. 070 79 12 55
www.hotellastelladoro.com

Villasimius wurde 1812 in der Nähe des alten, wegen ständig drohender Piratenüberfälle aufgegebenen Dorfes Carbonara auf dem gleichnamigen Kap gegründet und hieß bis 1862 auch so. In der Umgebung befinden sich viele Reste von Türmen und Befestigungsanlagen, die Bestandteile des Verteidigungssystems an der Küste waren.

▌ Wohin in Villasimius und Umgebung?

Bei Sonnenuntergang erwacht hier das Leben
Villasimius' Ortskern, um den herum im Zuge der touristischen Erschließung Ferienanlagen enstanden, liegt etwas erhöht zwei Kilometer von der Küste entfernt. An heißen Sommertagen sind die Hauptstraße Via Umberto I. und die sich anschließende, zum Meer führende Via del Mare, tagsüber meist leergefegt. Doch nach 20 Uhr füllen sich die Lokale entlang der Strecke und ihren Nebenstraßen mit Gästen. Den Sommer über ist hier jede Menge los, denn auch die Läden sind **in der Saison bis Mitternacht** offen und die Clubs sogar bis zum Morgengrauen. Herausragende Sehenswürdigkeiten hat Villasimius zwar nicht zu bieten, doch das kleine **Museo Archeologico** bildet einen willkommene Abwechslung zum Einerlei des Nichtstuns und des Müßiggangs. In der Sala del Mare sind Keramiken aus den Phönizier-, Punier- und Römerzeit ausgestellt, die Archäologen in abenteuerlichen Tauchgängen aus dem Meer bargen. Die Sala Territorio zeigt Fundstücke aus der Römer- und auch der Nuraghenzeit, die in der Umgebung von Villasimius gefunden wurden. Highlight der ganzen Sammlung ist aber das Wrack eines spanischen Schiffs, das im 15. Jh. vor der Isola dei Cavoli sank.
Museo Archeologico: Via A. Frau | 15. Juni bis 15. Sept. Di. – So. 10 – 13 u. 18 – 21, übrige Zeit Fr. – So. 10 – 13 u. 17 – 19, Di. – Do. nur 10 – 13 Uhr | Eintritt: 3 € (zusammen mit Fortezza Vecchia 6 €)

Nachtaktives Zentrum

Links feiner Sand, rechts schroffe Felsen: Die zauberhafte Punta Molentis teilt das Meer nordöstlich des Capo Carbonara.

Sarazenentürme und Traumstrand

Capo Carbonara

Südlich von Villasimius ragt die schmale Landzunge des Capo Carbonara aufs Meer hinaus. Hinter dem Yachthafen an ihrer Westseite thront die **Fortezza Vecchia** auf einem Felsvorsprung. Die mächtige Festung stammt ursprünglich aus dem 14. Jh. und wurde unter Philipp II. (1527 – 1598) stark ausgebaut. In dem alten Gemäuer veranschaulicht eine interessante Ausstellung anhand historischer Dokumente, die Maßnahmen die im 16. und 17. Jh. zur Abwehr von Piraten ergriffen wurden.

Vom Yachthafen führt eine Straße hinüber auf die Ostseite der Insel Die Spiaggia di Guinco hier ist ein Traum! Das breite und feine Sandband fällt ganz flach zum Meer ab, und das Wasser ist glasklar. In der Lagune hinter dem Strand tummeln sich Flamingos. Die Ruine des **Torre di Porto**, die am Südende des Strands auf einem Felsvorsprung 50 Meter über dem Meer aufragt, hat Ernst Jünger wohl zu seinem Reisetagebuch inspiriert. Ein verschlungener Pfad durch Macchia führt zu ihm hin. Am Turm bieten sich herrliche Ausblicke über den Capo Carbonara und das Meer. Die Spitze der Landzunge selbst ist militärisches Sperrgebiet und nicht zugänglich. Von der Isola Serpentara vor Villasimius im Osten bis zum Capo Boi im Westen sind das Meer und die Feuchtgebiete an der Küste als **Area protetta** ausgewiesen. Motorboottouren und Unterwasserfischen sind deshalb untersagt, in Teilen des Gebiets sind sogar Schwimmen und Tauchen verboten. Allerdings starten im Yachthafen regelmäßig Ausflüge zu besonders interessanten Plätzen.

Fortezza Vecchia: 15. Juni – 15. Sept. tgl. 17– 20 Uhr | Eintritt: 3 € (zusammen mit Museo Archeologico 6 €)

Area Marina Protetta Capo Carbonara: www.ampcapocarbonara.it

H
HINTER-GRUND

Direkt, erstaunlich, fundiert

Unsere Hintergrundinformationen
beantworten (fast) alle Ihre
Fragen zu Sardinien.

Am Capo D'Orso sorgen die filigranen, künstlerischen
Launen der Natur für außergewöhnliche Perspektiven. ▶

DIE INSEL UND IHRE MENSCHEN

Was verbindet Sardinien mit Korsika? Welche Landschaftsformen prägen die Insel und welche Pflanzen gedeihen dort? Warum haben sehr viele Fremdherrschaften ihre Geschichte weitgehend geprägt? Was hat es mit der geheimnisvollen Nuraghenkultur auf sich?

Zusammen mit der Nachbarinsel Korsika bildete Sardinien ursprünglich ein Randgebiet des europäischen Urkontinents. Der sardisch-korsische Festlandsblock (die sogenannte Tyrrhenische Landmasse) löste sich erst im Tertiär von der europäischen Platte, schob in seine heutige Position verschoben. Im Unterschied zum erdgeschichtlich jungen italienischen Festland begann die Entstehung der Inseln Sardinien und Korsika bereits vor einer halben Milliarde Jahren – das ist selbst in geologischen Dimensionen ein beachtlicher Zeitraum.

▌ Uralte Insel

Erdaltertum (vor 570 bis 225 Mio. Jahren) Fast drei Viertel der Oberfläche Sardiniens bestehen aus Gesteinen des Paläozoikums. Die ältesten Gesteine stammen aus dem Kambrium und kommen z. B. im Iglesiente und Sulcis vor. Im Karbon konnte glutflüssige Gesteinsschmelze in die Erdkruste eindringen, wo das erstarrende Magma einen mächtigen, vorwiegend aus Graniten aufgebauten Tiefengesteinskörper entstehen ließ. Dieser sogenannte sardisch-korsische Batholith bildet heute das Fundament der beiden Inseln. Alle bisherigen Gesteinsschichten wurden dabei unter Druck und Hitze gefaltet, teilweise in kristallinen Schiefer umgewandelt und über den Meeresspiegel angehoben. Es entstand ein Faltengebirge aus Gneisen, Phylliten und Glimmerschiefern. Wo diese Gesteinsschichten in späteren Erdzeitaltern abgetragen wurden, treten die einst unter ihnen verborgenen Granite heute weitflächig zu Tage. **Granitlandschaften** sind vor allem in Ostsardinien verbreitet, so in der Gallura, der nördlichen Barbagia und dem Sarrabus. Die Böden sind meist nährstoffarm und für den Ackerbau kaum geeignet. Daher findet hier meist extensive Weidewirtschaft statt; lichte Korkeichenwälder sind weit verbreitet.

Erdmittelalter (vor 225 bis 65 Mio. Jahren) Während des Erdmittelalters wurde das heutige Sardinien teilweise von einem Flachmeer überflutet, wodurch sich mächtige Flachwassersedimente aus Kalken und Dolomiten ablagerten. Die Gesteine aus diesen Zeiten sind heute nur noch in kleinen Restvorkommen aufzufinden, da sie im Tertiär größtenteils abgetragen wurden. Zu ihnen gehören der Supramonte, die südliche Barbagia, der Sarcidano

SOMMERKONZERT

Ein typischer Mittag im August, irgendwo auf dem Lande: Die Luft ist getränkt vom Geruch sardischer Wildkräuter, die sich mit ätherischen Ölen vor der starken Sonne schützen – ein unnachahmlicher Duft, eben ganz und gar Sardinien. Und dazu gesellt sich der Gesang der Grillen und Zikaden, die aus den Olivenbäumen laut und ausdauernd rufen.

und die Nurra. In diesen Kalkstein- und Dolomitgebirgen liegen die meisten der **berühmten Tropfsteinhöhlen** Sardiniens.

Vor etwa 65 Millionen Jahren geriet Sardinien in die Mühlen der Plattentektonik: Der korsisch-sardische Block wurde von der europäischen Platte getrennt und rotierte um ca. 60 ° gegen den Uhrzeigersinn in seine heutige Lage. Dabei kollidierte er mit keinem Festland, weshalb auf Sardinien markante Gebirge fehlen. Stattdessen wurde die Insel gezerrt und gedehnt, wodurch der große Grabenbruch des Campidano im Südwesten, der Nurragraben im Nordwesten sowie viele Bruchschollen entstanden. Gleichzeitig bekam die Erdkruste dabei Risse, sodass sich in zwei Phasen (Oligozän bis mittleres Miozän und Pliozän) riesige Mengen von dünnflüssiger Lava (vor allem Trachyt und Basalt) über die Westhälfte der Insel ergossen.

Es bildeten sich aber kaum typische Vulkankegel, die Lava floss meist entlang von Spalten und breitete sich wie eine flache Decke aus. Heute findet man diese als **Hochplateaus** (= »altipiani«, z. B. Altopiano di Campeda) und Tafelberge wieder. Im Laufe der letzten 2 Millionen Jahre (im Quartär) wurden dann die Grabenbrüche mit mächtigen Sedimenten (Kies, Sand usw.) zu den eigentlichen Ebenen aufgefüllt.

Erdneuzeit (vor 60 Mio. Jahren)

Die Gesteinsschichten aus dem Erdaltertum bilden die Grundlage für den Reichtum der Insel an Bodenschätzen. Bereits in der Antike begann mit dem Abbau von Silber und Blei eine rege Bergbautätigkeit, die erst in der zweiten Hälfte des 20. Jh.s aufgrund mangelnder Rentabilität eingestellt wurde. Die wichtigsten Lagerstätten waren die Blei-Zink-Minen im Sulcis und im Iglesiente im Südwesten Sardiniens. Lagerstätten im Sarrabus im Südosten der Insel lieferten auch Silber. Der Mineraliensammler kann hier noch heutzutage fündig werden.

Bodenschätze und Bergbau

Faszination des Wassers – kleiner Kapitän am Lago del Coghinas

Landschaftsräume

Verglichen mit der Nachbarinsel Korsika wirkt Sardinien mit einer durchschnittlichen Höhe von 334 m recht flach. Bei genauerer Betrachtung entpuppt es sich als **Land der Hügel**, denn 68 Prozent der Inselfläche sind hügelig und nur 18 Prozent gebirgig. Der höchste Gipfel ist die Punta La Marmora (1834 m) im Gennargentugebirge. Die Ebenen, die nur rund 14 Prozent der Fläche umfassen, sind der wichtigste Siedlungsraum und für die landwirtschaftliche Nutzung von Bedeutung.

Gebirge   Das größte Bergmassiv Sardiniens ragt im Zentrum der Insel auf, das **Gennargentugebirge**, dessen Gipfel jedoch unter 2000 m bleiben. Im Norden schließt sich der aus schroffen Kalkfelsen bestehende Supramonte an. Diese wilde, unzugängliche Landschaft mit ihren tiefen Schluchten, Spalten und Höhlen war traditioneller Rückzugsort von Banditen. Das Monte-Albo- Massiv im Osten erstreckt sich von Siniscola bis nach Lula und wird wegen seiner weißen Dolomitfelsen auch »sardische Dolomiten« genannt. Weitere Gebirgszüge im Nordosten sind die Monti di Ala und der Monte Limbara, beide aus Granitgestein mit interessanten Felsformationen und einer einmaligen Vegetation. Im Südosten der Insel liegt die Berggruppe der Sette Fratelli, und südwestlich erheben sich die Berge des Iglesiente und Sulcis.

Besonders erwähnt werden müssen auch die Tafelberge Sardiniens, die durch ihre Form – ebene Hochflächen und steile Abbruchkanten – besonders auffallen. Beispiele sind die Giara di Gesturi und die Giara di Serri. Weitere verbreitete Landschaftsformen auf Sardinien sind die Hochflächen (»altipiani«), die vor allem in Nordsardinien die Topografie der Landschaft prägen.

Größte Tiefebene der Insel und schon in der Antike als Kornkammer geschätzt ist der Campidano, bis heute **der wichtigste Agrarraum Sardiniens**. Er erstreckt sich mit einer Fläche von mehr als 1200 Quadratkilometern zwischen den Städten Cagliari und Oristano. Die übrigen flachen Gebiete, die im Sardischen »piane« oder »campi« heißen, sind viel kleiner, etwa der Cixerrigraben im Südwesten, die Ebene von Ottana im Zentrum, die von Posada an der mittleren Ostküste, die der Nurra im äußersten Nordwesten sowie die »campi« von Giave und Chilivani im Nordsardinien.

Ebenen

Sardinien ist wasserarm und oft langen Trockenperioden ausgesetzt. Um dem **Wassermangel** zu begegnen, wurden seit Anfang des 20. Jh.s an den größten, »fiume« genannten Flüssen – Tirso, Coghinas, Flumendosa und Temo – Stauseen angelegt. Der zwischen 1918 und 1924 am Tirso aufgestaute Lago Omodeo war seinerzeit mit einem Fassungsvermögen von 402 Millionen Kubikmetern der größte Stausee Europas. Die Flusssysteme Sardiniens haben gemeinsam, dass ihre Flussläufe nicht sehr lang und – mit Ausnahme des Unterlaufs des Temo – nicht schiffbar sind. Die kleineren Flüsse, von Sarden »Riu« genannt, sind meist sogenannte Torrenten, d. h. nur periodisch Wasser führende Flüsse. Sie trocknen im Sommer für mehrere Monate aus, können sich jedoch in den Wintermonaten nach heftigen Regenfällen in Sturzbäche verwandeln.

Flüsse und Seen

Einst prägten ausgedehnte Feuchtgebiete die Küstenlandschaften Sardiniens. Durch die Trockenlegung großer Flächen für die Landwirtschaft und die Malariabekämpfung in der ersten Hälfte des 20. Jh.s sind auf eine Fäche von 15 000 Hektar geschrumpft. Die größten Feuchtgebiete finden sich heute am Golf von Oristano und in der Umgebung von Cagliari.
Die sogenannten »stagni« oder »Lagunen« sind Gewässer, die durch einen Strandriegel (Haff) vom Meer getrennt sind. Ihr Brackwasser bildet die **Lebensgrundlage für viele Pflanzen und Tiere**, vor allem für Wasser- und Zugvögel.

Feuchtgebiete

Die Küste Sardiniens hat eine Länge von 1849 Kilometern – fast ein Viertel des gesamten Küstenverlaufs Italiens. Diese **außerordentliche Länge** verdankt sich den vielen Buchten, die zwischen kurzen Steilküstenabschnitten ins Land schneiden.

Küsten

Historische Landschaftsnamen

Viele sardische Landschaftsbezeichnungen, die die Insel in kleinräumige Einheiten unterteilen, **existieren heute neben den offiziellen Verwaltungsbezeichnungen**: Ganz im Nordwesten liegt die Landschaft Nurra (zwischen Alghero, Sassari und Porto Torres), im Norden schließen sich die Anglona, das Turritano (oder Sassarese um Sassari) und die Gallura im gebirgigen Nordosten an. Im mittleren Teil von Nordsardinien folgen von Westen nach Osten Planargia, Goceano, Montacuto und die Baronie aufeinander. Im Westen am Meer liegt Monte Ferru, in östlicher Richtung befinden sich das Nuorese und die Barbagia, das Herz des zentralen Sardinien. Sarcidano, Marmilla und Trexenta verbinden die Bergregion des Inselinneren mit den südlichen Ebenen, den Campidani (Campidano di Oristano, di Sanluri, di Cagliari). Gebirgig sind dagegen wiederum die Landschaften, welche die großen Ebenen begrenzen: Sulcis und Iglesiente im Südwesten, Gerrei, Ogliastra und Sarrabus im Südosten der Insel.

▋ Pflanzen und Tiere

Artenarme Flora

Die Vegetation Sardiniens ist, verglichen mit dem Festland, relativ artenarm, doch kommen – bedingt durch die Insellage – viele Pflanzen nur auf Sardinien und auf Korsika vor. Sardinien liegt zwar in der immergrünen mediterranen Vegetationszone, jedoch ist die ursprüngliche Flora, wie im gesamten Mittelmeerraum, heute nur noch in spärlichen Resten vorhanden. Die Art der Pflanzendecke ist vom Klima, von der Landschaftsform und der Höhenlage abhängig, sodass man hier, zwischen der Vegetation der Küste, der Ebene, des Hügellandes und des Gebirges unterscheiden kann.

Küste

Die Küstenlandschaft ist von Macchia aus Buschwerk geprägt, die anstelle abgeholzter mediterraner Wälder wächst. Sie setzt sich aus Kräutern, Sträuchern und – eher selten – Bäumen zusammen. Typische Pflanzen der Macchia sind Mastixstrauch, Erdbeerbaum, Phönizischer Wacholder, Stechwinde, Zistrose, Myrte, Ginsterarten, Baumheide, Zwergpalme und Kräuter wie Lavendel, Thymian und Rosmarin. Für die sogenannte »Gariga«, die Macchia mit Büschen bis zu einem Meter Höhe, sind Ginster, Kräuter sowie Wolfsmilch-, Knollen- und Zwiebelgewächse typisch. Im Frühjahr steht die Macchia in **farbenprächtiger Blüte** und erfüllt die Luft bis in den Herbst hinein mit **intensiven Düften**. Macchia und Gariga sind starker Beweidung ausgesetzt, wodurch viele Pflanzenarten verschwinden.

Ebenen

Die Ebenen Sardiniens sind Agrarland. Nutzpflanzen wie Getreidesorten, Obst, Wein, Tomaten und natürlich **Olivenbäume** prägen deshalb die Flora.

Im Hügelland Nordost- und Ostsardiniens gibt es noch mehr oder weniger ausgedehnte Eichenwälder. Die drei wichtigsten Arten sind die Steineiche und – in Lagen oberhalb 800 Meter – die Korkeiche und die Flaumeiche. Die Verarbeitung der Rinde der **Korkeiche** ist ein wichtiger Wirtschaftszweig.

Hügelland

Von den Wäldern, die einst die Berge Sardiniens bedeckten, sind nur Reste erhalten. Einzig die Eibenhaine im Gebiet von Badde salighes bei Bolotana und am Monte Ferru bei Santu Lussurgiu sowie verstreut liegende Kastanienhaine habe das Waldsterben überdauert. Die meisten sind im späten 19. Jh. durch Abholzungen zerstört worden, heute gehen große Flächen durch die häufigen Waldbrände verloren.

Wälder

In den Bergen des Inselinneren leben zwei Tierarten, die besonders typisch für Sardinien sind: Das Mufflon, das sardische Wildschaf mit den ausladenden Hörnern, ist streng geschützt und kommt mittlerweile nur noch in wenigen abgelegenen Bergregionen des Gennargentu und rund um den Monte Albo vor. In den Wäldern trifft man gelegentlich auf ein Wildschwein. Naturschützer sorgen sich um den äußerst seltenen **sardischen Hirsch**, der nur noch in wenigen geschützten Staatsforsten und einem Reservat des World Wildlife Fund vorkommt.

Mufflon, Wildschwein

Typisch für die Hochebene Su Golgo: eine schroffe, auf dunkler Basaltlava grünende Landschaft – und wilde Esel

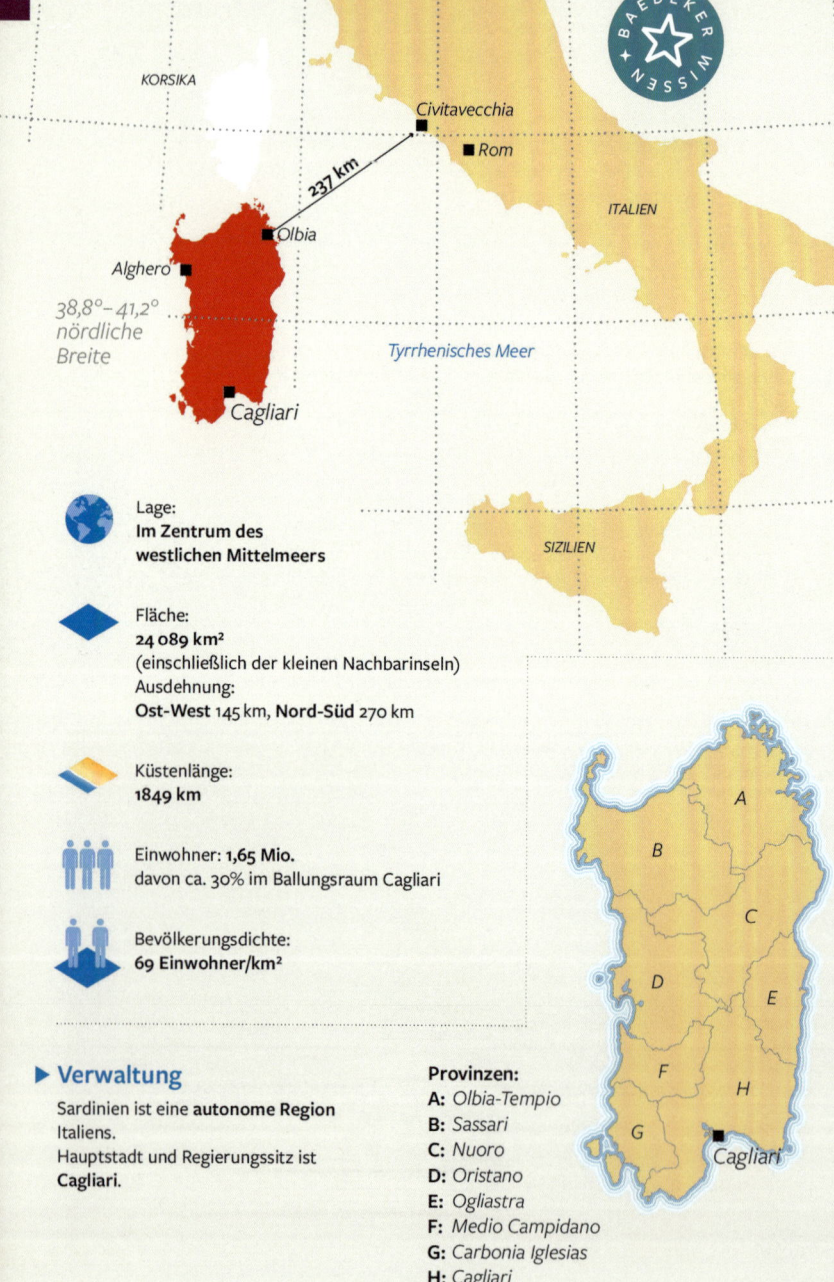

KORSIKA

Civitavecchia

■ Rom

ITALIEN

237 km

■ Olbia

Alghero ■

38,8° – 41,2°
nördliche
Breite

Tyrrhenisches Meer

■ Cagliari

SIZILIEN

Lage:
Im Zentrum des
westlichen Mittelmeers

Fläche:
24 089 km²
(einschließlich der kleinen Nachbarinseln)
Ausdehnung:
Ost-West 145 km, **Nord-Süd** 270 km

Küstenlänge:
1849 km

Einwohner: **1,65 Mio.**
davon ca. 30% im Ballungsraum Cagliari

Bevölkerungsdichte:
69 Einwohner/km²

▶ Verwaltung

Sardinien ist eine **autonome Region**
Italiens.
Hauptstadt und Regierungssitz ist
Cagliari.

Provinzen:
A: *Olbia-Tempio*
B: *Sassari*
C: *Nuoro*
D: *Oristano*
E: *Ogliastra*
F: *Medio Campidano*
G: *Carbonia Iglesias*
H: *Cagliari*

A

B

C

D

E

F

H

G

■ Cagliari

▶ Flugverkehr

Sardinien besitzt drei Flughäfen:
Cagliari, Alghero und Olbia

▶ Sprache

Italienisch,
Sardisch

▶ Wirtschaft

Beschäftigungsstruktur:

Dienstleistungen
63
%
23 **Industrie**
14
Landwirtschaft

▶ Klimastation Cagliari

Durchschnittstemperaturen

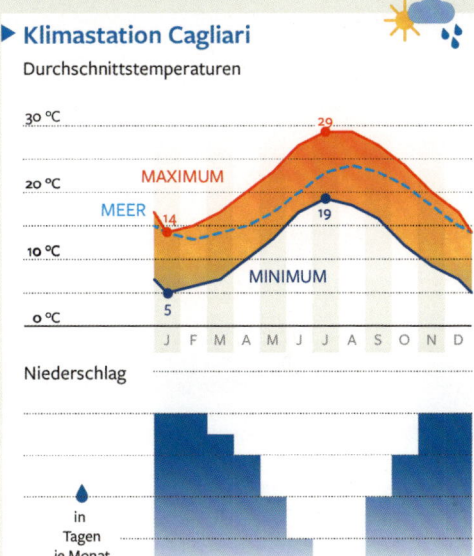

30 °C

29

20 °C   MAXIMUM

MEER   14   19

10 °C

5   MINIMUM

0 °C

J F M A M J J A S O N D

Niederschlag

in
Tagen
je Monat

8 8 7 6 4 2 1 1 4 6 8 8

in
Sonnenstunden
je Tag

4 5 6 7 9 10 11 10 8 6 5 4

J F M A M J J A S O N D

▶ Vier Mittelmeerinseln im Vergleich

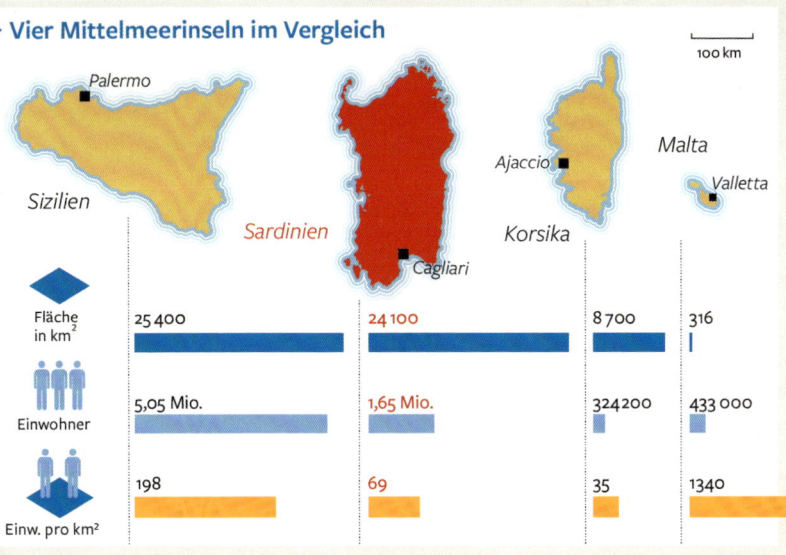

100 km

Palermo

Ajaccio   *Malta*

Sizilien   Valletta

Sardinien

Korsika

Cagliari

	Sizilien	Sardinien	Korsika	Malta
Fläche in km²	25 400	24 100	8 700	316
Einwohner	5,05 Mio.	1,65 Mio.	324 200	433 000
Einw. pro km²	198	69	35	1340

Vogelarten | Da sie an den Küsten noch ungestörte Nistplätze finden, sind auf Sardinien viele in Europa inzwischen selten gewordene **Vogelarten** heimisch. Die kleine, nach der Insel benannte Sardengrasmücke ist eine Singvogelart, die auch auf Korsika und den Balearen vorkommt. Auf Sardinien eher selten ist die Korallenmöwe, die auf Felsinseln und an einigen Steilküsten brütet und an ihrem korallenroten Schnabel leicht zu erkennen ist. Mit etwas Glück sieht man sie vom Boot aus auf den unbewohnten kleinen Felsinseln des **Nationalparks Arcipelago della Maddalena**. Gänsegeier (»grifoni«) sind bei Bosa ziemlich sicher zu beobachten. Nördlich von Bosa Marina kann man die Grifoni Bosani erspähen. An der Küste des Sulcis nistet der Eleonorefalke, der nach Eleonora d'Arborea (▶Interessante Menschen S. 238) benannt ist. Die Richterin aus der Zeit der Judikate ließ die Raubvögel nämlich unter Schutz stellen. Sie gelten als schnelle und wendige Flieger, die sogar Schwalben jagen. Die Falken brüten erst im Spätsommer (Ende Juli/Anfang August), weil dann schon die ersten Singvögel, ihre Hauptbeute, durchziehen. In den Lagunen staksen immer mehr Flamingos durch das Wasser.

Meerestiere | Auch das Meer hat noch einen Teil seiner typischen Fauna bewahrt. Ausgestorben ist die Mönchsrobbe, die einst in den Grotten an der Küste von Dorgali und Tavolara lebte. **Fast ausgerottet ist auch der Thunfisch**, auf dem einst eine blühende Industrie beruhte. Reste der »tonnare«, der mit besonderen Netzen ausgerüsteten Fischerboote, sind noch in Stintino an der Nordwestküste und in Portoscuso an der Südwestküste zu sehen. Langusten, die nahe der Küste leben, werden in handgearbeiteten Reusen gefangen. In den Lagunen bzw. Strandseen kommen Meeräschen und Aale in Hülle und Fülle vor.

Naturschutz | Die gesamte Tierwelt Sardiniens steht unter Naturschutz, insbesondere die einheimischen Arten. Viele Tiere sind auf der Liste der gefährdeten oder vom Aussterben bedrohten Arten verzeichnet.

▌ Bevölkerung

Dünn besiedelt | Sardinien zählt zu den dünn besiedelten Gebieten Italiens. Häufige aus wirtschaftlicher Not heraus geborene **Auswanderungswellen** zum italienischen Festland, nach Europa und Übersee haben die Bevölkerung Sardiniens immer wieder stark dezimiert. Erst im 20. Jh. nahm die Einwohnerzahl wieder stetig zu.

Über die Jahrhunderte haben die Eigenschaften der Böden in den diversen Landschaften Sardiniens zur Entwicklung ganz verschiedener Wirtschaftsformen und damit zu einer Ausdifferenzierung der Bevölkerung geführt, die bis heute nicht gänzlich überwunden ist. Weil die karge Gebirgsregion Ackerbau nicht zulässt, lebten und leben die

Menschen dort als Schafzüchter und Hirten. Die Bewohner des niedrigen Hügellands und der Ebenen betreiben seit der Römerzeit Landwirtschaft. Dank des boomenden Tourismus zieht es aber immer mehr Sarden an die Küsten, an denen die Mehrheit von ihnen lebt.

Nachdem ihre Insel den Status einer autonomen Region innerhalb der Republik Italien erhalten, übernahmen die Sarden ein Jahrhunderte altes Symbol als Emblem für Flagge und Wappen. Es zeigt ein rotes griechischen Kreuz auf weißem Grund und einen schwarzen Kopf mit Stirnband in jeder der vier Ecken. Die aragonischen Eroberer führten es gegen Ende des 14. Jh.s als ihr Hoheits- und Siegelzeichen im Gepäck mit. Seine Entstehung geht auf die Zeit der Reconquista zurück, als die christlichen Reiche die Mauren von der iberischen Halbinsel vertrieben. Der Legende nach soll in der Schlacht von Alcoraz im November 1096 ein geheimnisvoller, weiß gekleideter Ritter mit einem großen, roten Kreuz auf der Brust auf dem Schlachtfeld aufgetaucht sein und König Peter I. von Aragòn (1068 – 1104) zum Sieg verholfen haben. Nach dem Ende des Kampfes habe man dort die abgeschlagenen, mit Kronen und Edelsteinen geschmückten Häupter von vier Mauren gefunden. Zur Erinnerung an das Ereignis habe König Peter die vier Maurenköpfe und das rote Kreuz in sein Wappen aufgenommen. Vermutlich im Zuge der Vereinigung Aragòns und Kastiliens wurde das Emblem Hoheitszeichen der spanischen Vizekönige von Sardinien. Es heißt, dass die vier Maurenköpfe in dieser Zeit eine Augenbinde erhielten und nunmehr die Unterwerfung der vier sardischen Judikate unter die spanische Kolonialmacht symbolisierten. Erst 1999 drehte man die Köpfe, die ursprünglich nach links blickten, nach rechts und machte aus der Augenbinde ein Stirnband. Die Köpfe auf dem Wappen schauen aber weiterhin nach links und haben die Augen verbunden.

Wappen der autonomen Region Sardinien

▌ Wirtschaft

Obwohl man auf der Insel große Anstrengungen zur Industrialisierung unternahm, hat die Region Sardinien nach wie vor eines der niedrigsten Pro-Kopf-Einkommen Italiens, und auch die Zahl der Arbeitslosen bleibt uneingeschränkt hoch. Immer noch leben Hunderttausende Sarden als Arbeitsemigranten im Ausland.

Pro-Kopf-Einkommen

Die Landwirtschaft war bis in die 1960er-Jahre der traditionelle Erwerbszweig für etwa die Hälfte der sardischen Bevölkerung, heute bietet sie mit weiter sinkender Tendenz gerade noch 14 Prozent der Beschäftigten eine Einkommensquelle. Zur Römerzeit war die Ebene des Campidano eine der Kornkammern des Reichs. Heute wird Hartweizen, der Grieß für die sardischen Nudeln »malloreddus« liefert,

Landwirtschaft

Ganz klar pro Europa: EU-Fördergelder unterstützen die Viehzucht auf Sardinien

nur noch in geringen Mengen geerntet. Dafür sind die Anbauflächen für Gemüse und Zitrusgewächse, für Oliven und Weine ausgeweitet worden. Nach wie vor bildet die **Weidewirtschaft** eine der Grundlagen der sardischen Wirtschaft. Die Schafzucht erwirtschaftet etwa 30 Prozent des landwirtschaftlichen Sozialprodukts. Sardischer Schafskäse und Lammfleisch werden mittlerweile exportiert. Die Modernisierung veränderte das Hirtenleben und die mit ihm verbundene jahrhundertealte Kultur in den vergangenen Jahrzehnten stetig. Heute führen Straßen zu den einsam gelegenen Weiden und erleichtern die Arbeit. Dank der Unterstützung des italienischen Staates und Fördergelder der EU wuchsen auch die Viehbestände. Doch für die mittlerweile 3,5 Millionen Schafe stehen nur begrenzte Weideflächen zur Verfügung. Die Pachten, die im Winter für die Weideflächen in den Ebenen aufgebracht werden müssen, explodieren. Überdies kommt es vermehrt zu Interessenkonflikten zwischen Hirten und Naturschützern, denn durch Überweidung verarmen die ökologisch wertvollen Gebiete zusehends.

Industrie Die Ansiedlung von Industriebetrieben in den 1960er- und 1970er-Jahren konnte die Probleme der Insel nicht lösen. Die Erdölraffinieren von Sarroch und Porto Torres mussten eine große Anzahl von

Arbeitsplätzen abbauen. Das zunächst vielversprechende Kunstfaser-werk in Ottana im Inselinneren ist mittlerweile eine Industrieruine. Auch die Papierfabrik in Arbatax produziert nur noch in einge-schränktem Maß. In dem ehemaligen Bergbaugebiet des Iglesiente, das schon im 19. Jh. schwere wirtschaftliche Krisen durchmachen musste, konnte sich Portovesme mit einem Aluminiumwerk als neuer Industriestandort etablieren.

Viele Arbeitsplätze bot in den letzten Jahrzehnten die **Bauindustrie**, die dank der touristischen Entwicklung einen Aufschwung nahm. Die rege Bautätigkeit ließ aber durch die zunehmende Verschlechterung der wirtschaftlichen Gesamtsituation wieder nach. Vom Aufschwung der Bauindustrie profitierten auch die Steinbrüche (Granit) und Ze-mentwerke Sardiniens.

Hoffnungsträger der sardischen Wirtschaft ist der Tourismus, der mit Entdeckung der Costa Smeralda an der Nordostküste durch Ka-rim Aga Khan begann. Bei der touristischen Erschließung weiterer Küstenstriche setzten und setzen die Macher wie das Ismaeliten-Oberhaupt auf den Bau von der sardischen Landschaft und Kultur angepassten Ferienanlagen. Um dem Ausverkauf der Insel entgegen-zuwirken, wurde zudem ein Gesetz zum Schutz der Küsten verab-schiedet, dass den Bau von Privat- und Ferienanhäusern in einer Ent-fernung von weniger als 500 Meter vom Meer untersagt.

Tourismus

GESCHICHTE

Im Laufe seiner mehr als 5000-jährigen Geschichte hat Sardinien viele Herren kommen und gehen sehen. Ob gegen die Römer, die Aragonier und Spanier oder gegen die Savoyer: Die Bewohner leisteten zähen Widerstand gegen die fremden Eroberer. Heute ist ihre Insel autonome Region innerhalb der Republik Italien.

▌ Vorgeschichte

Die ältesten menschlichen Spuren auf Sardinien wurden bei Perfugas gefunden. Steinwerkzeuge bezeugen, dass bereits im Paläolithikum (Altsteinzeit, 200 000 – 150 000 v. Chr.) Menschen auf der Insel leb-ten, die während der Riss-Eiszeit vor mehr als 150 000 Jahren ver-mutlich über eine Landbrücke eingewandert waren.

In der Grotta Corbeddu bei Oliena wurden **bearbeitete Hirschkno-chen** und ein Teil eines menschlichen Unterkiefers aus der Zeit zwi-schen 20 000 und 15 000 v. Chr. entdeckt.

Altsteinzeit

CHRONOLOGIE

VORGESCHICHTE
3200 – 2800 v. Chr. Jungsteinzeitliche Ozieri – Kultur
ab 1800 v. Chr. Bronzezeitliche Nuraghenkultur

PHÖNIZIER, PUNIER UND RÖMER
ab 1000 v. Chr. Phönizier besiedeln Sardinien.
520 – 510 v. Chr. Karthager erobern die Insel.
238 v. Chr. Die Römer erobern Sardinien.

VANDALEN UND BYZANTINISCHE ZEIT
456 n. Chr. Die Vandalen auf Sardinien
534 n. Chr. Befreiung durch die Byzantinerr

JUDIKATE UND RICHTERZEIT
um 900 Die Judikate Cagliari, Arborea, Torres und Gallura entstehen.
1016 Genua und Pisa schlagen die Mauren zurück.

SPANISCH-ARAGONISCHE HERRSCHAFT
1297 Der Papst belehnt Aragón mit der Herrschaft über Sardinien und Korsika. Unruhen und Aufstände folgen.
1395 »Carta de Lógu«.
1409 Das Judikat von Arborea erlischt.
1479 Nach der Vereinigung Aragóns und Kastiliens wird
Sardinien Teil des neuen spanischen Königreichs.

KÖNIGREICH DER SAVOYER
1720 Viktor Amadeus II. von Savoyen wird König von Sardinien.
1794 – 1796 Sardische Revolution
1820 Erlass über die Landeinfriedungen und Aufstände im
Landesinneren

SARDINIEN WÄHREND DES »RISORGIMENTO«
1861 Sardinien wird Teil des vereinigten Italien.
1871 – 1883 Bau einer Eisenbahnlinie

SARDINIEN IM 20. UND 21. JAHRHUNDERT
1926 Grazia Deledda erhält den Nobelpreis für Literatur.
1948 Sardinien wird autonome Region.
ab 1960 Das touristische Gebiet Costa Smeralda entsteht.
1997 Die Nuraghenfestung Su Nuraxi wird UNESCO-
Weltkulturerbe.
2016 »Pakt für den Süden« der italienischen Regierung

Der sardische Archäologe Giovanni Lilliu hat das Neolithikum (6000 bis 2500 v. Chr.) in drei Perioden eingeteilt und **Epoche der geschliffenen Steingeräte** genannt. Aus dem frühen Neolithikum (6000 – 3730 v. Chr.) stammen Funde von Keramiken mit Ritzmuster und Tongefäße aus der Höhle von Filiestru bei Mara. Das mittlere Neolithikum (3730 – 3300 v. Chr.) hat die **Kultur von Bonu Ighinu** (bei Mara) hervorgebracht, von der Zeugnisse hochwertiger Keramikkunst – weibliche Idole (Dea-Madre-Figuren) – erhalten sind. Zum späten Neolithikum (3200 – 2800 v. Chr.) zählt die **Kultur von Ozieri oder San Michele**, die nach dem Fundort der ersten Zeugnisse, der Grotta di San Michele bei Ozieri, benannt ist. Die Ozieri-Kultur ist die früheste Zivilisation, die ihre Spuren fast auf der ganzen Insel hinterlassen hat. Kennzeichen der sich zur gleichen Zeit entwickelnden **Kultur von Arzachena** in der Gallura sind die runden Steinkreisoder Gigantengräber.

Jungsteinzeit

Die **Nuraghenkultur,** die sich ab etwa 1800 v. Chr. auf Sardinien entwickelte, ist nach dem altsardischen Ausdruck »nuraghe« oder »nurake« benannt, was vermutlich »Feuer«, aber auch »Höhle« und »hoher Steinhaufen« bedeutet (▶Baedeker Wissen S. 226) Als **Nuraghen** bezeichnet man die in Form von Kegelstümpfen gebauten Türme, die aus Reihen ringförmig und ohne Mörtel aufgeschichteter Steinblöcke bestehen. Die etwa 7000 Nuraghen sind nicht nur das Symbol einer hoch entwickelten bronzezeitlichen Kultur, sondern ein Wahrzeichen Sardiniens.
Archäologen teilen die Nuraghenzeit in vier Perioden ein: die archaische Nuraghenzeit (Periode der Protonuraghen, 1800 – 1400 v. Chr.), die mittlere Epoche (1400 – 900 v. Chr.) und die späte Nuraghenzeit (900 – 500 v. Chr.) sowie die Endphase (ab 500 v. Chr.). In ihrer Blütezeit hat die nuraghische Zivilisation höchst beeindruckende Bauten und Kunstwerke hervorgebracht. Archäologische Funde belegen, dass die Nuraghenkultur auch nach der Besiedlung der sardischen Küsten durch Phönizier und Karthager fortlebte.

Bronzezeitliche Nuraghenkultur

▌ Phönizier, Punier und Römer

Zu Beginn des 1. Jt. v. Chr. landeten Phönizier auf Sardinien und gründeten dort Handelsniederlassungen, die sich zu prosperierenden Hafenstädten entwickelten. Die Ruinen von Nora bei Pula und Sulci auf der Insel Sant'Antioco vor der Südküste sowie die von Tharros bei Oristano an der Westküste zeugen bis heute von dem Wohlstand ihrer Bewohner. Auch die sardische Hauptstadt Cagliari, darf sich rühmen, aus einer phönizischen Gründung, von den Römern Caralis genannt, hervorgegangen zu sein. 1773 wurde in einem Weinberg in der Nähe des antiken Nora eine Stele mit einer phönizischen Inschrift gefunden,

Phönizier

auf der zum ersten Mal die Buchstabenfolge »Shrdn« für »Sardinien« auftaucht. Die Stele stammt vermutlich aus dem 8. Jh. v. Chr. und wird heute im Nationalmuseum von Cagliari aufbewahrt.

Punier (Karthager) Die Karthager erobern Sardinien 520 – 510 v. Chr. In verschiedenen Verträgen aus der Zeit zwischen 509 und 278 v. Chr. erkennen die Römer die Herrschaft Karthagos über Sardinien zunächst an. Im Friedensschluss am Ende des Ersten Punischen Krieges (264 – 241 v. Chr.) müssen die besiegten Karthager zwar Sizilien und die umliegenden Inseln räumen, Sardinien bleibt ihnen zunächst jedoch. Im Jahr 238 v. Chr. nimmt dann der römische Konsul Titus Sempronius Gracchus einen Aufstand karthagischer Söldner in Nordafrika zum Anlass, auch Sardinien zu annektieren. Die Karthager müssen der **römischen Herrschaft über Sardinien** zustimmen.

Römer Sardinien wird 177 v. Chr. römische Provinz. In dem Krieg zwischen Cäsar und Pompejus in den Jahren 49 bis 46 v. Chr. stellt sich Caralis (Cagliari) auf die Seite Cäsars und Sulci auf die des Pompejus. Zum Dank für ihre Unterstützung verleiht der siegreiche Cäsar den Bewohnern Caralis' im Frühling des Jahres 46 v. Chr. das römische Bürgerrecht. Die Bewohner von Sulci hingegen müssen zusätzliche Abgaben leisten. Unter Augustus wird Sardinien 27 v. Chr. einem Prokonsul unterstellt. Obwohl die Römer de jure die Herrschaft über ganz Sardinien ausüben, gelingt es ihnen nicht, das unzugängliche Bergland einzunehmen. Die Hirtenstämme, die dort leben, stellen sich ihnen von Anbeginn an entgegen, unternehmen Raubzüge an die Küste und zetteln Kleinkriege an. Als es 7. n. Chr. einmal mehr zu Unruhen kommt, schickt Kaiser Augustus Truppen nach Sardinien, die die Widerspenstigen bezwingen und zähmen sollen. Doch es gelingt ihnen nicht. Das Bergland bleibt in der Hand der »Barbaren« und wird von den Römern »Barbaria« genannt. Bis weit in das 20. Jh. ist die Region als Rückzugsort von Banditen und als No-go-Area verschrien.

| Vandalen und byzantinische Zeit

Vandalen In der Völkerwanderung setzen die Vandalen, die in Nordafrika ein kurzlebiges Königreich gegründet hatten, von dort nach Sardinien über und halten sich dort für 80 Jahre. 534 wird die Insel durch Truppen des Kaisers Justinian befreit und dem Oströmischen Reich einverleibt. Mit den Balearen und Korsika bildet es eine der sieben Provinzen der Diözese Afrika. Die Araber, die sich nach der Eroberung Karthagos (698) dauerhaft in Nordafrika niedergelassen haben, be-

Wuchtige Formensprache: das Portal des Gigantengrabs S'Ena 'e Thomes

ginnen im 8. Jh. mit ihren Überfällen auf Sardinien. Diese Piratenangriffe setzen sich noch bis ins 19. Jh. fort.

Judikate und Richterzeit

Beginn der
Richterzeit
im 9./10. Jh.

Als sich die Byzantiner im frühen 9. Jh. langsam aus Sardinien zurückziehen, beginnen die vermutlich noch von dem Statthalter Konstantinopels eingerichteten vier Judikate der Insel – Logudoro, Gallura, Arborea und Cagliari – souveräne Staaten auszubilden. Alle Macht liegt nun in den Händen von sog. »Richtern« (sardisch »iudikes«), die sardischen Patrizierdynastien entstammen. Urkundlich belegt sind die vier Judikate zwar erst seit dem 11. Jh., doch werden zumindest die Richter bereits in einem Schreiben Papst Johannes VIII. (852–882) aus dem 9. Jh. erwähnt und dort »Fürsten von Sardinien« genannt.

Genua und
Pisa auf
Sardinien

Als Araber unter Mujahid al Amiri Südsardinien besetzen, bittet Papst Benedikt VIII. Pisa und Genua, den bedrängten Judikaten beizustehen und die Eroberer von der Insel zu vertreiben. 1016 gelingt es den beiden Seerepubliken im Verein mit den Sarden, Mujahid und die Seinen in die Flucht zu schlagen und in der Folge Sardinien sukzessive unter ihre Kontrolle zu bringen. Die bis dahin für lange Zeit von der Außenwelt abgeschnittene Insel erlebt eine wirtschaftliche Blütezeit, in der die Silberminen des Iglesiente wieder in Betrieb gehen und an der Küste neue Städte entstehen. Bis heute künden Festungen und Kastelle von dieser Zeit. 1063 ruft der Richter von Torres Mönche auf die Insel, die die Landwirtschaft in seinem Judikat entwickeln sollen. Die Viktoriner, Kamaldulenser und Zisterzienser, die nach Sardinien kommen, machen große Landflächen urbar und lassen auch einige großartige Landkirchen wie die **Santissima Trinità di Saccargia** errichten. Die Judikate bestehen zwar noch bis in die Mitte des 13. Jh.s fort, allerdings fallen sie in die Hand von pisanischen und genuesischen Familien. Allein das Judikat von Arborea bewahrt unter der Richterin **Eleonora d'Arborea** bis 1409 seine Unabhängigkeit.

Spanisch-aragonische Herrschaft

Eroberung
Sardini-
ens durch
Aragón

1297 belehnt Papst Bonifaz VIII. König Jakob II. von Aragón (1267–1327) mit den Inseln Sardinien und Korsika. Dessen Sohn, der spätere König Alfons IV. von Aragón (1299–1336), zieht mit einem großen Heer nach Sardinien und versucht, Pisaner und Genuesen von der Insel zu vertreiben. 1326 kommt es zu einem Friedensschluss zwischen den verfeindeten Mächten. Doch in verschiedenen Teilen Sardiniens wehren sich die Menschen noch lange gegen die

Die Nuraghenkultur ist auf der Insel allgegenwärtig: hier die Nuraghe Losa.

neuen Besatzer. Unter der Führung der Richter von Arborea nehmen die Aufstände gar den Charakter eines »Nationalkriegs« an. Als die Bewohner von Alghero sich 1354 ein zweites Mal binnen eines Jahres gegen Aragón erheben, greift König Peter IV. (1319 – 1387) persönlich ein und belagert mit einer Flotte von fast 100 Schiffen die Stadt. Die sardischen Einwohner werden nach der Einnahme Algheros allesamt vertrieben und durch Katalanen ersetzt. Bis auf das Judikat von Arborea, das erst 1409 nach seiner Niederlage in der Schlacht von Sanluri erlischt, ist Sardinien nun in der Hand Aragóns. Die neuen Herren teilen die Insel unter aragonischen Familien auf und errichten ein bis in die Mitte des 19. Jh.s bestehendes Feudalregime. In der durch einen Erlass des aragonischen Königs ins Leben gerufenen Ständeversammlung sind Adel, Klerus und die sechs größten Städte vertreten. Allerdings bleibt die »Carta de Logu«, das Zivil- und Strafgesetzbuch Eleonora d'Arboreas, das seit 1421 auf ganz Sardinien Gültigkeit hatte, bis zur Vereinigung Italiens in Kraft.

Mit der Vereinigung Aragons und Kastiliens zu einem gesamtspanischen Königreich im Jahr 1479 gerät Sardinien für 250 Jahre unter spanische Herrschaft. Für die Landbevölkerung beginnt eine entbehrungsreiche und grausame Zeit, denn die Feudalherren von der iberi-

Spanische Herrschaft

217

3000 JAHRE FREMDHERRSCHAFT

Im Lauf seiner Geschichte hat Sardinien viele fremde Herren gesehen. Nie war es ein unabhängiger Staat, und auch im italienischen Einheitsstaat hat es erst nach dem Zweiten Weltkrieg den Autonomiestatus erhalten.

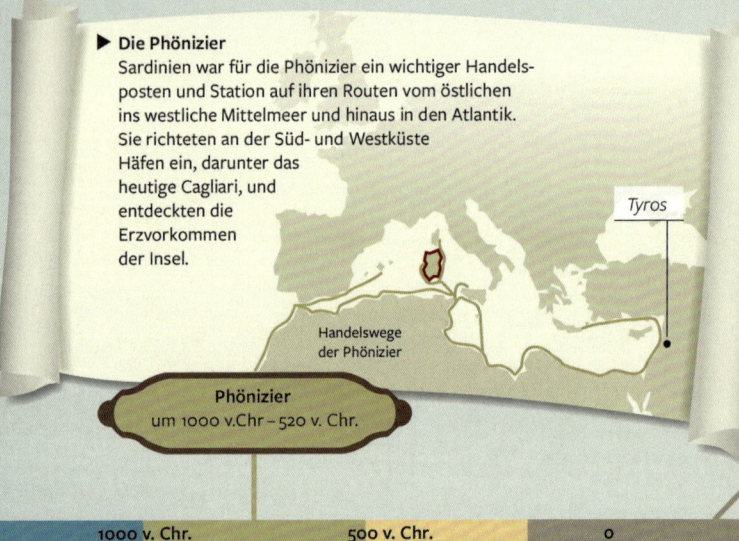

▶ **Die Phönizier**

Sardinien war für die Phönizier ein wichtiger Handelsposten und Station auf ihren Routen vom östlichen ins westliche Mittelmeer und hinaus in den Atlantik. Sie richteten an der Süd- und Westküste Häfen ein, darunter das heutige Cagliari, und entdeckten die Erzvorkommen der Insel.

Tyros

Handelswege der Phönizier

Phönizier
um 1000 v.Chr – 520 v. Chr.

1000 v. Chr.   500 v. Chr.   0

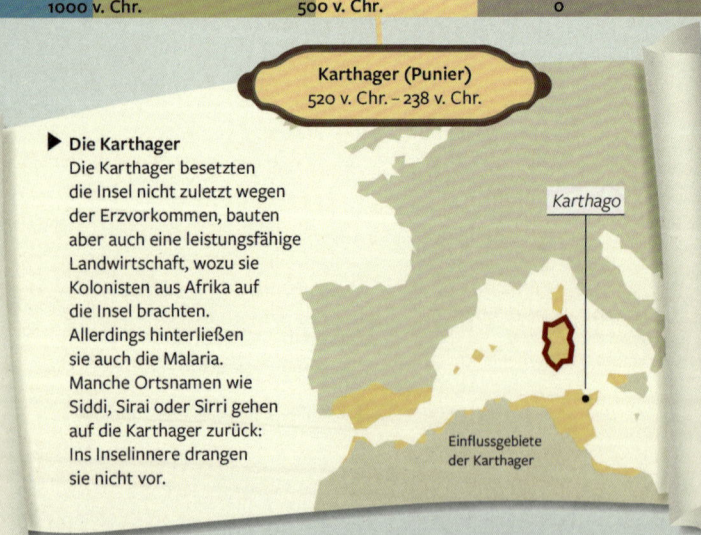

Karthager (Punier)
520 v. Chr. – 238 v. Chr.

▶ **Die Karthager**

Die Karthager besetzten die Insel nicht zuletzt wegen der Erzvorkommen, bauten aber auch eine leistungsfähige Landwirtschaft, wozu sie Kolonisten aus Afrika auf die Insel brachten. Allerdings hinterließen sie auch die Malaria. Manche Ortsnamen wie Siddi, Sirai oder Sirri gehen auf die Karthager zurück: Ins Inselinnere drangen sie nicht vor.

Karthago

Einflussgebiete der Karthager

▶ Die Römer

Drei Jahre nach dem 241 v. Chr. beendeten ersten Punischen Krieg vertrieben die Römer die Karthager, doch erst 177 v. Chr. wurde Sardinien römische Provinz und kam damit in den Genuss der kulturellen Errungenschaften Roms: Straßen, Brücken, Aquädukte. Allerdings wurden viele Sarden auch in die Sklaverei gezwungen.

Rom

Römisches Imperium

Römer
238 v. Chr. – 455 n. Chr

Piemont-Sardinien
(1718 – 1861)

seit 1861 zu Italien

Byzanthiner und Araber
534 – 1016

| 500 n. Chr. | 1000 n. Chr. | 1500 n. Chr. | 2000 |

Vandalen
455 – 534

Pisaner und Genuesen
1016 – 1300

Seit 1948 Autonomiestatus

Spanier
1297 – 1718

▶ Die Vandalen

Die vermutlich aus Skandinavien stammenden Vandalen erreichten im Zuge der Völkerwanderung 429 Nordafrika. Mit erbeuteten römischen Schiffen konnten sie Sardinien einnehmen. Doch schon 534 wurden sie von den Byzanthinern vertrieben.

Vandalisches Reich in der größten Ausdehnung

▶ Die Spanier

Die spanische Ära begann mit der Belehnung des Hauses Aragón mit Sardinien. Die Spanier errichteten ein Feudalsystem und schickten die Sarden in die Leibeigenschaft. Gegen die seit dem 16. Jh. einsetzenden Piratenüberfälle errichteten sie einen Ring sog. Sarazenentürme.

Sarazenturm

schen Halbinsel zwingen sie in die Leibeigenschaft. Seuchen und immer wiederkehrende Überfälle von Piraten tun ein übriges. Die Bevölkerung schrumpft und verelendet.

Pest Als zwischen 1652 und 1656 einmal mehr die Pest allein in Cagliari fast die Hälfte der Bevölkerung hinwegrafft, flehen die Bewohner den Schutzpatron der Stadt, den hl. Ephisius, um Hilfe an und geloben, ihm mit einer Wallfahrt zu danken. Seit 1657 findet deshalb alljährlich am 1. Mai eine große Prozession zu Ehren des Heiligen statt. Das Kirchlein dort soll einst genau an der Stelle errichtet worden sein, an der Ephisius den Märtyrertod fand.

▌ Königreich der Savoyer

Königreich Sardinien Die spanische Herrschaft über Sardinien endet erst nach dem Spanischen Erbfolgekrieg, in dem sich halb Europa um das Erbe des kinderlos gebliebenen Königs Karl II. von Spanien (1661 – 1700) streitet. Im Frie-

Sogenannte Sarazenentürme entlang des gesamten Küstenstreifens schützten die Insel ab Ende des 16. Jh.s vor Überfällen.

den von Utrecht fällt die Insel zunächst an die österreichischen Habsburger, die sie aber 1720 im Tausch gegen Sizilien an das Haus Savoyen abtreten. Herzog Viktor Amadeus II. nimmt den seit dem Hochmittelalter existierenden Titel »König von Sardinien« an, regiert sein sardisch-piemontisches Reich aber von Turin aus. Für die Bevölkerung ändert sich nicht viel, denn die feudalen Strukturen bleiben bestehen.

Im Jahr der Französischen Revolution (1789) lehnt sich die Bevölkerung vieler Dörfer gegen Lehnsherren und deren Tributforderungen auf. Als die Franzosen im Krieg zwischen dem revolutionären Frankreich und dem Königreich Sardinien-Piemont 1793 Cagliari bombardieren, schlagen sich die Sarden jedoch auf die Seite des Königs und drängen die anlandenden Truppen aufs Meer zurück. Die Forderung der sardischen Stände nach mehr politischem Einfluss lehnt der Monarch aber ab. Die gespannte Atmosphäre, die auf der Insel herrscht, entlädt sich 1794 in Cagliari in einem **Aufstand gegen die piemontesische Fremdherrschaft**. Der Vizekönig und Anhänger Piemonts werden von der Insel vertrieben, der höchste Verwaltungsbeamte sowie der Oberbefehlshaber der Streitkräfte des Komplotts beschuldigt und vom wütenden Volk getötet.

Revolutionäre Unruhen

Als Ende des Jahres 1795 ein Aufstand im Logudoro ausbricht, wird Giovanni Maria Angioy (1751 – 1808), Richter am Obersten Gericht des Königreichs in Cagliari, nach Sassari geschickt, um die Verhältnisse zu klären. Doch unter dem Eindruck des Elends, das er um sich herum wahrnimmt, schlägt sich der mit den Ideen der Französischen Revolution sympathisierende Richter auf die Seite der Aufständischen. Im Februar 1796 setzt er sich an die Spitze eines Bauernheeres, das gegen die Hauptstadt marschiert. Doch die Rebellen werden bei Oristano von Regierungstruppen gestoppt. Angioy muss nach Korsika fliehen. Der Marsch auf Sassari ist als **»Sardische Revolution«** in die Geschichte eingegangen.

Sardische Revolution

Unter König Carlo Felice I. (1765 – 1831) ergeht der »Erlass zur Einfriedung« (Editto delle Chiudende vom 6. Oktober 1820), mit dem bis dahin von den Bauern und Hirten gemeinschaftlich genutztes Weide- oder Ackerland von demjenigen in Besitz genommen und eingezäunt werden kann, der es gerade nutzt. Obwohl die Reform die Streitigkeiten zwischen Hirten und Ackerbauern lösen sollte, profitieren hauptsächlich die »prinzipales«, die reichen Gutsbesitzer. Die nun entstehenden »tancas« (ummauerte Grundstücke) prägen bis heute das Landschaftsbild weiter Teile Sardiniens. König Carlo Alberto (1798 – 1849) erlässt 1835 die ersten Gesetze zur Abschaffung feudaler Strukturen. Die Gemeinden müssen jedoch große Ablösesummen für die Lehensherren aufbringen. Viele Sarden verarmen und müssen emigrieren.

Bodenreform

Sardinien im »Risorgimento«

Aufgrund der desolaten wirtschaftlichen Lage bietet die Ständeversammlung (»stamenti«) der Insel König Carlo Alberto (1798 – 1849) den Verzicht auf Autonomie z. B. in Steuerangelgenheiten an und Sardinien geht nun vollständig im **Königreich Sardinien-Piemont** auf, das unter dem Ministerpräsidenten **Camilio Benso Conte di Cavour** (1810 – 1861) zur treibenden Kraft im Prozess der Einigung Italiens wird. Als im März 1861 in Turin das Königreich Italien ausgerufen wird, endet die Geschichte des Königreichs Sardinien, und die Insel wird Teil des neuen Staates. Eine andere große Persönlichkeit des risorgimento, der Freiheitskämpfer **Giuseppe Garibaldi**, vertritt vorübergehend die sardische Stadt Ozieri als Abgeordneter im neuen italienischen Parlament. Garibaldi hatte bereits 1855 einen Teil der Insel Caprera vor der sardischen Nordostküste erworben und 1860 durch die Vertreibung der Bourbonen aus Sizilien und Süditalien Entscheidendes zur Einheit Italiens beigetragen.

Auch als Teil des neuen Staates bleibt Sardinien arm. Die Fertigstellung der Bahnlinien von Cagliari nach Sassari und von Porto Torres nach Golfo Aranci ändert daran wenig. Das Elend treibt Hirten und Bauern in die Illegalität, und der Banditismus blüht auf. 1899 sendet die italienische Regierung deshalb ein Infanteriekorps in die Gegend um Nuoro, das sich Feuergefechte mit den Banditen liefert.

Sardinien im 20. und 21. Jahrhundert

Erster Weltkrieg und Zwischenkriegszeit

Unter dem Einfluss der Soldaten der legendären »Brigata Sassari«, die während des Ersten Weltkriegs auf Seiten Italiens gekämpft hatten und die deshalb bis heute im ganzen Land verehrt werden, leben die sardischen Autonomiebestrebungen wieder auf. 1921 wird die Sardische Aktionspartei (Partito Sardo d'Azione, PSdA) gegründet, die für die Unabhängigkeit Sardiniens und eine wirtschaftliche und soziale »Wiedergeburt« eintritt und große Wahlerfolge erzielt.

Faschismus und Zweiter Weltkrieg

In der Ära Mussolini kommt es zu einem Ausbau der Bergwerksindustrie im Südwesten Sardiniens und der landwirtschaftlichen Produktion durch die Trockenlegung von Sumpfgebieten. Ganze Städte wie Fertilia, heute ein Stadtteil von Alghero, und Carbonia im Kohlerevier der Sulcis werden aus dem Boden gestampft. Für die Autonomiebestrebungen der Sarden ist das keine gute Zeit. Der Duce lässt die PSdA verbieten und ihre Anhänger verfolgen.

Nach dem Zweiten Weltkrieg

Erst nach dem Zweiten Weltkrieg erhält Sardinien ein Stück weit seine Eigenständigkeit zurück. 1948 wird die Insel autonome Region in der 1946 gegründeten Republik Italien. Trotz eines bereits 1946 ge

gründeten staatlichen Hilfsfonds und eines 1952 vom Parlament ver-
abschiedeten Zwölfjahresplans für die Region lässt der Aufschwung
auf sich warten. Erst in den 1960er-Jahren entwickelt sich eine nen-
nenswerte, allerdings kurzlebige petrochemische und Bergbauindus-
trie. Dafür wird Sardinien mehr und mehr als Urlaubsziel entdeckt.
Nicht nur an der berühmten Costa Smeralda, überall an den Küsten
der Insel entstehen seit den 1960er-Jahren Feriensiedlungen mit einer ausgefeilten touristischen Infrastruktur. 1989 verabschiedet das
sardische Regionalparlament ein Gesetz, das den ausufernden touristischen Ausbau besonders an der Costa Smeralda eindämmen soll.

Im Rahmen des sog. »Pakts für den Süden«, eines von der italieni-   2016
schen Regierung aufgelegten Programms zur Förderung der Regionen des Mezzogiorno, erhält Sardinien in diesem Jahr eine Milliarden
schwere Beihilfe, um der Benachteiligung der Region aufgrund ihrer
Insellage entgegenzuwirken. Förderschwerpunkte sind Verkehrs-
strukturen (Fähren, Flugverbindungen, Eisenbahnen, Straßen)
Energieversorgung und das Schulsystem.

3000 Jahre Fremdherrrschaft: Zwar keine tagesaktuellen News mehr, in den
Köpfen der Sarden ist die Kultur des Widerstands dennoch bis heute verankert.

ARCHITEKTUR UND KUNST

Von jungsteinzeitlichen Grabstätten und Nuraghenfestungen über antike Tempelbauten und mittelalterliche Kathedralen bis hin zu neoklassizistischen Palästen und moderner Architektur: Sardinien ist reich an baulichen Zeugnissen seiner langen Geschichte; die Museen warten mit Kunstschätzen aus allen Epochen auf.

▎ Kultur von Ozieri

Domus de Janas
Auf Sardinien haben mehrere jungsteinzeitliche Kulturen ihre Spuren hinterlassen. Die letzte von ihnen war die Ozieri-Kultur, deren Träger zwischen 3300 und 2480 v. Chr. auf der Insel lebten. Ihren Namen verdankt sie dem ersten Fundort, der Grotta di San Michele bei Ozieri, in der Archäologen auf ein von den jungsteinzeitlichen Menschen in den Fels getriebenes Kammergrab steißen. Auf Sardinien finden sich rund 1000 dieser Gräber, manchmal liegen sie vereinzelt in der Landschaft versteckt, manchmal bilden sie eine ganze Totenstadt aus 40 und mehr Gräbern. Die frühen Domus de Janas oder Feenhäuser, wie die Sarden die Grabanlagen nennen, bestanden nur aus einer einfachen Kammer, die mit einer Platte abgedeckt wurde. Später errichteten die Steinzeitmenschen ganze Wohnhäuser für ihre Toten, deren Räume Wandmalereien schmückten. Interessante Beispiele für die Domus de Janas sind die Nekropolen von Sant'Andrea Priu bei Bonorva und Anghelu Ruju bei Alghero.

Menhire
Vermutlich unter dem Einfluss westlicher Megalithkulturen stellten die Menschen der Ozieri-Kultur vielerorts Menhire auf »Menhir« kommt aus dem Bretonischen und ist aus »men« für »Stein« und »hir« für »lang« zusammengesetzt. In der Tat ragen die Menhire. von denen es auf Sardinien etwa 260 gibt, zwischen ein und drei Meter auf. Manchmal sind sie kunstvoll mit Symbolen geschmückt. Bei Goni in der Landschaft Gerrei (Provinz Cagliari) haben Archäologen gleich 60 solcher Kolosse entdeckt und in ihrer ursprünglichen Anordnung aufgestellt. **Pranu Muteddu** – so der Name der Kultstätte – gilt als das Stonehenge Sardiniens.

Dolmen
Megalithische Dolmen bestehen aus zwei oder mehreren aufrecht stehenden Tragsteinen, über die eine flache Steinplatte gelegt wurde, und sehen wie riesige Tische aus. Der Ausdruck »Dolmen« kommt aus dem Kornischen, einer mit dem Bretonischen verwandten kelti-

Segnung inklusive: Im romanischen Kloster San Francesco in Alghero steht der säulenverzierte Kreuzgang im Vordergrund.

schen Sprache, und bedeutet tatsächlich so viel wie »Steintisch«. Welche Funktion die Dolmen hatten, ist bis heute nicht eindeutig geklärt. Archäologen nehmen aber an, dass sie als Begräbnisstätten dienten. Ein besonders schönes Beispiel für die sardische Dolmenbaukunst ist Sa Coveccada bei Mores.

Nuraghenkultur

Die Nuraghen sind ein Wahrzeichen Sardiniens und prägen vielerorts das Landschaftsbild. Eine ganze Epoche, die bronzezeitliche Nuraghenkultur, die von etwa 1800 v. Chr. bis 300 v. Chr. bestand, ist nach ihnen benannt. Die Kunstfertigkeit und Akribie, mit der die Nuraghenbauer die gewaltigen Steinblöcke ohne Mörtel aufeinander schichteten, erregt noch heute Erstaunen und Bewunderung. Im Laufe der Jahrhunderte bauten sie die Nuraghen zu imposanten Festungen aus. Die Nuraghenburg **Su Nuraxi** bei Barumini war der UNESCO 1997 sogar einen Eintrag in ihre Weltkulturerbeliste wert.

Nuraghen

MEGALITHKULTUREN

Zwischen 1500 und 500 v. Chr. entstanden auf Sardinien Großsteinbauten, oft mit Türmen, von denen die sog. Nuraghenkultur ihren Namen hat. Auch andernorts – in und außerhalb Europas – bildeten sich während der Jungsteinzeit und der Bronzezeit Megalithkulturen aus. Man geht heute allerdings davon aus, dass sie sich unabhängig voneinander entwickelten.

Brownshill-Dolmen, Irland
größter Deckstein (100 t)
Breite: 4,7 m, Höhe: 6,1 m

Dolmen (Steintisch)
große Steinblöcke, die
oftmals als Grabstelle dienen.

Stonehenge, England
115 m Ø

Steinkreise
Runde oder ovale
Anordnung von Menhire/
Findlinge. Oft in Verbin-
dung mit Grabstätten.

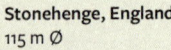

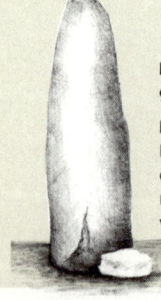

Menhir du Champ-Dolent, Frankreich
9,5 m Höhe

Menhire (Hinkelstein/langer Stein)
Ein aufgerichteter Monolith,
der einzeln, aber auch in Reihen,
runder- oder ovaler Anordnung
vorzufinden sind.

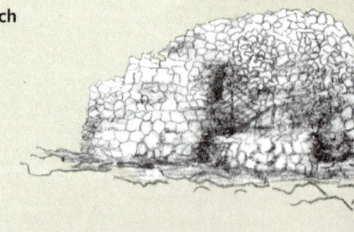

	4500	4000	3500	3000
		Sieben Steinhäuser		
▮ Megalithkulturen			Brownshill-Dolmen	
▮ Pyramiden		Alignements von Carnac		
			Mastabas, Vorläufer der Pyramiden	▮
▮ Weitere Steinbauten				
		Hagar Qim		

JUNGSTEINZEIT

Klekkende Høj, Dänemark
Ganggrab mit Doppelkammer
Länge: ca. 7 m

Ganggrab
Der Gang führt zu einer meist
länglichen Grabkammer.

**Sieben Steinhäuser,
Deutschland**
Ist eine Gruppe von fünf
Großsteingräbern, abgebildet
ist Anlage D

**Tempelanlage von Ħaġar Qim
»Steine des Gebets«, Malta**
Auf Malta und Gozo sind rund
40 Tempelanlagen aus neolithischer
Zeit erhalten. Ħaġar Qim ist eine
der eindrucksvollsten.

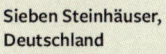

Su Naraxi, Sardinien ...
... ist die größte nuraghische
Anlage Sardiniens. Sie umfasste
150 Behausungen und war umgeben
von einer 5 Meter breiten Mauer.
Der Hauptturm ist 10 Meter breit
und 14 Meter hoch (urspr. 19 m).

2500	2000	1500	1000
Stonehenge			
		Naveta d'es Tudons	
Klekkendehøj		Naos, Vorläufer der griechischen Tempel	
	Zikkurat, stufenförmige Pyramiden, Mesopotamien		
Pyramiden			
		Nuraghe Losa	

ÄGYPTISCHES REICH

MEGALITHKULTUR

EISENZEIT

BRONZEZEIT

227

Kriegerischer Lebensstil: Nuraghische Bronzestatuetten im
Archäologischen National-
museum in Cagliari

Die Nuraghenkultur hat auch Grabstätten hinterlassen, die als »Tombe dei Giganti« (Gigantengräber) bekannt sind. Vermutlich wurden dort bis zu 200 Personen bestattet. Das eigentliche Grab besteht aus einer länglichen Kammer aus Steinblöcken. An der Stirnseite befindet sich ein halbrunder Vorplatz, der von hochkant in den Boden gerammten Steinen begrenzt wird. In der Mitte der Steinreihe erhebt sich eine große, in Form eines Rundbogenportals aufgestellte Stele. Die kleine Öffnung in Bodennähe diente als Zugang zur ansonsten geschlossenen Grabkammer, die manchmal auch von einem Grabhügel (Tumulus) überdeckt und von Menhiren wie steinernen Wächtern beschützt wurde. Die Gigantengräber entwickelten sich aus Galeriegräbern. Zu den schönsten Gigantengräbern, von denen über 500 bekannt sind, gehören **Li Lolghi** und **Coddu Vecchiu** bei Arzachena sowie **S'Ena 'e Thomes** bei Dorgali.

Gigantengräber

▌ Sardinien in der Antike

Als die Karthager um 500 v. Chr. auf Sardinien landen und große Teile in Besitz nehmen, gerät die Insel zunehmend unter den Einfluss der phönizisch-punischen Kultur. Bis heute sichtbare Zeugnisse sind die Überreste von der Göttin Tanit geweihten, phönizisch-punischen Tempelbauten, die Archäologen in den Ruinen von Tharros, Nora und Sulci fanden. Außer kostbarem Schmuck und Götterfigurinen gruben sie dort kleine Urnen aus, die Knochen von Babies enthielten. Die Fund löste zunächst Befremden und Entsetzen aus. Die These, dass die Punier ihre Kinder der Göttin zum Opfer brachten, gilt mittlerweile aber als widerlegt. Man nimmt an, dass die Babies eines natürlichen Todes starben und dann eingeäschert wurden.

Phönizischpunische Architektur

Die Römer, die Sardinien 238 v. Chr. erobern, setzen sich in den alten phönizisch-punischen Städten fest und übernehmen zunächst die Elemente ihre Architektur und Kunst. Erst gegen Ende des 2. Jh.s n. Chr., also nach 500 Jahren römischer Herrschaft, setzt sich der spezifisch römische Baustil durch. Herausragendes Beispiel ist das **Amphitheater in Cagliari**, das aus dem Kalkstein herausgeschlagen wurde und zu den größten seiner Art im Mittelmeerraum zählt.

Römische Architektur

▌ Mittelalter

Nach der Vertreibung des Maurenführers Mujahid al Amiri durch die Seerepubliken Genua und Pisa im Jahre 1016 stabilisiert sich die politische Lage. In den Jahrhunderten bis zur Eroberung Sardiniens durch Aragón entstehen großartige, von der lombardischen und toskanischen Architektur inspirierte Sakralbauten wie die **Basilika San Gavino in**

Romanische Architektur

Porto Torres aus dem 11. Jh. oder die 1145 fertiggestellte **Kathedrale Santa Giusta** bei Oristano, das vielleicht schönste romanische Gotteshaus der Insel. Die seit der zweiten Hälfte des 11. Jh.s auf Sardinien wirkenden Mönchsorden initiieren den Bau romanischer Landkirchen, deren oft einsame Lage sie besonders reizvoll macht. Herausragendes Beispiel ist die **Santissima Trinità di Saccargia** bei Sassari, geradezu ein Juwel der lombardisch-toskanischen Architektur. In der Richterzeit werden zudem der Bau und die Verstärkung von **Bastionen, Mauern, Befestigungsanlagen und Türmen** intensiv vorangetrieben, so in Castelsardo, Bosa, Alghero und Oristano (Torre di San Cristoforo, 1294). Auf dem Burghügel von Cagliari ragen noch heute die **Torre San Pancrazio** und der Elefantenturm auf, die der einheimische Baumeister Giovanni Capula zwischen 1305 und 1307 erbaute.

Katalanische Einflüsse (14./15. Jh.)

Die Eroberung Sardiniens durch Aragón und die folgenden Aufstände des 14. Jh.s führen zu einem abrupten, lang anhaltenden Stopp der regen Bautätigkeit der vorangegangenen Epoche. Die Bauten des 15. Jh.s wie die im Stil der katalanischen Gotik errichtete Kirche San Francesco in Iglesias zeigen bereits den Einfluss der Eroberer. Auch Malerei und Plastik sind von der katalanischen Gotik inspiriert. Das **Nikodemus-Kruzifix der Kirche San Francesco in Oristano** beispielsweise ist ein Meisterwerk katalanischen Kunstschaffens aus farbig gefasstem Holz. Ein ganz frühes Beispiel für die katalanische Malerei auf Sizilien ist das **»Retablo di San Bernardino«** von Juan Figuera und Raphael Thomas, das sich in der **Pinacoteca Nazionale** von Cagliari bestaunen lässt.

▌ Renaissance und Barock

16. und 17. Jahrhundert

Das an Baudenkmälern so arme 16. Jh. bringt in der Malerei bedeutende Werke hervor, die heute größtenteils in der **Pinacoteca Nazionale von Cagliari** zu sehen sind. Herausragende Künstler der Epoche sind die Mitglieder der Familie Cavaro, die in der zweiten Hälfte des 15. Jh.s die die nach ihrem Wohnviertel in Cagliari benannte **»Schule von Stampace«** begründen und über drei Generationen bedeutende Maler stellen. Lorenzo Cavaro ist als Schöpfer des **»Retablo di San Paolo in Gonnostramatza«** (Cagliari) bekannt, sein Sohn Pietro (▶Interesssante Menschen, S. 238) erntet mit seinen Retabeln noch größeren Ruhm. In der zweiten Hälfte des 16. Jh.s setzt Pietros Sohn Michele das Werk des Vaters fort.

Wie vielerorts in Europa macht man sich auch auf Sardinien an die Barockisierung mittelalterlicher Sakralbauten: Die Kirchen füllen sich mit geschnitzten, farbig gefassten und vergoldeten Altären im Stil des spanischen Barock. Die Kirche **Santa Maria di Bethlem in Sassari** besitzt gleich mehrere davon.

▌ Die Moderne

Im 19. Jh. entstehen in den großen Städten Cagliari und Sassari, aber in Ozieri, Tempio und Bosa repräsentative öffentliche Gebäude wie der **Palazzo della Provincia** und der **Palazzo Giordano in Sassari** (beide Ende des Jh.s) oder der 1899 eingeweihte Palazzo Municipale in Cagliari. Um die Mitte des Jahrhunderts erschafft der dem Neoklassizismus nahe stehende Architekt **Gaetano Cima** (1805 – 1878), das neue Bild der Hauptstadt und verwandelt Cagliari in eine moderne Stadt.

In der Malerei ist **Giovanni Marghinotti** (1798 – 1865) aus Cagliari zu nennen. Seine Porträts von König Carlo Alberto waren bei den Stadträten der größeren sardischen Ortschaften sehr beliebt. Cesare Vacca und Pietro Bosio, die vom italienischen Festland stammen, dekorieren das Querschiff des Doms von Sassari (1830 – 1834).

19. Jahrhundert

Wandlung durch die Zeit: Im spanischen Kolonialstil umgestaltete Fassade der Cattedrale di San Nicola in Sassari

Die Büsten und Denkmäler auf der Insel erinnern an Persönlichkeiten der sardischen Geschichte. Die Büste Garibaldis im Haus des Freiheitskämpfers auf Caprera schuf **Leonardo Bistolfi** (1859 – 1933), ein Vertreter des italienischen Symbolismus. Giuseppe Sartorio (1854 – 1922) gestaltete u. a. das Denkmal des Giovanni Spano in Cagliari und die Büste von Quintino Sella in Iglesias. Das **Denkmal der Eleonora d'Arborea** in Oristano ist ein Werk von **Ulisse Cambi** (1807 – 1895).

20. Jahrhundert

In der Ära Mussolini prägt der in Monumentalbauten Stein gewordene Ungeist des Faschismus die Architektur. Auf Sardinien werden ganze Städte wie Mussolinia-Arborea sowie Fertilia bei Alghero und Carbonia bei Iglesias im Stil faschistischer Architektur aus dem Boden gestampft. Nach dem Ende des Zweiten Weltkriegs besinnen sich die Architekten auf originär sardischen Bautraditionen und entwerfen touristische Komplexe im »neonuraghischen« oder »pseudomediterranen« Stil.

Allerdings ist die **Malerei** im Sardinien des 20. Jh.s die dominierende Kunstrichtung. Mit **Giuseppe Biasi** (1885 – 1945) aus Sassari, einem Anhänger der römischen Sezessionisten und Bewunderer Gustav Klimts, entsteht der »sardismo artistico«. Die bis heute anhaltende künstlerische Entdeckung und Erforschung der traditionsgebundenen inneren Regionen Sardiniens beginnt.

In den 1970er-Jahren tauchen an den Hauswänden von Orgosolo und anderen Dörfern Malereien in der Tradition lateinamerikanischer Muralisten auf, die wie diese politische und soziale Missstände anprangern. Mittlerweile wenden sich die **sardischen Muralisten** aber auch dem Landleben zu.

BRAUCHTUM

Sardinien besitzt einen einzigartigen Reichtum an volkstümlichen Traditionen. Die großen sardischen Volksfeste, die mehrheitlich religiösen Ursprungs sind, bieten eine gute Gelegenheit, Kultur und Brauchtum der Sarden näher kennenzulernen.

▌ Sardische Feste

Patronatsfeste

Die Prozession die während der **Sagra di Sant'Efisio** jedes Jahr am 1. Mai von Cagliari nach Nora führt, ist immer auch ein Fest der Farben, denn Trachtengruppen aus ganz Sardinien nehmen an dem feierlichen Umzug teil. Ähnlich begeht Nuoro die **Sagra del Redentore**

Ende August mit einer feierlichen Prozession und einem fröhlichen Fest mit Trachtengruppen aus allen Teilen der Insel.

In Sassari feiert man zwei große Volksfeste. Das beliebte **Reiterfest**, die **»Cavalcata Sarda«**, findet am vorletzten Maisonntag statt. Sie ist eine rein touristische Veranstaltung, die ins Leben gerufen wurde, um die traditionellen Trachten fast ganz Sardiniens in einem Trachtenzug zu versammeln. Das religiöse Fest **»I Candelieri«** geht auf das 16. Jh. zurück und ist das wichtigste Volksfest von Sassari. Die Feierlichkeiten werden von den »gremi« , den Zünften, durchgeführt, in denen heute wie im Mittelalter die Handwerker und Arbeiter von Sassari zusammengeschlossen sind. Zur Erinnerung an das plötzliche Ende der Pest (ob es sich um die Epidemie von 1580 oder um die von 1682 handelt, ist ungewiss) tragen die in ihre spanische Tracht gekleideten Mitglieder der Gremi in dem Prozessionszug vom Palazzo di Città zur Kirche Santa Maria di Betlem neun große, bemalte und dekorierte Kerzenständer aus Holz auf ihren Schultern. Das Fest wird am 14. August gefeiert.

Cavalcata Sarda, I Candelieri in Sassari

In verschiedenen Teilen der Insel feiert man große, ausgelassene Faschingsfeste. Sie beginnen am Vorabend des 17. Januar (Fest des hl. Antonius) mit **Antoniusfeuern**, die in etwa 70 Ortschaften entzündet werden, und enden am Faschingsdienstag mit diversen Feiern. Bekannt sind die Maskenfeste in einigen Ortschaften der Barbagia. In

Faschingsfeste

Sardische Feste – wie hier die prachtvolle Kirchweih in Cagliari – sind immer auch der Familie gewidmet.

Mamoida beispielsweise jagen düstere und maskierte Gestalten in weißen Hosen und roten Jacken, die »issocadores«, hinter in zottelige Felle gehüllte »mamuthones« her.

In Oristano zieht am letzten Faschingssonntag und am Faschingsdienstag die **»Sartiglia«** durch die Stadt. Dieser Name ist vermutlich spanischen Ursprungs und soll auf das spanische Wort »sortija« zurückgehen, das vom lateinischen »sorticula« (»Ring«) abzuleiten ist. Die Sartiglia ähnelt den in anderen italienischen Regionen verbreiteten Pferderennen, den »corsa dell' anello« (»Ringlauf«). Die Reiter versuchen dabei vom galoppierenden Pferd aus, einen Stern, der an einem über die Rennbahn gespannten Seil befestigt ist, mit einer Lanze zu durchbohren. In Oristano sind die Reiter maskiert. Die Hauptfigur »Su compoidori« wird in einer feierlichen Zeremonie, die auf vorchristliche Sühneriten zurückgeht, eingekleidet.

Das größte Reiterfest ist die **Ardia** in Sedilo am Lago Omodeo, die in Erinnerung an den von den Sarden bis heute verehrten römischen Kaiser Konstantin I. (270 – 337) gefeiert wird. Zwei Gruppen von Reitern, die um die Kirche San Costantino galoppieren, kämpfen um die Fahne, die eine der beiden konkurrierenden Parteien schwingt. »S' Ardia« bedeutet »Wache« und weist vermutlich auf die berittenen Wachen Konstantins hin. S'Ardia alljährlich findet am 6. und 7. Juli statt.

Wallfahrtskirchenfeste
Etwa 40 Wallfahrtskirchen in den ländlichen Gebieten Sardiniens sind von »cumbessias« oder »muristenes« genannten Pilgerhütten umgeben, in denen die Gläubigen während der Novenen, der **neuntägigen Andachten** vor den großen Festen, wohnen. Man tauscht kleine Geschenke aus und feiert den Abschluss der Novene mit einem üppigen, gemeinsamen Festmahl. In vielen Ortschaften Sardiniens finden außerdem ein- bis zweimal im Jahr in der Umgebung von Landkirchen, die in der Regel nur zu diesen Anlässen geöffnet sind, große Feste statt, die ein oder zwei Tage dauern.

Osterfeste
In der Osterzeit finden viele religiöse Feiern statt. Dazu gehören das **Passionsspiel** »S' Iscravamentu« (»die Entfernung der Nägel«), mit der die Sarden am Karfreitag die Kreuzabnahme Jesu begehen, und »S' Incontru« (»Die Begegnung«), bei der zwei Prozessionen auf verschiedenen Wegen zum Dorfplatz kommen und dort die Statuen der Muttergottes und des Auferstandenen zusammenführen.

Regionale Bedeutung hat der **Lunissanti** (»heiliger Montag«), den man in der Gegend von Castelsardo und Tergu am Montag der Karwoche feiert. Während der Prozession der Bruderschaften (»confraternitate«) tragen Chöre mittelalterliche Gesänge vor.

Hirtenfeste
Die Hirten Innersardiniens, die schon immer nach ihren eigenen Gesetzen und Traditionen lebten, feiern ganz spezielle Feste, die an die wichtigen Ereignisse des Hirtenlebens gebunden sind. So laden sie

nach der **Schafschur** »Su tusolzu« zu einem großes Festmahl ein, auf dem für sie typische Gerichte wie gekochtes Lammfleisch mit Kartoffeln auf den Tisch kommen.

Brauchtum

Natürlich ist die Moderne nicht spurlos an den überlieferten Traditionen der Sarden vorübergegangen. Dennoch haben sich einige Sitten und Bräuche der **Hirtenkultur** wie »Sa paratura« (in der Landschaft Gallura »punitura«) lebendig gehalten. Bis heute springt die Dorfgemeinschaft ein, wenn ein Hirte durch einen Unglücksfall (Diebstahl, Krankheit oder Haft) seine Herde verliert, indem jedes ihrer Mitglieder ihm ein Schaf schenkt. Die traditionelle **Totenklage** »S' attittu« (oder »attitidu«) wird zwar immer seltener praktiziert. Nach wie vor sind aber Ereignisse wie Heirat und Geburt mit traditionellen Bräuchen verknüpft. Hochzeiten beispielsweise werden immer noch in den schönen alten Trachten gefeiert.

Sitten und Gebräuche

Viele Regionen, zahlreiche Städte, unzählige Dörfer – die sardischen Trachten sind so abwechslungsreich wie die Insel selbst.

Tanz und Musik

Auf Dorffesten wird immer der sardische **»Nationaltanz«**, der **»ballu tundu«** getanzt. Dabei bilden die Tänzer und Tänzerinnen zum Klang sardischer Hirtenflöten, den dreirohirgen »launeddas«, lange Ketten, die sich zu Kreisen schließen und wieder auflösen.

Berühmt ist der nun zum immateriellen UNESCO-Welterbe gehörende **»canto a tenores«**, ein vierstimmiger, improvisierter Sprechgesang, der oft aktuelle Ereignisse zum Inhalt hat. Dabei beginnt immer einer des aus vier Männern bestehenden Chors mit einem Rezitativ, die anderen drei antworten ihm im Refrain, danach übernimmt der nächste die Rolle des Vorsängers. Die Tenores di Bitti »Mialinu Pira« gelten als die besten Interpreten dieses Gesangs und gehen regelmäßig auf Tournee. Wer sie zuhause hören will: Das Album » S'amore 'e mama« versammelt ihre besten Live-Aufnahmen.

INTERESSANTE MENSCHEN

▮ Held einer gescheiterten Revolution

Giovanni Maria Angioy (1751 – 1808)

Der aus Bono bei Sassari stammende Angioy war Jurist und Richter am obersten Gericht des Königreichs Sardinien in Cagliari. Als **Anhänger der Französischen Revolution** unterstützte er die Forderung nach mehr Autonomie gegenüber dem savoyardischen Königshaus. Ende 1775 schlugen die Proteste im Logudoro in einen offenen Aufstand der Bauern und Hirten gegen das ganze Feudalsystem um. In Sassari setzten die Rebellen Landeigentümer und Angehörige des Klerus fest. Um den Aufstand zu befrieden, schickte der neue Vizekönig der Insel, Filippo Vivalda di Castellino, Angioy als seinen Stellvertreter nach Sassari und stattete ihn mit allen Machtbefugnissen aus. Auf seiner Reise in den Norden wurde der Richter mit dem ganzen Elend der Landbevölkerung konfrontiert. Er erkannte, dass das Feudalsystem für die archaischen Lebensverhältnisse verantwortlich war und forderte einschneidende Reformen. Als er auf den Widerstand des Landadels wie des Vizekönigs stieß, entschloss er sich, mit einem Rebellenheer nach Cagliari zu ziehen. Doch der Marsch wurde bei Oristano von Truppen des Königs gestoppt. Viele von Angioys Gefährten wurden erschossen, der Richter selbst konnte nach Korsika fliehen.

Die in Nuoro geborene Schriftstellerin Grazia Deledda erhielt 1926 den Nobelpreis für Literatur.

236

237   *Eva Barrett*

▌Heldin des Widerstands

Eleonora
d'Arborea
(1340 – 1402?)

Die von den Sarden bis heute hoch verehrte Eleonora war die Tochter des Richters und Herrschers über das Judikat Arborea Marianus IV. und seiner Gemahlin Timbora di Roccaberti. Als ihr Bruder Ugone II. 1383 bei einem Volksaufstand starb, übernahm sie 1388 im Namen ihres Sohnes Marianus die Regierungsgeschäfte des Judikats und wurde damit de facto Richterin. Eleonora führte den von ihrem Vater begonnenen Kampf gegen Aragón fort und leitete 20 Jahre lang den Widerstand gegen die verhassten Eroberer. Im Jahr 1392 erließ sie die **Carta De Logu**, ein damals fortschrittliches Zivil- und Strafgesetzbuch, dessen Gültigkeit die Aragonier später auf ganz Sardinien ausdehnten. Bis 1827 blieb es in Kraft. Eleonora starb 1402 oder 1404 an der Pest.

▌Ein Alter Meister aus Sardinien

Pietro Cavaro (?–1537)

Der Spross der Künstlerfamilie Cavaro zählt zu den bedeutendsten Renaissance-Malern Sardiniens. Sein Vater Lorenzo begründete die nach dem Wohnviertel der Familie in Cagliari benannte **»Schule von Stampace«**. Pietro Cavaros vermutlich erstes Werk, das Retabel in der Pfarrkirche von Villamar, trägt die Jahreszahl 1518. Zu herausragenden Spätwerken gehören das **»Ratsherrenretabel« im Rathaus von Cagliari** und der **»Retablo della Crocifissione« im Dom der Hauptstadt**. Cavaros Werk ist von italienischen, niederländischen und spanischen Malern der Zeit inspiriert. Unverkennbar ist der Einfluss des Manierismus der Spätrenaissance.

▌Die Grande Dame der italienischen Literatur

Grazia
Deledda
(1871 – 1936)

Grazia Deledda schickte ihre ersten Texte aus dem abgelegenen Nuoro des späten 19. Jahrhunderts an Zeitschriften und Buchverlage des italienischen Festlands. Sie berichtet von ihrem Debüt in dem autobiografischen Roman »Cosima«, den sie in den letzten Lebensjahren schrieb. Er wurde posthum veröffentlicht und ist vielleicht ihr schönstes Buch. 1900 zog sie nach Rom um, doch blieb sie in ihren Werken zeitlebens der Heimat Sardinien treu.

Im Mittelpunkt fast aller ihrer Romane und Novellen steht die **archaische Kultur der Barbagia**, der Region im Inneren Sardiniens, die von einer starken Religiosität und einem von Schuld und Sühne geprägten Lebensgefühl beherrscht wird. Zu ihren bekanntesten Romanen gehören »Elias Portolu«, ihr erstes Meisterwerk (1903), »Cenere« (1904) und »L' edera« (1908, »Efeu«). 1926 erhielt Deledda als bisher einzige Italienerin den Nobelpreis für Literatur. Das Preiskomitee in Stockholm würdigte damit die Plastizität ihrer Prosa und die darin zum Ausdruck kommende Anteilnahme am entbehrungsreichen Leben der Sarden.

▌ Freiheitsheld und Nationalmythos

Der Name Giuseppe Garibaldi ist unwiderruflich mit der **Einigung Italiens** im Jahre 1861 verbunden. Alljährlich pilgern Tausende von nationalbewussten Italienern zu seiner Villa und seinem Grab auf der kleinen Insel Caprera vor der Nordküste Sardiniens. Garibaldi, der bereits als Revolutionär in Südamerika (wo er seine spätere erste Frau Anna Maria »Anita« de Ribeiro kennenlernte, die bereits 1849 starb) und 1848/1849 gegen die Österreicher gekämpft hatte, erwarb 1854 große Teile der Insel und betrieb dort ein landwirtschaftliches Gut.

1859, als Savoyen als Alliierter Frankreichs am Krieg gegen Österreich teilnahm, zog er wieder in den Kampf und eroberte mit seinen Rothemden im legendären **»Zug der Tausend«** Sizilien und Süditalien. In Neapel stieß er den Bourbonenherrscher des Königreichs bei-

Giuseppe
Garibaldi
(1807 – 1882)

Italiens Nationalheld: Garibaldi, der »Löwe von Caprera«

der Sizilien vom Thron und ebnete damit den Weg für die Einigung Italiens. Obwohl Garibaldi selbst für eine Republik einstand, begrüßte er Vittorio Emanuele II. von Sardinien-Piemont 1860 in Teano bei Neapel als »König von Italien«. Sein Versuch, Rom und den Kirchenstaat von der päpstlichen Herrschaft zu befreien, scheiterte allerdings. Garibaldi verbrachte seinen Lebensabend auf Caprera.

▌ Intellektueller und revolutionärer Politiker

Antonio Gramsci (1891–1937)

Obwohl er in eine arme Familie aus Ales in der Marmilla hineingeboren wurde, schaffte der als marxistischer Philosoph bekannte Gramsci das Abitur und studierte ab 1911 als Stipendiat des Collegio della Provincia in Philosophie und Geschichte in Turin. Hier trat er 1913 der Sozialistischen Partei Italiens bei und nahm nach Abruch des Studiums eine Tätigkeit als Journalist auf. Ab 1919 gab er die Zeitschrift »L'Ordine Nuovo« heraus. Gramsci **gehörte zu den Gründern der Kommunistischen Partei Italiens** (1921) und wurde ihr erster Generalsekretär. 1924 wählte man ihn ins italienische Parlament. 1926 verhafteten ihn die Faschisten, gegen die er ein Bündnis mit den bürgerlichen Parteien eingegangen war. Zwei Jahre später verurteilte ihn ein Sondergericht zu über 20 Jahren Haft. 1933 wurde Gramsci als kranker Mann aus dem Gefängnis entlassen, erst unter Arrest gestellt und dann in eine Klinik eingewiesen, wo er vermutlich an einer Hirnblutung starb.

Neben den zahlreichen Artikeln, die er vor der Ära Mussolini verfasst hatte, hinterließ Gramsci in den **»Quaderni del carcere«** (die erst 1975 ungekürzt herausgegeben wurden) die Ergebnisse seines politisch-philosophischen Denkens, außerdem Hunderte Briefe aus dem Gefängnis, die »Lettere del carcere«. Er übte posthum mit seinen Schriften einen großen Einfluss auf die italienische Linke aus.

▌ Erinnerung an einen autoritären Vater

Gavino Ledda (geb. 1938)

Als Sohn einer armen Hirtenfamile musste der in Siligo im Logudoro geborene Schriftsteller bereits mit sechs Jahren in den Bergen Schafe hüten. Das entbehrungsreiche Leben unter einem dominanten und überaus strengen Vater, das er bis ins Alter von 20 Jahren führte, beschreibt er nach seiner Flucht aufs Festland in seiner **Autobiografie »Padre Padrone – Mein Vater, mein Herr«**. Das Erstlingswerk war unerwartet erfolgreich. Die Brüder Taviani verfilmten es und gewannen damit 1977 die Golden Palme in Cannes. Weniger erfreut waren die Einwohner seiner Heimatstadt Siligo, sie nahmen ihm seine Offenheit übel. Inzwischen lebt Ledda wieder in Siligo und ist Dozent für Linguistik an der Universität von Cagliari.

▌ Politiker und Schriftsteller

Emilio Lussu wuchs als Sohn wohlhabender Bauern in der rauen Landschaft Gerrei in der Barbagia auf und studierte später in Cagliari sowie
in Rom. Wenige Monate vor dem Eintritt Italiens in den Ersten Weltkrieg
promovierte er in den Rechtswissenschaften. Lussu stand den **»demokratischen Interventionisten«** nahe und nahm mit den **Brigata Sassari**, einer fast nur aus sardischen Soldaten bestehenden Einheit, am
Ersten Weltkrieg teil. Von seinen Erlebnissen im Krieg erzählt Lussu in
seinem bekanntesten, 1938 erschienenen »Un anno sull'altopiano«
(»Ein Jahr auf der Hochebene«). 1921 gehörte er zu den **Gründern
der Sardischen Aktionspartei** (Partito Sardo d'Azione), die sich für
ein unabhängiges Sardinien stark machte. 1926 verhaftete man ihn, weil
er einen faschistischen Schläger, der ihn angegriff, in Notwehr getötet
hatte. Ein Sondergericht verurteilte ihn zu zwölf Jahren Verbannung auf
die Insel Lipari, von der er jedoch 1929 fliehen konnte. 1948 verließ er
den Partito Sardo d'Azione und gründete den sozialistischen Partito
Sardo d'Azione Socialista. Die Partei ging später in der Sozialistischen
Partei Italiens auf, aus der Lussu 1964 austrat, um gegen die Beteiligung
an der damaligen Mitte-Links-Regierung zu protestieren.

Emilio Lussu
(1890 – 1975)

▌ Ein Sarde in Amerika

Der Autodidakt Constantino Nivola stellte sein Können zuerst als As-
sistent des Malers Mario Delitala für die Dekorationen der großen
Aula der Universität Sassari unter Beweis (1927). In Mailand begann
er eine fruchtbare Zusammenarbeit mit den Sarden Salvatore Fan-
cello und Giovanni Pintori. 1938 musste er Italien jedoch verlassen,
um seine jüdische Frau vor Verfolgung und Deportation zu schützen.
Nivola ließ sich in New York nieder und schuf **Denkmäler** in verschiedenen Städten der USA. Häufig kehrte er nach Sardinien zurück.
Die Skulpturen auf dem Sebastiano Satta gewidmeten Platz in Nuoro
sind sein Werk. Weitere Arbeiten Nivolas befinden sich im Hof des
neuen Palazzo del Consiglio Regionale in Cagliari an der Via Roma.

Constanti-
no Nivola
(1911 – 1988)

▌ Anwalt der sardischen Hirten

Pigliaru war Professor für Staatslehre an der Universität Sassari, Philosoph und Kulturwissenschaftler. Bekanntheit erlangte er mit der
Gründung der demokratischen, der sardischen Autonomiebewegung
nahestehenden Zeitschrift »Ichnusa«, die er von 1949 bis 1969 leitete. Aufsehen erregte sein Buch »La vendetta barbaricina come ordi-
namento giuridico« (1959; eine Neuauflage heißt »Il banditismo in
Sardegna«). Darin beleuchtet er das Banditenwesen und untersucht

Antonio
Pigliaru
(1922 – 1969)

die Regeln, die das Leben der Hirtengemeinschaften bestimmten. Er forderte die italienische Öffentlichkeit auf, ihr Vorurteile gegenüber den sardischen Hirten zu überdenken und die Probleme Sardiniens sachlich zu betrachten.

▌ Rechtsgelehrter und Romanautor

Salvatore Satta
(1902 – 1975)

Salvatore Satta war Professor für Zivilrecht an den Universitäten Padua, Genua und Rom. Aufgrund seines monumentalen Werkes »Commentario al codice di procedura civile« gilt er als **einer der größten Experten für Zivilrecht**. Auch als Autor belletristischer Literatur erlangte er Berühmtheit. Aus dem Nachlass wurden zuerst der Roman »Il giorno del giudizio« (1977), den Satta in seinen letzten Lebensjahren geschrieben hatte, und »La veranda« (1979) aus der Zeit von 1928 bis 1930 veröffentlicht. Vor allem das Erstlingswerk machte Satta zum geschätzten Autor. Bewundert wurde die Kraft, mit der er seine Figuren – besonders das städtische Bürgertum – und das Leben in Nuoro am Anfang des Jahrhunderts schildert. Originell erscheint auch seine kleine moralische Schrift »De profundis«, die Satta während des Krieges verfasste und 1948 veröffentlichte.

▌ Poet der Barbagia

Sebastiano Satta
(1867 – 1914)

Der demokratisch gesinnte Intellektuelle und Rechtsanwalt zählt neben Grazia Deledda zu **den bedeutendsten Dichtern Sardiniens**. Sein Debüt hatte Satta in Sassari, wo er die Universität besuchte und in den intellektuellen Kreisen der Stadt verkehrte. Dort veröffentlichte er 1893 die Bände »Nella terra dei nuraghes« (mit seinen Freunden Popeo Popeo Calvia und Luigi Falchi) und die »Versi ribelli«. Erst 1910, als ihn schon eine Lähmung befallen hatte, die sein Leben vorzeitig beenden sollte, folgte der Gedichtband »Canti barbaricini«. 1924, zum zehnten Todestag des Dichters, erschienen die »Canti del salto e della tanca«. 1955 brachte ein Mailänder Verlagshaus den Band »Canti« heraus, eine Gesamtausgabe der Gedichtbände.

▌ Der Erfinder des Reiseführers: Karl Baedeker

1801 – 1859
Verleger

Als Buchhändler kam Karl Baedeker viel herum, und überall ärgerte er sich über die »Lohnbedienten«, die die Neuankömmlinge gegen Trinkgeld in den erstbesten Gasthof schleppten. Nur: Wie sollte man sonst wissen, wo man übernachten könnte und was es anzuschauen gäbe? In seiner Buchhandlung hatte er zwar Fahrpläne, Reiseberichte und gelehrte Abhandlungen über Kunstsammlungen. Aber wollte man das mit sich herumschleppen? Wie wäre es denn, wenn man all das zusammenfasste? Gedacht, getan: Zwar hatte er sein erstes Reisebuch, die 1832 erschienene »Rheinreise«, noch nicht einmal selbst geschrieben. Aber er entwickelte es von Auflage zu Auflage weiter. Mit der Einteilung in »Allgemein Wissenwertes«, »Praktisches« und »Beschreibung der Merk(Sehens-)würdigkeiten« fand er die klassische Gliederung des Reiseführers, die bis heute ihre Gültigkeit hat. Bald waren immer mehr Menschen unterwegs mit seinen **»Handbüchlein für Reisende, die sich selbst leicht und schnell zurechtfinden wollen«**. Die Reisenden hatten sich befreit, und sie verdanken es bis heute Karl Baedeker. Sardinien beschreibt er erstmals in der 1869 erschienenen 2. Auflage von »Baedeker's Unter-Italien«.

>>

Sie [die Sarden] sind ernst und würdevoll im Gegensatz zu den beweglichen Italienern und offenbaren einen gewissen Hang zur Melancholie.

>>

»Baedeker's Unter-Italien«, 2. Auflage 1869

E

ERLEBEN & GENIESSEN

Überraschend, stimulierend, bereichernd

Mit unseren Ideen erleben und genießen Sie Sardinien.

Salsiccia, Salami, Guanciale, Pancetta, Lardo, Lonza, Coppa – oder doch lieber ein Stück leckeren Schafskäse? ▶

BEWEGEN UND ENTSPANNEN

Segeln, Trekking, Mountainbiking, Reiten, Schwimmen und Tauchen – Sardinien verlockt in ungeahntem Ausmaß zu sportlichen Aktivitäten.

Wandern, Radeln

Sardinien ist ein Paradies für abenteuerlustige Entdecker und Aktivurlauber: Auf Schusters Rappen oder auf dem Sattel eines Mountainbikes lässt sich die wilde, atemberaubend schöne Landschaft erst richtig genießen. Hinter jeder Ecke, jedem Hügel warten neue Überraschungen: Mal nimmt eine jahrtausendealte Nuraghe den Blick gefangen, mal versperrt eine Schafherde den Weg, mal kommt man mit einem sardischen Bauern ins Gespräch und erhält Anregungen für neue Touren. Die besten Jahreszeiten für Wander- und auch für Mountainbike- oder Radtouren sind Frühling und Herbst, denn im Sommer brennt die Sonne nicht selten erbarmungslos. Unerschlossene Küstenabschnitte und abgelegene Bergregionen üben zwar einen großen Reiz aus, sollten aber nur von sehr **erfahrenen Wanderern** und gut vorbereitet durchstreift werden. Markierte Routen gibt es kaum, sodass man auf jeden Fall einen guten Wanderführer dabei haben sollte.

Radsportlern bietet die Topografie Sardiniens – von den leichten Strecken in den Ebenen bis zu anspruchsvollen Bergtouren – alle Schwierigkeitsgrade.

Wassersport

Das Meer um Sardinien ist glasklar und glitzert in allen Blautönen, von hellem Türkis bis zu tiefem Ultramarin. Kein Wunder, dass »il mare« Wasserratten aller Art begeistert. Die hervorragende Wasserqualität macht nicht nur Schwimmen, sondern dank großer Sichtweiten auch **Tauchen** und **Schnorcheln** zum reinen Vergnügen. Dank der mitunter starken Winde, die auf die Küsten einwirken, finden auch **Surfer** auf Sardinien ideale Bedingungen vor. Während des Frühlings und Herbstes, wenn der Mistral das Meer mitunter gefährlich stark aufwühlt, versammeln sich die Profis des Sports an den sardischen Küsten. Den Sommer über bieten Surfschulen in vielen Badeorten Kurse für Kids und Anfänger an.

Segeln

Die Gewässer rund um Sardinien sind ein besonders schönes Segelrevier. In der Saison kreuzen Tausende von kleinen und großen Yachten vor den Küsten der Insel und gehen in den vielen einsamen Buchten vor Anker. Die rund 40 Marinas sind dann Treffpunkt von Skippern

Sardiniens fantastische Landschaft mobilisiert Extrakräfte.

Hotspot für Windsurfer – allein das Zuschauen macht schon Spaß!

aus aller Welt. In den exklusiven Yachthäfen von Porto Cervo und Porto Rotondo an der Nordostküste legen im Juli und August die Luxusyachten des internationalen Jetset an. Ein Segeltörn um die fast 2000 Kilometer lange Küste Sardiniens nimmt ungefähr drei Wochen in Anspruch.

www.sardinien.com/sport/segeln.htm

Reiten In den letzten Jahren haben zahlreiche neue Reiterhöfe aufgemacht. Auch einige Hotels und Agriturismo-Kooperativen bieten Ausritte und Reitunterricht an.

www.fisesardegna.com

Golf Mittlerweile gehört auch der Golfsport zu den angesagten Urlaubsvergnügen auf Sardinien. Zurzeit gibt es vier 18-Loch- und zwei 9-Loch-Golfplätze sowie einige Übungsplätze, die alle in einer landschaftlich reizvollen Umgebung liegen.

www.1golf.eu/golfclubs/italien/sardinien/

Sardische Thermen haben eine jahrhundertelange Tradition, und die Einheimischen schätzen die hohe therapeutische Wirkung des Wassers, dessen Salze und Mineralien Linderung bei vielerlei Beschwerden schaffen.
www.aquathermae.net/sardinien/

Thermalbäder

▌ Badeurlaub

Dank der langen Küstenlinie (1849 km) ist die Auswahl an Badestränden auf Sardinien groß und überaus vielfältig: Das Angebot erstreckt sich von landschaftlich reizvollen Felsenküsten mit kleinen Badebuchten bis hin zu **herrlichen, langen Sandstränden**, die teilweise durch einen Sanddünengürtel vom Hinterland abgetrennt sind. Viele kleinere und größere Buchten sind manchmal nur per Boot zu erreichen, doch auch zu Fuß findet man besonders in der Nebensaison schöne, einsame Badeplätze. Um die Besucherzahl zu beschränken und die Reinigung der Strände zu bezahlen, gehen immer mehr Gemeinden dazu über, für ihre Strände Eintritt zu erheben.
Die bekanntesten Küstenabschnitte Sardiniens sind die ▶Costa Smeralda im Nordosten der Insel (viele kleine Buchten, teilweise nur vom Wasser aus zugänglich), die Costa Rei im Südosten (▶Villasimius) mit einem schönen, fast 10 km langen Sandstrand, die Costa del Sud südwestlich von Cagliari und die noch weniger bekannte Costa Verde an der Westküste Sardiniens. Die schönsten Strände sind bei den jeweils nahe gelegenen ▶Reisezielen von A bis Z beschrieben.

Abwechslungsreiche Küste

Informationen über die aktuelle Wasserqualität der wichtigsten Touristenstrände und über Abschnitte, die man meiden sollte, gibt es beim ADAC, Tel. 0180 5 10 11 12 (auch für Nicht-Mitglieder) oder im Internet: www.adac.de (nur für Mitglieder).

Wasserqualität

UNTER DEM GROSSEN WAGEN
Der Himmel über Sardinien bezaubert nahezu in jeder (Sommer-)Nacht durch unendlich viele Sterne. Da die Insel kaum von Lichtsmog verunreinigt ist, können Sie die ganze Pracht der Himmelskörper erleben. Ein Funkeln und Glitzern, das tief inspiriert.

ESSEN UND TRINKEN

Würziger Pecorino und hauchdünn geschnittener, luftgetrockneter Crudo, unter sardischer Sonne gereifte Tomaten und Olivenöl aus erster Pressung – Sardinien versteht es, die Gaumen seiner Besucher zu verwöhnen.

Mahlzeiten des Tages

Das **Frühstück** wird in Sardinien, wie in ganz Italien üblich, auf die Schnelle eingenommen: Ein starker Cappuccino und ein knuspriges, ofenwarmes Hörnchen (Cornetto) sind die ersten Genüsse des Tages. Bereits am frühen Morgen herrscht Gedränge in den Bars, wenn die Menschen auf dem Weg zur Arbeit am Tresen die letzten Neuigkeiten austauschen. In den Hotels offeriert man Gästen zusätzlich Orangensaft, Brot und Brötchen, Käse und Schinken.

Dem Frühstück folgen ein üppiges **Mittagessen**, das in der Regel nicht vor 13 Uhr eingenommen wird, und ein ebenso üppiges **Abendessen**. Erst nach 20 Uhr füllen sich im Sommer die Restaurants – wer früher kommt, outet sich als jemand, der mit der **Lebensart am Mittelmeer** nicht sonderlich vertraut ist.

Zu Tisch

Nudeln, Fleisch, Brot und Käse sind Grundnahrungsmittel der sardischen Küche. Sie kommen in vielerlei Variationen auf den Tisch. Wie in Italien üblich, folgt auf die **Antipasti** (Oliven, luftgetrockneter roher Schinken, in Olivenöl eingelegte Artischocken, gefüllte Chilischoten) die Vorspeise, der sogenannte **»primo piatto«** (erster Gang), der üblicherweise aus Pasta (Nudeln) besteht. Danach gibt's den **»secondo«** (zweiter Gang) mit Fleisch oder Fisch und »contorni« (Beilagen) wie Gemüse oder Salat.

AUF EINEN CAPPUCCINO AM STRAND

Das macht wach und glücklich dazu: morgens, wenn der Tag noch frisch ist, barfuß am Strand entlang laufen, die würzige Meeresluft einatmen, die ganze Schönheit der Szenerie in sich aufnehmen. Und dann, wenn kurz nach acht Uhr die ersten Strandbars öffnen: Platz nehmen, einen Morgenkaffee und ein Brioche ordern!

Vor der Entwicklung des Tourismus standen **Fisch und Meeresspezia-**
litäten eher selten auf sardischen Speisekarten. Heute hingegen gehören »fritto misto« (gemischte Fischplatte mit Calamaris und frittierten
Sardinen), »tonno« (Thunfisch), »pesce spada« (Schwertfisch) und
»aragosta« (Languste) zu den Klassikern der sardischen Küche.
Fleisch schmeckt in Sardinien meist besonders gut, da es von artge-
recht gehaltenen Tieren stammt. Eine besondere sardische Spezialität
ist das über dem offenen Feuer gegrillte »porceddu« (Spanferkel),
auch Lamm- (»agnello«) und Kalbfleisch (»vitello«) sind sehr beliebt.
»Dolci e frutti« (Süßspeisen und Obst) sowie »formaggi« (Käse)
und ein »caffè« (Espresso) schließen jede Mahlzeit ab.

Auf Sardinien sind um die 10 Prozent Trinkgeld üblich. Für das   Trinkgeld
»coperto« (Gedeck), den oft mit Oliven, Brot und Antipasti gedeck-
ten Tisch, berechnen die meisten Restaurants pro Gast (Kinder aus-
genommen) zwischen 1 und 3 €. Natürlich lehnt keine Servicekraft
ein zusätzliches Trinkgeld als Zeichen der Zufriedenheit ab.

Vor malerischer Kulisse herrlich speisen und ausgiebig genießen – in Sardinien fast
an jeder Ecke möglich.

TYPISCHE GERICHTE

Malloreddus: Kleine Nudeln in Gnocchi-Form aus Hartweizengrieß werden gekocht, anschließend in eine würzige Sauce aus frischen, gedünsteten Tomaten, Zwiebeln und Knoblauch gegeben und mit geriebenem Pecorino serviert. Durch ihre leicht gekrümmte Form und ihre gerillte Oberfläche vermischen sich Malloreddus besonders gut mit Saucen. Die Nudeln – typisch sardisch und auch nur auf der Insel zu finden – sind ein beliebtes Mitbringsel.

Aranzadas: Mit Beginn des Frühlings werden überall in Sardinien die Aranzadas zubereitet, ein Konfekt, das aus Honig, kandierten Orangenschalen und Mandeln besteht. Die in Rauten geschnittenen Süßigkeiten werden auf Seidenpapier gelegt und in Patisserien überall auf der Insel verkauft. Natürlich kennt jede Sardin ein eigenes, von der »nonna« (Großmutter) weitergegebenes Spezialrezept. Früher waren Aranzadas rund um Nuoro Dankesgaben für Taufpaten.

Sebadas: Teigtaschen aus Mehl und Schmalz werden mit Mozzarella bzw. einem anderen säuerlich schmeckenden Weißkäse gefüllt und in der Pfanne gebacken oder frittiert. Anschließend träufelt man erwärmten, dünnflüssigen Honig darüber. Die von Sarden traditionell als Nachtisch geschätzten Sebadas sind recht gehaltvoll und werden deshalb zunehmend auch als Hauptgang mit Gemüse serviert.

Spaghetti alla bottarga: Einer der beliebtesten Primi Piatti in Sardinien verwendet Bottarga di Muggine als Hauptzutat. Der Rogen der Meeräsche (Muggine) wird an der Luft getrocknet, in Form gepresst und gesalzen; ähnlich wie Parmesan wird er über die Spaghetti gerieben. Die al dente gekochten Nudeln werden zuvor in einer Sauce aus in Olivenöl gedünsteten Peperoncino, Knoblauch und glatter Petersilie geschwenkt.

Culurgiones: Die in Familienbetrieben von Hand zubereiteten Ravioli aus Hartweizengrieß sind gefüllt mit Kartoffeln, Schafskäse und Kräutern. Nachdem die Culurgiones (im Kühlregal in Supermärkten zu haben) in Wasser gekocht wurden, werden sie in einer Gemüse-Tomaten-Sauce serviert. Genauso köstlich schmecken die in Butter gerösteten Culurgiones, über die geriebener Parmesan gestreut wird.

Sugo al Cinghiale: Eine deftige, jedoch eher selten auf den Speisekarten zu findende Spezialität ist das sardische Wildschwein. Häufig wird es als »sugo« (Ragout) zubereitet, das seinen unnachahmlichen Geschmack Rotwein, Tomaten, Knoblauch sowie viel Rosmarin und Thymian verdankt. Der Sugo al Cinghiale schmeckt besonders gut zusammen mit Maccharoni.

ASCHENPUTTEL AUS DER FLASCHE

Während italienischer Wein seit jeher Weltruf genießt, fristete sardischer Wein lange Zeit ein Schattendasein. Das hat sich zum Glück geändert – die auf der Insel erzeugten Rot- und Weißweine stellen heute selbst anspruchsvollste Kenner zufrieden.

Der Weinanbau auf Sardinien besitzt eine über 2000-jährige Tradition und kann zurückverfolgt werden bis zur Epoche der Phönizier und Karthager. Und obwohl im 16. Jh. der italienische Arzt und Gelehrte Andrea Bacci Sardinien als Insel der Weine bezeichnete, erleben erst jetzt viele sardische Weine eine richtige Renaissance. Angeboten werden sie unter den Ursprungsbezeichnungen DOC. (Denominazione di Origine Controllata) bzw. DOCG (Denominazione di Origine Controllata e Garantita), der höchsten Klassifizierung italienischer Weine.

Dennoch: Auf dem italienischen und internationalen Markt spielen sardische Weine nur eine marginale Rolle. Mit seiner Anbaufläche von rund 43 000 ha liegt Sardinien in puncto Ertrag an achter Stelle aller italienischen Regionen.

Bei der Familie Peddio in Desulo verlässt sich der Weinbauer noch auf traditionelle Herstellungsverfahren – vielleicht möchten Sie ja mitmachen?

Rot und Weiß

Zu den bekanntesten sardischen Rebsorten gehören der rote **Cannonau di Sardegna** (in anderen Ländern als Grenache bekannt) und der weiße **Vermentino**, zudem werden mehrere Weine aus den roten **Monica**-Trauben gewonnen. Allein die Rebsorte Cannonau wird auf über 10 000 ha angebaut, der daraus gekelterte, alkoholreiche (zwischen 12 und 14 %) DOC-Rotwein schmeckt mild.

Dominiert wird der Weinanbau in Sardinien von **Genossenschaften** (»cantine sociali«), die die Produktion, die früher von privaten Winzern erfolgte, übernommen haben. Renommiert ist die bereits 1956 in der Gallura gegründete Cantina Sociale del Vermentino, der heute über 300 Mitglieder angehören und die hervorragende und mehrfach preisgekrönte Vermentino-Weine mit DOC- und DOCG-Status produzieren. Anbaugebiet für den Vermentino di Gallura ist die Gegend um Sassari im Westen der Insel, bekannt als **Sassarese**. Ein besonderes Mikroklima in den Bergen um Monti, starke Temperaturschwankungen zwischen Tag und Nacht, verwitterte Granitböden und Mineralien prägen die leichten, herbfruchtigen Weißweine mit subtilem Harzaroma, die ideale Begleiter zu Fisch und Pasta-Gerichten sind.

Im **Cagliaritano**, einem Weinanbaugebiet im Süden Sardiniens, werden ebenfalls renommierte DOC-Weine produziert, darunter der aus der Nuraghus-Rebe gekelterte und eher mild schmeckende Weißwein Nuragus di Cagliari, der ebenfalls milde Girò di Cagliari sowie die Rotweine Cannonau und Monica di Sardegna.

Hervorragenden Ruf genießen die vom Unternehmen Argiolas produzierten Weine. Das 1918 in der Nähe von Cagliari im Süden Sardiniens gegründete Weingut ist u. a. für seinen Argiolas Costera Cannonau bekannt, einen vollmundigen, vielfach preisgekrönten Wein im unteren Preissegment, in Sardinien erhältlich in gut sortierten Supermärkten.

Carignano heißt eine weitere rote Rebsorte, die auf der Insel produziert wird. Der Is Solinas Carignano von Argiolas reift im Barrique, einem 225 l fassenden Weinfass (in der Regel aus Eiche) und entzückt Weinliebhaber durch seine tiefgründigen Aromen und seine nahezu pechschwarze Farbe.

Eine der größten Weinkellereien Sardiniens ist **Sella & Mosca**, deren historisches Unternehmen in der Nähe des Flughafens von Alghero auch eine Besichtigung lohnt. Das von zwei Piemontesen gegründete Gut, heute im Besitz der Campari-Gruppe, ist bekannt für seine Cannonau-, Vermentino- und Torbato-Weine sowie einen hervorragenden Cabernet Sauvignon.

Süße Verlockung

Zumeist als Dessertwein bekannt ist der süße und goldgelb schimmernde **Malvasia (di Bosa)**, während unter der Bezeichnung **Vernaccia di Oristano** Weißweine aus der gleichnamigen Traube sowie sherryähnliche Dessertweine angeboten werden. Der alkoholreiche **Vernaccia** überzeugt durch seinen an Mandelblüten erinnernden Duft und seine Farbe, die an alten Bernstein erinnert.

Weinmuseum

Im Weinmuseum von **Berchidda**, 18 km nördlich von Ozieri, kann man sich über die Geschichte des Weinan-

baus in Sardinien informieren und
gleichfalls die Vielfalt sardischer Weine
degustieren.

WEINGÜTER (AUSWAHL)

ARGIOLAS
Via Roma 28/30
Serdiana
Tel. 070 74 06 06
www.argiolas.it
Führungen Mo. – Fr. 11 u. 15, Sa. 10.30
Uhr, Eintritt: ab 20 €

CANTINA SOCIALE GALLURA
Via Val di Cossu 9
Tempio Pausania
Tel. 079 63 12 41
www.cantinagallura.com
Mo. – Fr. 8 – 12, 14 – 18, Sa. 9 – 13 Uhr

GOSTOLAI
Via Friuli Venezia Giulia 24
Oliena
Tel. 0784 28 84 17
www.gostolai.net
Besuch nach Vereinbarung

TENUTE DI CAPICHERA
Loc. Capichera
Arzachena
Tel. 0789 8 08 00
www.capichera.it
Mo. – Fr. 8.30 – 12.30, 15 – 17 Uhr

TENUTE SELLA & MOSCA
Loc. I Piani | Alghero
Tel. 079 99 77 00
www.sellaemosca.com
April, Mai 9 – 19, Juni – Sept. bis 20,
Nov. – März Mo. – Sa. bis 18 Uhr

Spezialitäten der sardischen Küche

Dieser Schafskäse ist weit über die Grenzen Italiens hinaus bekannt und in ganz Europa begehrt. Zur Herstellung verwendet man unbehandelte, direkt nach dem Melken filtrierte Milch, die den würzigen Geschmack bedingt. Aus Kostengründen wird der Schafsmilch manchmal Ziegen- oder Kuhmilch zugesetzt.

Pecorino

Dieser Schafsvollmilchkäse muss zwischen zwei und 24 Monaten reifen und darf unter der Bezeichnung »Fiore Sardo« nur in Sardinien hergestellt werden. In der klassischen italienischen Küche ist der leicht salzig schmeckende Käse – neben Basilikum, Pinienkernen, Olivenöl und Knoblauch – eine Zutat für das Pesto alla Genovese.

Fiore Sardo

Die bekannteste aller sardischen Brotsorten wird auch »carta musica« genannt, weil sie aus zwei hauchdünnen Blättern besteht. Die Herstellung ist nicht ganz einfach, denn der Teig aus Hartweizengrieß, Hefe, einer Prise Salz und etwas Wasser muss zweimal gären, dann immer zwei Teigplatten vorgebacken und dann ein zweites Mal in den Ofen geschoben und knusprig gebacken werden. Restaurants servieren die hauchdünnen, runden Brotscheiben gern warm und mit Olivenöl bestrichen sowie Pfeffer, Salz und Rosmarin gewürzt.

Pane Carasau

FEIERN

Die Volksfeste der Insel sind ein Genuss für alle Sinne. Dabei wird jedem Besucher klar, dass die Sarden sehr an ihren oft jahrhundertealten Traditionen hängen.

Jedes sardische Dorf begeht einmal im Jahr ein Fest zu Ehren seines **Schutzheiligen**. Dann schmücken bunte Fähnchen die Kirchen und die Häuser, Trachtengruppen musizieren, und es gibt lokale Leckereien. Besucher erleben bei diesen Festen, in Sardinien zumeist **»Sagras«** genannt, die Sarden als tiefgläubige Menschen. Zu **Ostern** sind die Kirchen immer voll, feierliche Prozessionen gehören vielerorts dazu, und Besucher von auswärts sind immer herzlich willkommen. Der **Karneval** wird im Februar/März in Mamoiada und in anderen Dörfern der Provinz Nuoro besonders ausgelassen begangen. In Cagliari und Tempio Pausania werden Fastnachtsfiguren in einem Feuer verbrannt – als Symbol der Freude darüber, dass das Gute über das Böse siegt. In Oristano, an der Westküste Sardiniens, begeht man

Traditionelle Feste

am Faschingssonntag und -dienstag das auf das Mittelalter zurückgehende **Reiterfestspiel Sartiglia**, bei dem die weiß maskierten Reiter historische Kostüme tragen und im wilden Galopp Geschicklichkeitswettkämpfe austragen.

Zu den bedeutendsten Sportevents gehören die vom Yacht Club Costa Smeralda ausgerichteten Segelregatten. Die Liste wird angeführt vom **Rolex Swan World Cup**, der alle zwei Jahre stattfindet und bei dem sich Jachten aus der finnischen Werft Nautor's Swan zum Wettkampf treffen. Gewöhnlich legt der Yacht Club Costa Smeralda in Porto Cervo die Regattastrecke entlang der Costa Smeralda fest. Auch wer nicht zu den Aktiven bzw. zu den geladenen Gästen gehört, kann die Yachten bestaunen: Bei der Ein- und Ausfahrt in der Bucht von Porto Cervo und rund um den Golf von Pevero haben Zaungäste oft die beste Sicht.

Segelregatten

Legendär ist die seit 2008 veranstaltete **Loro Piana Superyacht Regatta** (www.loropianasuperyachtregatta.com), die für fünf Tage Anfang Juni ebenfalls in Porto Cervo ausgerichtet wird. Mindestens 24 Meter müssen die Yachten lang sein – doch gewöhnlich übertreffen die gemeldeten Schiffe diese Anforderungen noch um ein Beträchtliches.

GESETZLICHE FEIERTAGE

1. Januar: Neujahr
6. Januar: Dreikönigsfest
Februar/März: Faschingssonntag und Faschingsdienstag
März/April: Ostersonntag und Ostermontag
25. April: Tag der Befreiung (1945)

1. Mai: Tag der Arbeit
2. Juni: Nationalfeiertag
15. August: Ferragosto (Mariä Himmelfahrt)
1. November: Allerheiligen
8. Dezember: Mariä Empfängnis
25./26. Dezember: Weihnachten

FESTKALENDER

JANUAR / FEBRUAR / MÄRZ

KARNEVAL
15. Januar: Fest des hl. Antonius, das mit Antoniusfeuern begangen wird, und Beginn des Faschings.

Faschingssonntag und Faschingsdienstag: Bosa, Mamoiada, Orotelli, Ottana (archaische Masken), Cagliari, Tempio Pausania (Maskenumzug), Oristano (Sartiglia), Santu Lussurgiu (Pferderennen)

Familienumzug: die Sagrada Sant'Efisio in Cagliari

KARWOCHE (MÄRZ / APRIL)

CASTELSARDO
Montag der Karwoche: Lunissanti
(Prozession)

IN VERSCHIEDENEN ORTEN
Karfreitag: S'Iscravamentu
(Passionsspiel)

OSTERN (MÄRZ / APRIL)

IN VERSCHIEDENEN ORTEN
Ostersonntag: S'Incontru (Prozession)

SANT'ANTIOCO
Am zweiten Sonntag nach Ostern findet die Festa di Sant'Antioco statt.

MAI

CAGLIARI
Sagra di Sant'Efisio (Prozession in
Trachten) vom 1. – 4. Mai von Cagliari
nach Nora und zurück. Die Prozession beginnt um 10.30 Uhr und dauert
gut vier Stunden. An der Piazza del
Carmine hat man die beste Sicht auf
das Geschehen.
Forma e poesia nel Jazz: Jazzfestival
mit Musikern aus dem In- und Ausland

LULA
Sagra di San Francesco mit Reiter-
spielen und Gottesdiensten vom
1. – 10. Mai

OLBIA
Die Prozession San Simplico zu Ehren
des Schutzheiligen der Stadt, San
Simplico, findet Mitte Mai statt.

SASSARI
Am vorletzten So. Cavalcata Sarda zu
Pferd

JUNI

SAN LEONARDO DI SIETE FUENTES
Pferdemarkt am 1. So.

PORTO CERVO
Loro Pirana Superyacht Regatta

FONNI
Festa dei Martiri am Mo. nach dem
ersten So.: Reiterprozession zu Ehren
der Madonna dei Martiri

IN VERSCHIEDENEN ORTEN
Das Johannisfeuer wird entzündet:
23. Juni

JULI

SEDILO UND POZZOMAGGIORE
S'Ardia (Pferderennen):
6./7. Juli

AUGUST

SASSARI
I Candelieri (Kerzenfest):
14. August (auch in Ploaghe und
Nulvi)

ORGOSOLO
Processione dell'Assunta für die
Hl. Jungfrau

NUORO
Sagra del Redentore (Prozession in
Trachten): 29. August

SEPTEMBER

SELARGIUS
Antico Sposalizio Selargio Anfang September: Hochzeit im traditionellen Stil

ORANI/SARULE
Nostra Signora di Monte Gonare:
8. September

CABRAS
Corsa degli scalzi (Lauf der Barfüßigen): 1. So.

MAMOIADA
Sagra di San Cosimo: 27. September

BITTI
Madonna del Miracolo:
28. September

OKTOBER

ALA DEI SARDI
Sagra campestre di San Francesco:
4. Oktober

ARITZO
Sagra delle Castagne, das Fest der
Kastanien- und Haselnussernte wird
die letzte Oktoberwoche gefeiert.

DEZEMBER

ALGHERO
Lu Senal del Judici – das sind katalanische religiöse Gesänge: 24. Dezember

SHOPPEN

*Sardinien ist nicht gerade ein Paradies für diejenigen, die im Urlaub
ausgiebig auf Einkaufstour gehen wollen. Ganz ohne Souvenirs
wird man die Heimreise aber nicht antreten müssen. Kunsthandwerk, aber auch kulinarische Spezialitäten sind beliebte Mitbringsel.*

Das Angebot an Mode und Design ist eher bescheiden und bei Weitem nicht zu vergleichen mit der Vielfalt an Labels und Waren, wie
man sie von Mailand oder Rom kennt. Und auch die so häufig in Itali-
en anzutreffenden Outlets hochpreisiger Edelmarken sind auf der
Insel kaum zu finden. Dennoch: Bei einem Bummel durch Olbia, Alghero, Sassari und Cagliari entdeckt man Dutzende von **Boutiquen
für Schuhe, Leder und Mode**, die qualitativ hochwertige Waren
anbieten, in der Regel etwas billiger als in Deutschland.
In Porto Cervo an der Costa Smeralda ist nahezu jeder italienische
Designer von Rang und Namen mit einer Boutique vertreten. Hier
gibt es unnachahmlich weiche und luxuriöse Kaschmirpullover und
Kaschmirjacken von Loro Piano und Doriani, die neuesten Kollektio-
nen von Dolce & Gabbana ebenso wie von Missoni und Armani, Schuhe von Gucci und Taschen von Prada, Pelzmäntel von Fendi. Porto
Rotondo steht diesem Angebot, was Exklusivität und Preise betrifft,
kaum nach. »Schnäppchen« sind möglich, wenn gegen Ende der Saison im September die Preise bis zu 50 Prozent herabgesetzt werden.
In den Städten, in denen die Geschäfte (anders als an der Costa Smeralda) das ganze Jahr über geöffnet haben, lockt darüber hinaus der
Winterschlussverkauf im Januar mit niedrigen Preisen.

*Bekleidung
und Schuhe*

Für Besucher mäßig interessant sind die zahlreichen auf Sardinien
veranstalteten Wochenmärkte: Mitunter bietet nur eine Handvoll
Stände Lebensmittel und Haushaltswaren (Töpfe, Schürzen) an. In
bekannten **Badeorten** während der Saison jedoch ist das Angebot

Märkte

zunehmend auf größere Märkte hin ausgerichtet, auf denen Händler aus dem Umland Kunsthandwerk, Keramik sowie eine große Auswahl an Obst und Gemüse anbieten. Vor allem sardischer Wein (▶ Baedeker Wissen S. 254), Käse, Honig und »dolci sardi«, die **sardischen Süßigkeiten**, bieten sich als kulinarische Mitbringsel an.

In **Budoni** an der nördlichen Ostküste wird im Juli/August täglich ab 21 Uhr die Hauptdurchgangstraße, die SS 125 Orientale Sarda, für den Autoverkehr gesperrt, um Platz zu machen für einen Floh- und Souvenirmarkt. Einen Besuch wert ist auch die Markthalle von **Cagliari** (Mercato San Benedetto, Via Francesco Cocco Ortu 50), die montags bis samstags jeweils von 7 bis 14 Uhr geöffnet ist.

Strandverkäufer

Für viele eine Belästigung, für andere willkommene Abwechslung sind die »Beach Boys«, Strandverkäufer aus Afrika, die **marokkanische Strandkaftans** und **Souvenir-T-Shirts**, aber auch sog. »Armani«-Brillen und »Gucci«-Taschen für wenige Euro anbieten. Die Preise müssen ausgehandelt werden und liegen meist um 50 Prozent niedriger als das Ausgangsangebot. Doch Vorsicht: In Italien drohen **hohe Geldstrafen**, wenn man beim Kauf gefälschter Markenware erwischt wird!

Ladenöffnungszeiten

Läden sind auf Sardinien im Winter üblicherweise von 9 bis 13 und von 16 bis 19.30 Uhr geöffnet, im Sommer verschieben sich die Zeiten um eine Stunde (17 – 20.30 Uhr). In touristisch geprägten Orten bleiben die Geschäfte während der Saison weit über die sonst üblichen Zeiten geöffne. **Tankstellen** sind meist montags bis samstags von 7.30 bis 12 und von 15 bis 19.15 Uhr geöffnet (im Sommer bis 19.45 Uhr). Einige Tankstellen bieten jedoch einen 24-Stunden-Service an.

▌ Sardisches Kunsthandwerk

Werkstätten

Obwohl auf Märkten und in den Souvenirshops mittlerweile auch Billigimporte aus Fernost angeboten werden, gibt es Kunsthandwerk aus traditionellen sardischen Werkstätten immer noch. Allerdings ist es nicht zum Schnäppchenpreis zu haben.

Zur Aufwertung und Förderung des sardischen Kunsthandwerks wurde die regionale Institution **I.S.O.L.A.** (Istituto Sardo per l'Organizzazione del Lavoro Artigiano) gegründet, deren Verkaufsstellen hochwertige handwerkliche Erzeugnisse ausstellen und zum Kauf anbieten. Die Organisation mit Hauptsitz in Cagliari betreibt auch eigene Werkstätten, vor allem für Handweberei und Korbflechterei. Diese **Handwerkszentren**, die man in der Regel auch besichtigen kann, bieten einige ihrer Arbeiten direkt zum Verkauf an. Die I.S.O.L.A.-Läden sind jedoch nur während der Saison geöffnet.

www.isola-cagliari.com

Abendlicher Schaufensterbummel in Alghero

Teppiche

Handgewebte Teppiche und Wandbehänge werden aus unbehandelter Schafswolle, der »orbace«, hergestellt. Sie sind leicht zu erkennen an ihren traditionellen geometrischen Mustern und an den sanften Pflanzenfarben.

Töpferwaren

Sardiniens Majolika-, Steingut- und Terrakotta-Keramiken sind mit einer Glasur überzogen und kunstvoll bemalt. Bekannt sind Töpferwaren, die mittels der aufwendigen Raku-Brenntechnik veredelt werden. Die Objekte werden dabei bei 1000°C aus dem Brennofen genommen und während des Abkühlens in einen luftdichten Behälter mit Stroh gepackt. So entstehen dickwandige Unikate mit Rissen und Sprüngen in der Glasur.
Die einst auf Sardinien weit verbreitete Gebrauchskeramik ist mittleweile fast schon eine Rarität. Dennoch sind einfache unglasierte Vasen, Krüge oder Schüsseln immer noch für wenige Euro zu haben.

Schmuck

Filigraner Schmuck aus hauchdünnen Silber- oder Golddrähten ist ein feines Mitbringsel. Auf Sardinien gehört er seit Jahrhunderten zur Trachtenkultur. Keine Sardin kommt bei festlichen Anlässen ohne üppige Ohrgehänge und Ketten aus.

Hirtenmesser Sa Resolza, das sardische Hirtenmesser, hat eine äußerst scharfe, abgerundete Klinge und – im Idealfall – einen Griff aus einem mehrere Jahre gelagerten Widderhorn. Für Sarden ist ein Herstellernachweis auf der Klinge wichtiges Indiz für die Alltagstauglichkeit und die Echtheit des Produkts.

Korbwaren Korbflechten hat auf Sardinien eine lange Tradition. Je nach Region verwenden die Flechter, die in einigen Dörfern bis heute ihr Handwerk vor ihren Häusern betreiben, ganz verschiedene Materialien wie dünne Äste von Olivenbäumen, Weiden, Binsen und getrocknete Gräser.

Ausgefallenes aus Kork Immergrüne Korkeichen liefern auf Sardinien den Rohstoff für eine erfolgreiche Industrie. Sardischer Kork wird aber nicht nur in alle Welt exportiert, sondern von den Handwerkern der Insel als Auflage für Kleinmöbel und Dekorationsartikel verwendet. Besonders rustikal wirken die aus dicker Korkrinde gefertigten Teller, auf denen die Agriturismo-Restaurants Antipasti servieren.

Lederwaren Auch Gerberei und Lederverarbeitung haben auf Sardinien eine lange Tradition. Dabei gewinnt die Herstellung von Taschen, Geldbörsen, Buchumschlägen und Gürteln aus feinstem Schaf- oder Ziegenleder immer mehr an Bedeutung.

Holzschnitzereien Die sardische Holzschnitzkunst hat in den mit Intarsien geschmückten Hochzeitstruhen ihren schönsten Ausdruck gefunden. Einst bewahrten junge Mädchen darin ihre Aussteuer auf. Heute werden sie für Touristen angefertigt. Ein schönes Mitbringsel sind die Miniaturtruhen, in denen man Schmuck oder Dokumente aufbewahren kann.

Stickereien Seit Jahrhunderten verzieren die Frau auf Sardinien Trachten, Kissen und Tischdecken mit aufwendigen Stickereien. Bis heute sieht man in Bosa Frauen vor ihren Häusern sitzen und kostbare Filetstickereien anfertigen. Eine Fundgrube für die Fans von Handarbeiten sind die Patronatsfeste, auf denen Sardinnen ihre Stickereien und Häkeleien anbieten.

ÜBERNACHTEN

Granit und Naturstein, handgeformte Tonziegel und Terrakottafliesen, eingerahmt von rosa leuchtenden Bougainvilleen – nicht nur an der exklusiven Costa Smeralda sind die Urlaubsquartiere der Landschaft angepasst. Bettenburgen wie auf Mallorca oder in Benidorm gibt es hier nicht. Die Hotels ragen kaum über die Wipfel der Pinien hinaus.

Zwar bieten mehr und mehr Hotels auf Sardinien ganzjährig Unterkunft, doch die meisten haben nach wie vor von Oktober bis Ostern geschlossen. Badeorte wie das exklusive Porto Cervo an der Costa Smeralda wirken dann öde und leer. Erst ab Ende Mai, wenn die Sonne wieder konstant vom Himmel scheint, beginnen sie sich wieder mit Gästen zu füllen. In den Ferienmonaten Juli und August, wenn viele Festlandsitaliener auf Sardinien urlauben, sind Hotels und Restaurants, Straßen und Strände überfüllt. Eine Unterkunft ist dann ohne vorherige Buchung und einen Aufpreis nicht zu haben. Besonders die Zeit um Ferragosto/Mariä Himmelfahrt am 15. August, einer der höchsten italienischen Feiertage, nutzen viele Italiener für ein paar entspannte Tage am Meer.

Saison

Sardinien ist gewiss kein ausgesprochen billiges Ferienziel. Doch gibt es Unterkünfte für (fast) jeden Geldbeutel und alle Ansprüche. Das Preisniveau ist in den Badeorten an der Küste im allgemeinen höher als in den Dörfern und Landstädten des Inselinnern. Am teuersten ist es an der legendären Costa Smeralda an der Nordostküste. Die Costa Paradiso im Nordwesten Sardiniens steht den Luxusherbergen dort

Hotels

Herrschaftliche Residenzen wie die Villa Las Tronas bei Alghero übertragen ihre Großzügigkeit fast automatisch auf die Gäste.

hinsichtlich Ausstattung und Preisen in nichts nach. Doch schon wenige Kilometer weiter südlich in Isola Rossa bieten Hotels und Ferienanlagen vergleichsweise preiswerte Zimmer und Apartments an. Auch nördlich der Costa Smeralda in Baja Sardinia am Golf von Arzachena etwa sind Unterkünfte zu moderaten Preisen zu haben.

In Italien sind alle Hotels amtlich in fünf Kategorien eingeteilt: Categoria di lusso, di prima, di seconda, di terza und di quarta. Die Skala reicht vom Luxushotel (fünf Sterne) bis zur Unterkunft für bescheidene Ansprüche (ein Stern).

Ferienhäuser und Apartments

Fast überall an den Küsten Sardiniens sind in den letzten Jahren Ferienhaus- und Apartmentanlagen im neosardischen Baustil entstanden. Besonders an der Nord- und Ostküste sind richtige Siedlungen aus dem Boden gestampft worden. San Teodoro südlich von Olbia ist bei Deutschen besonders beliebt. Zwar bietet sich die Buchung eines Apartments oder eines Ferienhauses als vergleichsweise preiswerte Alternative zur Übernachtung in einem Hotel an, doch werden die meisten nur für einen Aufenthalt ab einer Woche vermietet.

Camping

Die rund 90 Campingplätze Sardiniens liegen meist in Küstennähe, oft in einem Pinienwäldchen direkt hinter einem Strand versteckt. Sanitäre Anlagen sind immer vorhanden, oft gehören zumindest eine Bar und ein Restaurant zur Ausstattung dazu. Besonders während der Hochsaison, im Juli und August, sind alle Plätze belegt. Es empfiehlt sich daher, rechtzeitig zu buchen. Die meisten Plätze sind nur von Mitte Mai bis Ende September geöffnet. Wildes Campen ist auf Sardinien übrigens nicht erlaubt.

www.campingsardinien.de, www.faitasardegna.it

Bed & Breakfast

Auf Sardinien gibt es, zumal in den kleineren Ortschaften, zunehmend kleine Pensionen, die Zimmer mit Frühstück anbieten. Oft ist das Preis-Leistungs-Verhältnis besser als das eines Hotels der vergleichbaren Kategorie. Da diese Häuser meist nur über wenige Zimmer verfügen, empfiehlt es sich, früh zu buchen.

www.bed-breakfast-sardegna.com, www.sardegnabb.it

Agriturismo

Auf Sardinien bieten mehr als 100 landwirtschaftliche Betriebe »Ferien auf dem Bauernhof« mit Frühstück oder Halbpension an. Die Zimmer sind gepflegt, das Essen reichhaltig und die Zutaten dazu stammen meist aus eigener Produktion. Olivenöl, Marmelade, Fleisch, Wurst, Käse, Wein, Obst und Gemüse werden auch zum Kauf angeboten. Der Bauernhof **Il Muto di Gallura** in der Nähe von Tempo Pausania etwa vereint Strandnähe und rustikales Landleben. Die Gäste wohnen in komfortabel ausgestatteten Zimmern im Haupthaus oder in aus schwerem gemauerten Häuschen. Die Küche ist, wie in Agriturismo-Betrieben fleischlastig. Der Bio-Bauernhof **Sole de**

Terra in der Gallura bietet außer Landleben und bodenständiger Küche Halbblüter für Ausritte an.

www.agriturismo.it, www.mutodigallura.it, www.soleeterra.it

Zurzeit bieten nur in Cagliari, Alghero, Oristano, Bosa und Lanusei dem internationalen Jugendherbergsverband angeschlossene »ostelli della gioventù« Unterkünfte an. Wer keinen internationalen Jugendherbergsausweis hat, kann sich als Tagesmitglied anmelden.

www.aighostels.com, www.djh.de

Jugendherbergen

P
PRAKTISCHE INFOS

Wichtig, hilfreich
präzise

Unsere Praktischen Infos
helfen in allen Situationen
auf Sardinien weiter.

Ein Gefühl von Freiheit keimt auf –
Sardiniens Straßen wecken den Entdeckergeist. ▶

KURZ & BÜNDIG

ELEKTRIZITÄT
220 Volt Wechselspannung; Adapter (»spina di addatamento«) sind oftmals notwendig, bei den Schukosteckern sind die Stifte zu dick.

NOTRUFE

ALLGEMEINER NOTRUF
Tel. 112 (landesweit)

POLIZEINOTRUF
Tel. 113 (landesweit)

FEUERWEHR
Tel. 115 (landesweit)

KÜSTENWACHE
Tel. 1530

UNFALL UND KRANKENDIENST
Tel. 118 (landesweit)

PANNENHILFE DES ACI
Tel. 116

PANNEN- UND ABSCHLEPP- DIENST EUROP ASSISTANCE
Tel. 803803
(deutschsprachig)

ADAC PANNENHILFE UND NOTRUF
Tel. *01802 22 22 22

ACE-NOTRUFZENTRALE STUTTGART
Kranken- und Fahrzeugrückholdienst
Tel. *0049 1802 33 36 77

DRK-FLUGDIENST BONN
Tel. 00 49 228 23 00 23

DEUTSCHE RETTUNGSFLUGWACHT
Tel. 00 49 711 7 00 70

SPERRNOTRUF
Tel. 0049 116 116
(aus Italien)
Für sperrbare Medien wie Bank- und Kredit- und SIM-Karten

LÄNDERVORWAHLEN / VORWAHLEN

VON DEUTSCHLAND, ÖSTER- REICH UND DER SCHWEIZ
nach Italien 00 39

AUS ITALIEN
nach Deutschland 00 49
nach Österreich 00 43
in die Schweiz 00 41

TELEFONAUSKUNFT
Inland Tel. 12
Ausland Tel. 176

WAS KOSTET WIE VIEL?
3-Gang-Menü: ab 25 €
Einfache Mahlzeit: ab 10 €
1 Flasche Wein: ab 8 €
Einfaches Doppelzimmer: ab 55 €
Busfahrt über Land: 1,50 €/10 km
1 Liter Diesel: 1,30 €

ZEIT

MITTELEUROPÄISCHE ZEIT
Ende Oktober – Ende März

SOMMERZEIT
Ende März – Ende Oktober
(MEZ +1)

ANREISE · REISEPLANUNG

▌ Anreise

Sardinien hat drei große Flughäfen, in **Cagliari** (Elmas, 8 km nordwestlich), **Alghero** (Fertilia, 10 km nördlich) und **Olbia** (Olbia-Costa Smeralda, 3 km südlich). Von Hamburg, Berlin, Düsseldorf, Frankfurt/M., Hannover, Nürnberg, Stuttgart, München, Münster, Köln/Bonn, Friedrichshafen, Genf, Zürich, Basel, Lugano, Graz und Wien gibt es Direktverbindungen nach **Olbia**.
Von Frankfurt/Hahn, Berlin, Hamburg, Düsseldorf, München, Lugano, Zürich, Basel und Wien, nach Alghero von Frankfurt/Hahn und Düsseldorf gibt es Direktverbindungen nach **Cagliari**.
Die **Fluggesellschaften** Air Berlin, Ryanair, Austrian Airways, EasyJet, Swiss, Welcome, Darwin, Lufthansa und Eurowings verkehren jedoch teilweise nur im Sommer.

Mit dem Flugzeug

Die wichtigsten Häfen der Insel sind durch Fähren mit verschiedenen Häfen Italiens und anderer Mittelmeerländer verbunden. Bedeutende Fährhäfen sind **Cagliari, Olbia und Porto Torres**. Außerdem laufen Fähren die Häfen von Arbatax, Golfo Aranci und Santa Teresa Gallura an. Die Verbindungen vom italienischen Festland nach Sardinien betreiben vor allem Tirrenia, Moby Lines, Saremar, Corsica Sardinia Ferries und Grandi Navi Veloci. Moby Lines verkehrt auch im Winter von Genua nach Olbia. Bei Nachtfahrten sollte man rechtzeitig Kabinenplätze buchen, um nicht auf einen wenig komfortablen Liegesessel angewiesen zu sein. Da der Konkurrenzkampf zwischen den einzelnen Linien recht groß ist, gibt es ein kaum zu überschauendes Angebot an Sondertarifen – ein Vergleich lohnt sich.

Mit dem Schiff

Zugverbindungen zu den italienischen Fährhäfen Genua, Livorno und Civitavecchia (Hafen nordwestlich von Rom) bestehen von allen wichtigen Städten Deutschlands, Österreichs und der Schweiz. Nach Genua und Rom kann man mit Liege- oder Schlafwagen fahren.

Mit der Bahn

Für die Anreise mit dem Auto zu den Fährhäfen nach Sardinien empfiehlt es sich, die **Brennerautobahn** oder eine Schweizer Autobahn (beides mautpflichtig) zu nutzen. Zwar ist man mit dem Auto vergleichsweise schnell in Genua, doch dauert die Überfahrt von dort länger als von Livorno oder Cicitavecchia und ist auch teurer. Übrigens setzen auch von Neapel sowie Trapani und Palermo auf Sizilien

Mit dem Auto

BAHN

IN DEUTSCHLAND
Der Reiseservice der Deutschen Bahn erteilt auch Auskünfte über inneritalienische Bahnverbindungen.
Tel. 01805 99 66 33
www.bahn.de

IN ITALIEN
Tel. 89 20 21 (gebührenfrei)
www.trenitalia.com

FLUGGESELLSCHAFTEN

ALITALIA
Tel. 01806 07 47 47
www.alitalia.com

LUFTHANSA
Tel. 01805 80 58 05
www.lufthansa.com

CONDOR
Tel. 0180 67 67 767
www.condor.com

RYANAIR
Tel. 090 01 16 05 00
www.ryanair.com

EASY JET
Tel. 01806 06 06 06
www.easyjet.com

SCHIFFFAHRTS-GESELLSCHAFTEN

TIRRENIA
www.tirrenia.de

Die wichtigsten Verbindungen der Gesellschaft Tirrenia auf Sardinien sind: Genua – Cagliari, Porto Torres, Olbia, Arbatax; Civitavecchia – Cagliari, Olbia; Fiumicino – Arbatax, Golfo Aranci

MOBYLINES
Wilhelmstr. 36 – 38
65183 Wiesbaden
Tel. 0611 1 40 20
www.tirennia.de
Von Livorno, Genua und Civitavecchia geht es nach Olbia. In der Hauptsaison gibt es zusätzlich auch Expresstouren, außerdem Spezialangebote für Camper und Ermäßigungen bei Buchungen von Hin- und Rückreise.

CORSICA FERRIES · SARDINIA FERRIES
Corsica Sardinia Ferries GmbH
Georgenstr. 38
80799 München
Tel. 089 38 99 910
www.corsica-ferries.de

GRANDI NAVI VELOCI (GNV)
Tel. 0039 010 209 45 91
www.gnv.it/de
Die Fährgesellschaft GNV bietet die wenigsten Verbindungen nach Sardinien, doch sind ihre Schiffe und Kabinen besonders komfortabel. Sie unterhält keine Vertretung in Deutschland, die Passagen lassen sich im Internet buchen.
Die Fähren von Grandi Navi Veloci verkehren von Genua nach Porto Torres.

Schiffe nach Sardinien über. Auch eine Überfahrt von der Insel Korsika (Bonifacio) oder direkt von der französischen Mittelmeerküste (nur im Sommer ab Toulon) ist möglich. Die Benutzung der italienischen Autobahnen ist gebührenpflichtig. Mit der **Viacard**, die an wichtigen Maut-, Tankstellen und Raststätten sowie in den Automobilklubs erhältlich ist, und **Kreditkarten** kann man an den Mautstellen bargeldlos bezahlen.

❙ Ein- und Ausreisebestimmungen

Auch als EU-Bürger sollte man nicht ohne Personalpapiere nach Italien reisen, zumal **an Flughäfen Ausweispflicht** besteht. Für Deutsche, Österreicher und Schweizer genügt der Personalausweis. Seit 2012 müssen auch für Kinder eigene gültige Reisedokumente mitgeführt werden.

Personal-papiere

Wenn die Papiere gestohlen wurden, helfen die jeweiligen Vertretungen im Ausland. Erste Anlaufstelle ist aber die Polizei, denn ohne eine Kopie der Diebstahlsmeldung geht gar nichts. **Ersatzpapiere** bekommt man von der Botschaft (s. u.) viel leichter, wenn man die Kopien der jeweiligen Dokumente vorweisen oder diese von einem elektronischen Postfach abrufen kann.

Verlust der Papiere

Führerschein, Kraftfahrzeugschein und die Internationale Grüne Versicherungskarte sind Pflicht. Kraftfahrzeuge müssen entweder das ovale Nationalitätskennzeichen oder das EU-Kennzeichen tragen.

Fahrzeug-papiere

Wer Haustiere (Hund, Katze) nach Italien mitnehmen will, benötigt seit 2004 einen EU-Heimtierausweis, der vom Tierarzt ausgestellt wird (mit dem Nachweis einer Tollwutimpfung). Maulkorb und Leine sind mitzuführen.

Haustiere

Innerhalb der Europäischen Union ist der Warenverkehr für private Zwecke weitgehend zollfrei. Es gelten lediglich gewisse Höchstmengen (z. B. für Reisende über 17 Jahren 800 Zigaretten, 10 l Spirituosen und 90 l Wein (davon max. 60 l Schaumwein). Außerdem sind für Flug- und Seereisende Waren bis zu 430 € und für PKW- und Bahnreisende bis 300 € abgabenfrei. Für Reisende aus Nicht-EU-Ländern wie der Schweiz gelten folgende Freigrenzen: 200 Zigaretten oder 100 Zigarillos oder 50 Zigarren oder 250 g Tabak, ferner 2 l Wein oder andere Getränke bis 22 % Alkoholgehalt sowie 1 l Spirituosen mit mehr als 22 % Alkoholgehalt. Zollfrei sind außerdem Geschenke bis zu einem Wert von 300 CHF.

Zollbestim-mungen

❙ Reiseversicherungen

Versicherte der deutschen gesetzlichen Krankenkassen haben im Krankheitsfall in Italien Anspruch auf eine Behandlung nach den in Italien gültigen Vorschriften. Seit 2005 gibt es die **Europäische Krankenversicherungskarte** (EHIC). Aber auch mit dieser Karte muss in den meisten Fällen ein Teil der Kosten für ärztliche Behandlung und verordnete Arzneimittel selbst bezahlt werden. Gegen Vorlage der Quittungen übernimmt die Krankenkasse zu Hause dann die

Kranken-versicherung

Kosten – allerdings nicht für jede Behandlung. Schweizer müssen die ärztliche Behandlung und Medikamente selbst bezahlen. Privat Versicherte legen zur Kostenerstattung bei ihrer Versicherung die Rechnung vor.

Private Reiseversicherung Da die Kosten für ärztliche Behandlung und Medikamente in der Regel teilweise vom Patienten zu tragen sind und die Kosten eines eventuell notwendigen Rücktransports von den Krankenkassen nicht übernommen werden, empfiehlt sich der Abschluss einer zusätzlichen Reisekrankenversicherung.

AUSKUNFT

AUSKUNFT ZU HAUSE

STAATLICHES ITALIENISCHES FREMDENVERKEHRSAMT ENIT (ENTE NAZIONALE ITALIANO PER IL TURISMO)
www.enit-italia.de

Zentrale: Barckhausstr. 10
60325 Frankfurt am Main
Tel. 069 23 74 34
frankfurt@enit.it

ENIT IN ÖSTERREICH
Mariahilfer Str. 1b
1060 Wien
Tel. 01 5 05 16 39
vienna@enit.it

ENIT IN DER SCHWEIZ
▶Frankfurt

AUSKUNFT AUF SARDINIEN

SARDISCHE FREMDENVER-KEHRSZENTRALE E.S.I.T.
Via Mameli 97
09124 Cagliari
Tel. 070 6 02 31
Tel. 8 00 01 31 53 (gebührenfrei von Italien aus)

AUTONOME REGION SARDINIEN ORGANIZZAZIONE TURISTICA REGIONALE ASSESSORATO DEL TURISMO
Viale Trieste 105
09123 Cagliari
Tel. 070 6 06 70 35
http://regione.sardegna.it

DIPLOMATISCHE VERTRETUNGEN

DEUTSCHES HONORARKONSULAT
Via Raffa Garzia 9, 09126 Cagliari
Tel. 070 30 72 29
cagliari@hk-diplo.de

SCHWEIZER KONSULAT
Via XX Septembre 16
09125 Cagliari
Tel. 070 66 36 61
cagliari@honrep.ch

INTERNET

WWW.SARDINIEN.COM
Virtuelles Reisemagazin in deutscher Sprache, das Informationen über die schönsten Strände und Sehenswürdigkeiten, aber auch praktische Infos

(Restaurants, Hotels), Veranstaltungstipps, Essen und Aktivitäten liefert.

WWW.FERIEN-IN-SARDINIEN. COM

Ableger obiger Internetadresse, der eine Reihe von Hotels und Ferienwohnungen ausführlicher vorstellt. Auch Fähren, Flüge und Mietwagen sind aufgeführt. Last-Minute-Angebote runden das Angebot ab.

HTTP://REGIONE.SARDEGNA.IT

Die offizielle Seite der Autonomen Region Sardinien liefert generelle Informationen über Wirtschaft und Geschichte des Landes sowie reisepraktische Auskünfte.

WWW.SARDEGNA.NET

Typische Homepage auf Deutsch mit Restaurants, Hotels, Aktivitäten und weiteren interessanten Tipps.

WWW.SARDINIENINSEL.COM

Hier lassen sich Informationen zu einzelnen Reisezielen recherchieren. Außerdem gib es die Rubriken Wissenswertes (z. B. Feiertage, Öffnungszeiten, Restaurantführer) und Kultur (z. B. Museumsliste und Feste). Individuelle Berichte stellen die Erfahrungen und Tipps anderer Reisender vor.

WWW.SARDINIENWETTER.COM

Hier ist die Wettervorhersage für die nächsten vier Tage abrufbar.

WWW. SARDINIENFORUM.DE

Aktuelles Forum in deutscher Sprache von auf Sardinien lebenden Deutschen und an Sardinien Interessierten

ETIKETTE

Sardinien wird zwar zum Mezzogiorno gerechnet, dem Süden Italiens, doch Sarden sind deswegen noch lange keine Süditaliener. Gastfreundschaft und Hilfsbereitschaft werden großgeschrieben, aber Sarden sind eher **ruhige, zurückhaltende Menschen** – aufgeschlossen, aber nie aufdringlich und mit Gebärden eher sparsam. Selbst in den Städten geht es nicht sonderlich hektisch zu, und das Leben geht einen eher gemächlichen Gang. Wer auf die Sarden zugeht, ein wenig Italienisch spricht oder auch nur durch ein Lächeln oder eine Geste seine Wertschätzung zeigt, wird herzlich aufgenommen. Man freut sich über die Fremden, die Sardinien besuchen, man ist stolz auf die Heimat und möchte sie gerne im besten Licht präsentieren. Höfliches, zuvorkommendes Auftreten gilt als Selbstverständlichkeit, und man sollte sich **lieber einmal mehr als einmal weniger bedanken**. Im persönlichen Umgang sind die Sarden aber alles andere als steif oder förmlich. Man kommt rasch mit ihnen ins Gespräch, häufig duzt man sich, und falls man nach dem Namen gefragt wird, so ist damit fast immer der Vorname gemeint. Doch wer aus den lockeren Umgangsformen auf nachlässige Bekleidung schließen

Was kommt an auf Sardinien und was nicht?

275

sollte, täuscht sich. Die meisten Sarden legen Wert auf ein gepflegtes Outfit, und die Jugend steht hinsichtlich der Kleiderwahl eleganten Mailändern und Römern in nichts nach. Nackter Oberkörper ist fast überall tabu, insbesondere in Ortschaften und Städten. Nur am Strand sind die Sarden kaum von den Touristen zu unterscheiden.

100 Köpfe, 100 Mützen

Sarden sind stolz auf ihre Insel, kennen aber auch meist sehr genau die alltäglichen Probleme. Wenn etwas einmal nicht klappt, sollten Besucher kritische Anmerkungen lieber in eine höfliche Frage kleiden. Denn Sarden leben nach dem Motto »leben und leben lassen« und arrangieren sich mit den gegebenen Verhältnissen. **Gelassenheit ist angesagt**, und der Individualismus wird hochgehalten, ganz wie es ein sardisches Sprichwort besagt: »Kentu konkas, kentu berittas« (100 Köpfe, 100 Mützen).

Il caffè

Auf Sardinien gehört ein Barbesuch zur Lebensart, angefangen mit dem sehr knapp bemessenen Frühstück, der »colazione«. Nur in den Hotels bekommt man hierzu Milchkaffee (»caffèlatte«), nicht jedoch in einer typischen Bar. Dafür gibt es hier »caffè« (Espresso), »cappuccio« (wie man auf Sardinien meist sagt) oder »latte macchiato«. »Al banco« ist es billiger als »a tavola«, und so drängen sich die Menschen am Tresen, wo sie von flinken, adrett gekleideten und stets gut gelaunten »baristi« bedient werden. Bei dem Hinweis »pre-pagamento« gilt: Man bezahlt vorher an der Kasse und begibt sich dann mit dem Kassenbon (»scontrino«) zum Tresen, um dort seinen Kaffee zu erhalten, dazu duftende »cornetti« (Croissants) oder anderes Gebäck. Den »scontrino« muss man übrigens bis nach Verlassen der Bar aufbewahren – darüber wacht die italienische Steuerbehörde. Versäumt man dies und wird erwischt, so drohen empfindliche Strafen. Im Ristorante wird man nach dem Essen (ob mittags oder abends) vom Kellner gefragt, ob man einen »caffè« wünscht. Damit ist immer ein Espresso gemeint und nicht etwa ein Cappuccino – den trinken die Sarden nämlich nur zum Frühstück!

Rauchen

Keiner hätte es für möglich gehalten: Seit in Italien das generelle Rauchverbot in öffentlichen Räumen eingeführt wurde (mit nur wenigen streng definierten Ausnahmen), ist der blaue Dunst wie weggeblasen. Ob es an der Einsicht der Raucher oder den drohenden Bußgeldern liegt – das Rauchverbot wird strikt eingehalten, auch in Bars und Restaurants.

Supermarkt

Für die Selbstbedienung an der Obst- und Gemüsetheke in Supermärkten und Spezialgeschäften (»frutta e verdura«) gilt aus hygienischen Gründen: Obst und Gemüse niemals mit der bloßen Hand anfassen! Diese gesetzliche Vorschrift ist unbedingt zu beachten. An der Theke liegen meist Einweghandschuhe bereit; falls diese nicht vorhanden oder ausgegangen sein sollten, streift man sich eine Plastiktüte über die Hand.

Fremdsprachenkenntnisse sind auf Sardinien nicht sonderlich verbreitet. Nur an den Küsten, wo es Badetourismus gibt, wird man sich meistens auch auf Englisch oder sogar Deutsch verständigen können. Um das wahre Sardinien kennenzulernen, sollte man jedoch wenigstens **Grundkenntnisse des Italienischen** besitzen – und wenn man landestypisch in einem »agriturismo« (frei übersetzt bedeutet das Ferien auf dem Bauernhof) übernachten will, sollte man der Sprache sogar einigermaßen mächtig sein, um sich mit den Vermietern unterhalten zu können. Aber allein schon das Bemühen, die Landessprache zu sprechen, wird honoriert – selbst wenn man Fehler macht. Um eines braucht man sich jedoch nicht zu bemühen: Sardisch zu sprechen. Zwar unterhalten sich ältere Sarden insbesondere in den Bergregionen untereinander durchaus noch auf Sardisch, sie beherrschen aber immer auch Italienisch.

Verständigung

Zurückhaltung ist geboten, wenn man Sarden fotografieren möchte, insbesondere bei Nahaufnahmen und bei Aufnahmen von Einzelpersonen. Hier wie anderswo gilt das **Recht am eigenen Bild**, und einfach drauflosknipsen wird als entwürdigend empfunden. Doch nach einer freundlichen Frage – »permesso?« – mit Fingerzeig auf die Kamera wird dem Fotografen der Wunsch in den meisten Fällen nicht verwehrt, wobei von Männern eher Zustimmung zu erwarten ist als von Frauen. Leichter hat man es beim Fotografieren, wenn man durch ein kleines Gespräch bereits Vertrauen erworben und sein aufrichtiges Interesse an Land und Leuten bekundet hat. Gegen ein Erinnerungsfoto, das im Zusammenhang mit einer persönlichen Begegnung entsteht, hat kaum jemand etwas einzuwenden. Völlig unproblematisch sind Umzüge oder Feste, bei denen die Sarden mit Stolz und Würde ihre schönen Trachten tragen – dann herrscht das unausgesprochene Einverständnis, dass auch fotografiert werden darf.

Fotografieren

GELD

Der Euro ist in Italien das offizielle Zahlungsmittel. Für die Schweiz gilt in etwa: 1 CHF = 0,91 €; 1 € = 1,10 CHF.

Euro

Banken gibt es in allen größeren Orten Sardiniens. Die Öffnungszeiten sind mit geringen Abweichungen im Allgemeinen Mo. – Fr. 8.30 bis 13 und 14.30 – 16 Uhr.

Banken

Geldauto-
mat,
Bankkarten

An Geldautomaten (»bancomat«) kann man mit Kredit- und Bank-karten in Verbindung mit der Geheimnummer Geld abheben. Die meisten internationalen Kreditkarten werden von Banken, Hotels, Restaurants, Autovermietern und vielen Geschäften gerne akzeptiert.

GESUNDHEIT

Medizinische
Versorgung

In vielen Touristenzentren steht in der Saison die **Guardia medica turistica** zur Verfügung. Sie ist täglich rund um die Uhr und nicht nur in dringenden Fällen für die medizinische Versorgung der Feriengäste zuständig. Bei einem Notfall sollte man sich an das nächstgelegene Krankenhaus wenden, die Notaufnahme ist 24 Stunden geöffnet. Zahnärzte stehen im Telefonbuch unter »Medici dentisti«.

Apotheken

Apotheken (»farmacie«) haben in der Regel Mo. – Fr. 9 – 13 und 16 – 19.30 Uhr geöffnet. Sie schließen wechselweise mittwochs oder samstags. Ein Verzeichnis der nachts und feiertags offenen Apotheken (»Farmacie di turno«) hängt in den Schaufenstern oder an den Türen der Apotheken aus.

Kranken-
versicherung

▶ Anreise · Reiseplanung

LESETIPPS

Belletristik

Grazia Deledda: Schilf im Wind, Gura 1992.
Die Literaturnobelpreisträgerin von 1926 beschäftigte sich in ihren Romanen mit den Menschen in und um ihre Heimatstadt Nuoro zu Beginn des 20. Jh.s. Der Roman erzählt von Efix, dem Knecht, und seiner Herrin Pintor, die trotz drohender Armut ihre Würde nicht verliert.

Michaela de Giorgio; Otto Kalscheuer (Hrsg.): Sardinien – eine literarische Einladung, Wagenbach 2011.
Eine Auswahl zeitgenössischer Literatur zeigt die Spannungen, die sich zwischen der traditionellen Welt der Hirtenkultur Sardiniens und der modernen Welt der Jungen entwickeln.

D. H. Lawrence: Das Meer und Sardinien, Diogenes 2007.
Im Jahr 1921 verbrachte der berühmte britische Schriftsteller mit seiner Frau Frieda von Richthofen einen zehntägigen Urlaub auf der Insel. Der daraus resultierende Reisebericht gilt als brillantes Meisterwerk der Erzählkunst, für Sardinien-Liebhaber heute längst ein Kultbuch!

Gavino Ledda: Padre Padrone, dtv 2003.
1938 als Sohn einer armen Hirtenfamilie in Siligo geboren, lernte Ledda erst mit 20 Jahren aus eigener Kraft lesen und schreiben. In seinem autobiografischen Roman schildert er schonungslos die deprimierenden Jahre seiner Kindheit und Jugend, eindrucksvoll verfilmt von den Brüdern Taviani.

Heinrich von Maltzan: Reise auf der Insel Sardinien, Ulan 2012.
Amüsant, hintergründig, informativ: Dieser unterhaltsame Reisebericht von 1868 über Sardinien hat bis heute nichts von seiner Aktualität verloren.

Salvatore Satta: Der Tag des Gerichts, Suhrkamp 1996.
Satta, einer der bekanntesten Juristen des Landes, wurde 1902 in Nuoro geboren und erlangte Berühmtheit mit seinem einzigen literarischen Werk (1979 in Italien erschienen). In der Hommage an seine Heimat Sardinien zeichnet er das Porträt einer Gesellschaft aus gefürchteten Hirten, armen Bauern und den Herren von Nuoro.

Ulla Rahn-Huber: Das Geheimnis der Hundertjährigen von Sardinien. Wie auch Sie mit mediterraner Lebensweise gesund und glücklich alt werden, MVG-Verlag 2016.   Sachbuch
Die sardische Langlebigkeit ist alles andere als ein Mythos: Auf der Insel leben viel mehr alte Menschen als anderswo. Welche Gründe und Geheimnisse es dafür geben könnte, das wird in diesem schön bebilderten Buch anschaulich dargestellt.

Peter Höh, Toni Anzenberger: DuMont Bildatlas Sardinien: Luxus   Bildbände
und Landidylle. DuMont 2017.
Zu den großen, hervorragenden Aufnahmen gesellen sich inspirierende Reportagen zu Rundreisen auf der Insel, dazu werden eine Reihe handverlesener Tipps gegeben.

Alois Ottinger: Sardinien – Insel u. Leute im Frühjahr 1965, Fink 2014.
Bilder einer archaischen Gesellschaft.

August Sander: Sardinien – Photographien einer Italienreise 1927, Schirmer/Mosel 2009.
Sander reiste drei Monate über die Insel und porträtierte das damalige bäuerliche Leben Sardiniens.

Wander- Wandern auf Sardinien, DuMont 2015.
führer 35 Touren von einfach bis anspruchsvoll mit Routenkarten und Höhenprofilen für einen perfekten Wandertag

MEDIEN

Sardische Die zwei wichtigsten sardischen Tageszeitungen sind die in Cagliari
Tages- erscheinende **»L'Unione Sarda«** und **»La Nuova Sardegna«** aus
zeitungen Sassari. Neben internationalem und lokalem Politikgeschehen findet
man darin wichtige Informationen über das kulturelle Leben und
über Veranstaltungen.

Überregiona- Wichtige überregionale Zeitungen sind »La Repubblica«, »Corriere
le Zeitungen della Sera« und »La Stampa«.

Deutsche Deutsche Zeitungen und Zeitschriften findet man in den größeren
Zeitungen Städten und in den Touristenorten an der Küste.

POST · TELE-KOMMUNIKATION

Postämter Die italienischen Postämter sind nur für den Post- und Paketdienst
sowie für die Geschäfte der Postbank zuständig. Sie sind von montags bis freitags 8.20 – 13.20 und am Samstag 8.20 – 12 Uhr geöffnet.
Am letzten Tag jeden Monats schließen alle Postämter schon um
12 Uhr. Briefmarken (»francobolli«) kauft man in Postämtern oder
in Tabakwarengeschäften mit einem »T«-Schild (für »Tabacchi«).
Ein Brief bis 20 g oder eine Postkarte von Italien ins europäische Ausland kosten 0,90 €.

Handys Die Roaming-Gebühren in Italien und damit auch auf Sardinien, nämlich die Kosten für Handynutzung im EU-Ausland, wurden in den vergangenen Jahren schrittweise gesenkt, seit Juni 2017 fallen erstmals
keine Zusatzkosten mehr für die Handynutzung auf der Insel an. Auf
diese Weise können Sie Ihr Handy (das in Sardinien als cellulare oder
auch telefonino bezeichnet wird) genauso nutzen wie in Deutschland. Die beiden dichtesten Mobilfunknetze unterhalten die Telefon-

gesellschaften Telecom Italia Mobile (Zugangsnummer 2 22 01) und Omnitel Pronto Italia (Zugangsnummer 2 22 10).

REISEZEIT

Das Klima Sardiniens ist durch die geografische Lage, den Inselcharakter und die Morphologie bestimmt. Obwohl die Insel recht weit südlich liegt, hat sie doch ausgeprägte Jahreszeiten. Im Winter (Nov. – März) wird Sardinien von den Luftmassen der atlantischen Tiefausläufer erreicht, während im Sommer – von Ende Mai bis September – die subtropischen Hochdruckgebiete wetterbestimmend sind. Im Allgemeinen sind deshalb die **Sommer trocken und warm und die Winter feucht und kalt**, doch der Inselcharakter mildert die Strenge des Klimas, vor allem in den Küstengebieten und in den Hügellagen. Das sardische Klima wird deshalb auch als mediterranes, warmgemäßigtes Meeresklima definiert (▶ Klimatabelle S. 206).

Die Temperaturen auf der Insel liegen bei einem Jahresmittel von 17 °C. Das Frühjahr und der Herbst haben angenehme Temperaturen, doch kann es bei Schlechtwettereinbrüchen auch empfindlich kalt und regnerisch werden. Der Norden der Insel hat insgesamt etwas niedrigere Temperaturen als der Süden, ebenso ist es in den Berggebieten das ganze Jahr über kühler als im restlichen Teil der Insel. | *Temperaturen*

Die durchschnittlichen Jahresniederschläge auf Sardinien liegen bei ca. 450 mm im südlichen Teil der Insel, in den Bergregionen können sie bis zu 1200 mm ansteigen. Die meisten Niederschläge fallen in den späten Herbstmonaten bis in den Winter hinein. Es folgt eine Periode der winterlichen Trockenheit, die »secche di gennaio« (Trockenperiode des Januar), die zeitlich variieren kann. Sie wird abgelöst von den teils heftigen Frühjahrsregen, denen etwa ab Mai die lange Sommertrockenheit folgt. | *Niederschläge*

Die Insel Sardinien ist in starkem Maß starken Winden ausgesetzt. Das ganze Jahr über kann immer mal wieder der sogenannte **Maestrale** auftreten, ein Nordwestwind, der bis zu 160 Tage im Jahr vor allem an der Westküste für erhebliche Kühlung sorgt. Er kommt von Frankreich herüber und ist dort als Mistral bekannt. Im Süden tritt gelegentlich der heiße Wind aus der Sahara auf, hinlänglich Scirocco genannt. | *Winde*

SPRACHE

Die sardische Sprache ist stark verwoben mit der Geschichte der Insel. Das Sardische ist eine **eigenständige romanische Sprache**, die in vielem noch sehr stark an das Lateinische erinnert, besonders in der zentralen Gebirgsregion, der Barbagia, und im Nuorese. Vernachlässigt man die Untergliederung der zahlreichen Mundarten, so kann man heute zwei große Dialektgruppen des Sardischen unterscheiden: das Logudoresische, das vor allem im Nordwesten Sardiniens gesprochen wird, und das Campidanesische im Süden der Insel. Obwohl der Gebrauch der sardischen Sprache zurückgeht, kann man davon ausgehen, dass 750 000 Sarden Campidanesisch und 650 000 Logudoresisch sprechen. Offizielle Amts- und auch Umgangssprache ist Italienisch, das von allen Sarden gesprochen wird. Zweisprachigkeit kennzeichnet vor allem die ländlichen Regionen.

KLEINER SPRACHFÜHRER ITALIENISCH

ZAHLEN

zero	0	diciannove	19
uno	1	venti	20
due	2	ventuno	21
tre	3	trenta	30
quattro	4	quaranta	40
cinque	5	cinquanta	50
sei	6	sessanta	60
sette	7	settanta	70
otto	8	ottanta	80
nove	9	novanta	90
dieci	10	cento	100
undici	11	centouno	101
dodici	12	mille	1000
tredici	13	duemille	2000
quattordici	14	diecimila	10000
quindici	15		
sedici	16	un quarto	1/4
diciassette	17	un mezzo	1/2
diciotto	18		

AUF EINEN BLICK

Sì/No	**Ja/Nein**
Per favore/Grazie	**Bitte/Danke**
Non c'è di che	**Gern geschehen**
Scusi!/Scusa!	**Entschuldigen Sie!**
Come dice?	**Wie bitte?**

Non La/ti capisco	**Ich verstehe Sie/dich nicht**
Parlo solo un po' di ...	**Ich spreche nur wenig ...**
Mi può aiutare, per favore?	**Können Sie mir bitte helfen?**
Vorrei ...	**Ich möchte ...**
(Non) mi piace	**Das gefällt mir (nicht)**
Ha ...?	**Haben Sie ...?**
Quanto costa?	**Wie viel kostet?**
Che ore sono?/Che ora è?	**Wie viel Uhr ist es?**
Come sta?/Come stai?	**Wie geht es Ihnen/dir?**
Bene, grazie. E Lei/tu?	**Danke. Und Ihnen/dir?**

INTERNET HANDY

la chiavetta USB/la chiave USM	**USB Stick/Memory Stick**
il caricabatterie	**Ladekabel**
il caricabatterie smartphone	**Handy-Ladekabel**
La batteria non funziona più.	**Die Batterie funktioniert nicht mehr.**
Ho rotto il display del mio cellulare.	**Das Display meines Handys ist kaputt.**
Riparazione/sostituzione	**Reparatur/Austausch**
Cambio	**Tausch**
tutti i modelli	**alle Modelle**
Dovè si trova l'internet point?	**Wo gibt es ein(en) Internet Shop/Café?**
Vorrei comprare un SIM card.	**Ich möchte eine SIM-Karte kaufen.**
Casella di posta elettronica	**E-Mail-Posteingang**
Qui c'è il collegamento internet/wifi?	**Gibt es hier einen Internet/WLAN-Zugang?**
La Connessione ad internet non funziona.	**Der Internetzugang funktioniert nicht.**

UNTERWEGS

a sinistra/a destra/diritto	**nach links/nach rechts/geradeaus**
vicino/lontano	**nah/fern**
Quanti chilometri sono?	**Wie weit (in Kilometern) ist das?**
Vorrei noleggiare ...	**Ich möchte ... mieten**
... una macchina	**... ein Auto**
... una bicicletta	**... ein Fahrrad**
... una barca	**... ein Boot**
Scusi, dov'è ...?	**Bitte, wo ist ...?**
... la stazione centrale	**... der Hauptbahnhof**
... la metro(politana)	**... die U-Bahn**
... l'aeroporto	**... der Flughafen**
all'albergo	**zum Hotel**
Ho un guasto.	**Ich habe eine Panne.**
Mi potrebbe mandare un carro-attrezzi?	**Würden Sie mir einen Abschleppwagen schicken?**
Scusi, c'è un'officina qui?	**Gibt es hier eine Werkstatt?**
Dov'è la prossima stazione di servizio?	**Wo ist die nächste Tankstelle?**
benzina normale	**Normalbenzin**
super/gasolio	**Super/Diesel**
deviazione	**Umleitung**
senso unico	**Einbahnstraße**

sbarrato	**gesperrt**
rallentare	**langsam fahren**
tutti direzioni	**alle Richtungen**
tenere la destra	**rechts fahren**
zona di silenzio	**Hupverbot**
zona tutelata inizio	**Beginn der Parkverbotszone**
Aiuto!/Attenzione!	**Hilfe!/Achtung!**
Chiami subito ...	**Rufen Sie schnell ...**
... un'autoambulanza/la polizia	**... einen Krankenwagen/die Polizei**

AUSGEHEN

Scusi, mi potrebbe indicare ...?	**Wo gibt es ...?**
... un buon ristorante?	**... ein gutes Restaurant?**
... un locale tipico?	**... ein typisches Restaurant?**
C'è una gelateria qui vicino?	**Gibt es hier eine Eisdiele?**
Può riservarci per stasera	**Kann ich für heute Abend einen**
un tavolo per quattro persone?	**Tisch für vier Personen reservieren?**
Alla Sua salute!	**Auf Ihr Wohl!**
Il conto, per favore.	**Bezahlen, bitte.**
Andava bene?	**Hat es geschmeckt?**
Il mangiare era eccellente.	**Das Essen war ausgezeichnet.**
Ha un programma delle	**Haben Sie einen**
manifestazioni?	**Veranstaltungskalender?**

EINKAUFEN

Dov'è si può trovare ...?	**Wo finde ich ...?**
... una farmacia	**... eine Apotheke**
... un panificio	**... eine Bäckerei**
... un negozio di articoli fotografici	**... ein Fotogeschäft**
... un grande magazzino	**... ein Kaufhaus**
... un negozio di generi alimentari	**... ein Lebensmittelgeschäft**
... il mercato/il supermercato	**... den Markt/den Supermarkt**
... il tabaccaio/il giornalaio	**... den Tabakladen/den Zeitungs-**
	händler
... un scheda di memoria	**... eine Speicherkarte**
... un caricabatteria	**... eine Ladegerät**

ÜBERNACHTEN

Scusi, potrebbe consigliarmi ...?	**Können Sie mir ... empfehlen?**
... un albergo / una pensione	**... ein Hotel / eine Pension**
Ho prenotato una camera.	**Ich habe ein Zimmer reserviert.**
È libera ...?	**Haben Sie noch ...?**
... una singola / una doppia	**... ein Einzel- / ein Zweibettzimmer**
... con doccia/bagno	**... mit Dusche/Bad**
... per una notte/sttimana	**... für eine Nacht/Woche**
... con vista sul mare	**... mit Blick aufs Meer**
Quanto costa la camera ...?	**Was kostet das Zimmer ...?**
... con la prima colazione	**... mit Frühstück**
... a mezza pensione	**... mit Halbpension**

ARZT UND APOTHEKE

Mi può consigliare un buon medico?	**Können Sie mir einen guten Arzt empfehlen?**
Mi può dare una medicina per ...	**Geben Sie mir bitte ein Medikament gegen ...**
Soffro di diarrea.	**Ich habe Durchfall.**
Ho mal di pancia.	**Ich habe Bauchschmerzen.**
... mal di testa/gola/denti	**... Kopf-/ Hals-/Zahnschmerzen**
... influenza/tosse/la febbre	**... Grippe/Husten/Fieber**
... scottatura solare	**... Sonnenbrand**
... costipazione	**... Verstopfung**

SPEISEKARTE

prima colazione	**Frühstück**
caffè, espresso	**kleiner Kaffee ohne Milch**
caffè macchiato	**kleiner Kaffee mit wenig Milch**
caffè latte	**Kaffee mit Milch**
cappuccino	**Kaffee mit aufgeschäumter Milch**
tè al latte/al limone	**Tee mit Milch/Zitrone**
cioccolata	**Schokolade**
frittata	**Omelett/Pfannkuchen**
pane/panino/pane tostato	**Brot/Brötchen/Toast**
burro	**Butter**
salame/prosciutto	**Wurst/Schinken**
miele/marmellata	**Honig/Marmelade**
iogurt	**Joghurt**

ANTIPASTI — VORSPEISEN

affettato misto	**gemischter Aufschnitt**
anguilla affumicata	**Räucheraal**
melone e prosciutto	**Melone mit Schinken**
vitello tonnato	**kalter Kalbsbraten mit Tunfischsauce**

PRIMI PIATTI — NUDEL-, REISGERICHTE, SUPPEN

pasta/fettuccine, tagliatelle	**Nudeln/Bandnudeln**
gnocchi	**kleine Kartoffelklößchen**
polenta (alla valdostana)	**Maisbrei (mit Käse)**
vermicelli	**Fadennudeln**
minestrone	**dicke Gemüsesuppe**
pastina in brodo	**Fleischbrühe mit feinen Nudeln**
zuppa di pesce	**Fischsuppe**

CARNI E PESCE — FLEISCH UND FISCH

agnello	**Lamm**
ai ferri/alla griglia	**vom Grill**
aragosta	**Languste**
brasato	**Braten**
coniglio	**Kaninchen**

cozze/vongole	**Miesmuscheln/Venusmuscheln**
fegato	**Leber**
fritto di pesce	**gebackene Fische**
gambero, granchio	**Garnelen**
maiale	**Schweinefleisch**
manzo/bue	**Rind-/Ochsenfleisch**
pesce spada	**Schwertfisch**
platessa	**Scholle**
pollo	**Huhn**
rognoni	**Nieren**
salmone	**Lachs**
scampi fritti	**gebackene Langustinen**
sogliola	**Seezunge**
tonno	**Tunfisch**
trota	**Forelle**
vitello	**Kalbfleisch**

VERDURA	GEMÜSE
asparagi	**Spargel**
carciofi	**Artischocken**
carote	**Karotten**
cavolfiore	**Blumenkohl**
cavolo	**Kohl**
cicoria belga	**Chicorée**
cipolle	**Zwiebeln**
fagioli/fagiolini	**weiße Bohnen/grüne Bohnen**
finocchi	**Fenchel**
funghi	**Pilze**
insalata mista/verde	**gemischter/grüner Salat**
lenticchie	**Linsen**
melanzane	**Auberginen**
patate	**Kartoffeln**
patatine fritte	**Pommes frites**
peperoni	**Paprika**
pomodori	**Tomaten**
spinaci	**Spinat**
zucca	**Kürbis**

FORMAGGI	KÄSE
parmigiano	**Parmesan**
pecorino	**Schafskäse**
ricotta	**quarkähnlicher Frischkäse**

DOLCI E FRUTTA	NACHSPEISEN UND OBST
cassata	**Eisschnitte mit kandierten Früchten**
coppa assortita	**gemischter Eisbecher**
coppa con panna	**Eisbecher mit Sahne**
tirami su	**Löffelbiskuit mit Mascarponecreme**
zabaione	**Eierschaumcreme**

| zuppa inglese | likörgetränktes Biskuit mit Vanillecreme |

BEVANDE	GETRÄNKE
acqua minerale	**Mineralwasser**
aranciata	**Orangeade**
bibita	**Erfrischungsgetränk**
bicchiere	**Glas**
birra scura/chiara	**dunkles/helles Bier**
birra alla spina	**Bier vom Fass**
birra senza alcool	**alkoholfreies Bier**
bottiglia	**Flasche**
con ghiaccio	**mit Eis**
digestivo	**Digestif**
gassata, con gas/liscia, senza gas	**mit Kohlensäure/ohne Kohlensäure**
secco	**trocken**
spumante	**Sekt**
succo	**Fruchtsaft**
vino bianco/rosato/rosso	**Weiß-/Rosé-/Rotwein**
vino della casa	**Hauswein**

VERKEHR

Bucht man mindestens 24 Stunden im Voraus von Deutschland aus, bieten die meisten Autovermietungen günstigere Tarife an als auf Sardinien. Um in Italien ein Auto zu mieten, muss man mindestens 21 Jahre alt sein, einen nationalen Führerschein und eine Kreditkarte besitzen und ein Jahr Fahrpraxis haben. Neben den internationalen Firmen gibt es in den Städten, an Flughäfen und in vielen Ortschaften einheimische Unternehmen, die im Telefonbuch unter »noleggio« zu finden sind. Oft bieten sie die Autos günstiger an.
Mietwagen

Die Höchstgrenze für Blutalkoholgehalt im Straßenverkehr beträgt 0,5 %.
Promille-grenze

Die wichtigste Nord-Süd-Verbindung auf Sardinien ist die vierspurige Staatsstraße 131 (Strada Statale (SS), »Carlo Felice«) von Cagliari nach Sassari und Porto Torres. Von ihr zweigt die SS 131 von Abbasanta über Nuoro nach Olbia ab. Strade di Grande Comunicazione heißen die Provinzialstraßen. Viele **Ortsschilder** wurden von übermütigen Jägern durchschossen, sie sind kein Hinweis auf Kriminalität.
Straßennetz

Innerhalb geschlossener Ortschaften: 50 km/h
Außerhalb geschlossener Ortschaften: 90 km/h
Auf Autobahnen: 110 km/h, Pkw mit Anhänger 100 km/h
Höchstge-schwindig-keiten

Bußgeld In Sardinien – wie in ganz Italien – sind die Bußgelder in den letzten Jahren stark gestiegen. Eine Überschreitung des Tempolimits von 50 km/h, wird mit mindestens 530 Euro Bußgeld geahndet.

Parken In den größeren Städten ist es mitunter schwierig, einen **Parkplatz** zu finden. In Cagliari gehören viele Parkplätze Anwohnern, und es wird schnell abgeschleppt. Man erkundige sich am besten nach einem bewachten Parkplatz (»parcheggio«) oder Parkhaus (»edificio da parcheggio«). Außer in Cagliari, Sassari und Olbia braucht man auf Sardinien aber nicht mit Parkproblemen zu rechnen. Verbotsschilder mit einem Abschleppwagen sollte man ernst nehmen. Parken entlang von schwarz-gelb markierten Randsteinen ist ebenfalls verboten. Während der Sommermonate werden an vielen Stränden Parkautomaten aufgestellt (ab 30 Cent pro Stunde), an denen man ein Ticket lösen und hinter der Windschutzscheibe anbringen muss. Es wird regelmäßig kontrolliert. Auch in vielen Touristenorten steigt die Zahl der Politessen im Juli und August stark an: Verstöße gegen das Parkverbot werden auf diese Weise nahezu immer registriert.

Tanken Die Verteilung der **Tankstellen** auf Sardinien ist gut, doch muss man in dünn besiedelten Gebieten (Bergland) z. T. größere Strecken bis zur nächsten Tankstelle zurücklegen. An Wochenenden, mittags und nachts haben viele Tankstellen automatische Zapfsäulen in Betrieb, die man nur mit Geldscheinen oder Kreditkarten benutzen kann.

Taxi Autorisierte Taxifahrer sind in fast allen Städten in Kooperativen organisiert und haben einheitliche Preise, die jedoch von Stadt zu Stadt variieren. Diese Taxis sind weiß und haben ein Taxischild auf dem Dach sowie einen seitlichen Aufkleber, der die Nummer der Kooperative trägt. **Nicht autorisierte Taxis**, die »abusivi«, sind nicht mit einem Taxameter ausgestattet und haben keine festen Tarife; sie sollte man meiden oder sich vorher nach dem Preis erkundigen, um keine unliebsamen Überraschungen zu erleben. Neben den Taxistationen der größeren Städte An den Flughafen und Bahnhöfen der größeren Städte gibt es Taxistationen. Man kann Taxis aber auch über die Taxizentralen rufen.

Bahnverkehr Sardinien hat zwei verschiedene Bahnsysteme: die staatliche Hauptlinie und die Schmalspurbahnen. Sie verbinden u. a. die Linien des Festlands mit den wichtigsten Anlegestellen der Fährschiffe auf Sardinien (in Olbia, Cagliari und Porto Torres). Die Häfen in Palau, Arbatax und Alghero werden von den Schmalspurbahnen bedient.

Staatliche Die wichtigste **FS-Linie** führt quer über die Insel von Olbia nach Ca-
Bahn (FS) gliari über Chilivani, Macomer, Oristano und Decimomannu. Von Olbia besteht Anschluss zum FS-Fährhafen in Golfo Aranci. Von der

MIETWAGEN VON
DEUTSCHLAND AUS

AVIS
www.avis.de
Tel. 01806 21 77 02

EUROPCAR
www.europcar.de
Tel. 040 5 20 18 76 54

SIXT
www.sixt.de
Tel. 01806 66 66 66

HERTZ
www.hertz.de
Tel. 01806 00 36 88

AUTOMOBILKLUBS

AUTOMOBILE CLUB D'ITALIA
(ACI)
Tel. 06 4 99 81
www.aci.it

TOURING-CLUB ITALIANO TCI
Tel. 8 40 88 88 02
www.touringclub.it

BAHN

FAHRPLÄNE
www.arst.sardegna.it

Hauptstrecke zweigt im Norden die Linie nach Sassari bzw. Porto Torres ab (Knotenpunkt ist Chilivani), im Süden bei Decimomannu eine Linie nach Iglesias und Carbonia. Eine Fahrt von Cagliari nach Olbia dauert 4 – 6 Stunden, von Cagliari nach Porto Torres fast 5,5 Stunden, die Strecke zwischen Sassari und Olbia wird in 2 – 3 Stunden, die zwischen Cagliari und Carbonia in 1 Stunde zurückgelegt.

Die Nebenstrecken sind Schmalspurstrecken, die von den größeren Orten die Regionen des Inselinneren erschließen. Bahn fahren ist auf Sardinien ein zeitintensives Vergnügen, doch kann man so auf geruhsame Art das Landesinnere kennenlernen und sardischen Alltag miterleben. Nicht nur Eisenbahnliebhaber sind von der Fahrt durch das Inselinnere begeistert. Besonders beliebt bei den meisten Touristen ist die Strecke durch die Barbargia von Cagliari nach Arbatax. Sie ist 238 km lang und dauert 6,5 Stunden. Alternativ teilt sich die Strecke bei Mandas und führt nach Sorgono (166 km). Die Strecke von Bosa nach Nuoro über Macomer ist 138 km lang und dauert ca. 2,5 Stunden. Die dritte Strecke führt 185 km durch die Gallura von Palau bis nach Alghero.

Schmalspurbahnen (FCS)

Auf landschaftlich **besonders schönen Strecken** wird der **Trenino Verde** eingesetzt. So fährt während der Urlaubssaison die Bahn zu mehr oder weniger regulären Fahrzeiten die 30 km lange Strecke von Mandas bis Arbatax. An restaurierte Dampfloks sind schöne alte Waggons angehängt. Die Strecke windet sich durch unberührtes Land, das man sonst kaum sieht. Der Bummelzug hält auch auf der Strecke, sodass man die Gelegenheit hat, Grotten, Wasserfälle und Nuraghensiedlungen zu besichtigen.

Busverkehr Die sardische autonome Region betreibt die blauen **ARST-Busse** (Azienda Regionale Sarda Trasporti, www.arst.sardegna.it). Fahrkarten (»biglietto«) kauft man in Tabak- und Zeitschriftenläden oder in Bars, nur in wenigen Überlandbussen beim Fahrer (gelber Aufkleber an der Tür). Eine Broschüre mit Bus- und Bahnverbindungen erhält man von ESIT bzw. auf deren Webseite www.regione.sardegna.it. Viele kleine **private Busgesellschaften** bedienen regionale Strecken. Ermäßigte Buspässe für unbegrenzte Fahrten von Juni bis September für 7, 14, 21 und 28 Tage bekommt man in den ARST-Stadtbüros.

Fährverbin- Fährverbindungen bestehen nach La Maddalena von Palau, Santa Te-
dungen resa di Gallura und Bonifacio/Korsika aus. Nach Carloforte auf der Isola San Pietro gelangt man mit der Fähre von Calasetta auf der Isola di Sant'Antioco oder von Portoscuso an der sardischen Küste.

REGISTER

BILDNACHWEIS

VERZEICHNIS DER KARTEN UND GRAFIKEN

ATMOSFAIR

nachdenken • klimabewusst reisen

atmosfair

Reisen verbindet Menschen und Kulturen. Doch wer reist, erzeugt auch CO_2. Der Flugverkehr trägt mit bis zu 10 % zur globalen Erwärmung bei. Wer das Klima schützen will, sollte sich nach Möglichkeit für die schonendere Reiseform entscheiden (wie z.B. die Bahn). Gibt es keine Alternative zum Fliegen, kann man mit atmosfair klimafördernde Projekte unterstützen.

atmosfair ist eine gemeinnützige Klimaschutzorganisation unter der Schirmherrschaft von Klaus Töpfer. Flugpassagiere spenden einen kilometerabhängigen Betrag und finanzieren damit Projekte in Entwicklungsländern, die den Ausstoß von Klimagasen verringern helfen. Dazu berechnet man mit dem Emissionsrechner auf **www.atmosfair.de** wieviel CO_2 der Flug produziert und was es kostet, eine vergleichbare Menge Klimagase einzusparen (z.B. Berlin – London – Berlin 13 €). atmosfair garantiert die sorgfältige Verwendung Ihres Beitrags. Alle Informationen dazu auf www. atmosfair.de. Auch der Karl Baedeker Verlag fliegt mit atmosfair.

BAEDEKER VERLAGSPROGRAMM

Viele Baedeker-Titel sind als E-Book erhältlich:
shop.baedeker.com

A
Algarve
Allgäu
Amsterdam
Andalusien
Australien
Australien · Osten

B
Bali
Barcelona
Bayerischer Wald
Belgien
Berlin · Potsdam
Bodensee
Brasilien
Bretagne
Brüssel
Budapest
Burgund

C
China

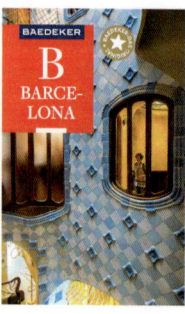

D
Dänemark
Deutsche
   Nordseeküste
Deutschland
Deutschland · Osten
Dresden
Dubai · VAE

E
Elba
Elsass · Vogesen

F
Finnland
Florenz
Florida
Franken
Frankfurt am Main
Frankreich
Frankreich · Norden
Fuerteventura

G
Gardasee
Golf von Neapel
Gomera
Gran Canaria
Griechenland
Großbritannien

H
Hamburg
Harz
Hongkong · Macao

I
Indien
Irland
Island
Israel
Istanbul
Istrien · Kvarner Bucht
Italien
Italien · Norden
Italienische Adria
Italienische Riviera

J
Japan
Jordanien

K
Kalifornien
Kanada · Osten
Kanada · Westen
Kanalinseln
Kapstadt · Garden
   Route
Kenia

IMPRESSUM

Ausstattung:
93 Abbildungen, 23 Karten und
Grafiken, eine große Reisekarte

Text:
Birgit Müller-Wöbcke, Dr. Manfred
Wöbcke

Bearbeitung:
Baedeker-Redaktion
(Dr. Maria Guntermann)

Kartografie:
Christoph Gallus, Hohberg,
Klaus-Peter Lawall, Unterensingen,
MAIRDUMONT Ostfildern
(Reisekarte)

3D-Illustrationen:
jangled nerves, Stuttgart

Infografiken:
Golden Section Graphics GmbH,
Berlin

Gestalterisches Konzept:
RUPA GbR, München

Chefredaktion:
Rainer Eisenschmid,
Baedeker Ostfildern

13. Auflage 2018
Völlig überarbeitet und neu gestaltet

© KARL BAEDEKER GmbH,
Ostfildern für MAIRDUMONT
GmbH & Co KG; Ostfildern

Der Name Baedeker ist als Waren-
zeichen geschützt. Alle Rechte im In-
und Ausland sind vorbehalten.
Jegliche – auch auszugsweise – Ver-
wertung, Wiedergabe, Verviel-
fältigung, Übersetzung, Adaption,
Mikroverfilmung, Einspeicherung
oder Verarbeitung in EDV-Systemen
ausnahmslos aller Teile des Werkes
bedarf der ausdrücklichen Genehmigung durch den Verlag.

Anzeigenvermarktung:
MAIRDUMONT MEDIA
Tel. 0049 711 4502 333
Fax 0049 711 4502 1012
media@mairdumont.com
http://media.mairdumont.com

Trotz aller Sorgfalt von Redaktion und Autoren zeigt die Erfahrung, dass Fehler
und Änderungen nach Drucklegung nicht ausgeschlossen werden können. Dafür kann der Verlag leider keine Haftung übernehmen.
Kritik, Berichtigungen und Verbesserungsvorschläge sind jederzeit willkommen. Schreiben Sie uns, mailen Sie oder rufen Sie an:

Verlag Karl Baedeker / Redaktion
Postfach 3162
D-73751 Ostfildern
Tel. 0711 4502-262
info@baedeker.com
www.baedeker.com

Printed in Italy

Meine persönlichen Notizen

Meine persönlichen Notizen

Meine persönlichen Notizen

Meine persönlichen Notizen

Meine persönlichen Notizen

Meine persönlichen Notizen

Pula

rtivento

Meine persönlichen Notizen